JN437652

원시림 속 부상하는 산업기지,

코미 공화국

Республика Коми

국립중앙도서관 출판시도서목록(CIP)

(원시림 속 부상하는 산업기지) 코미공화국 = Респу
блика Коми / 지은이: 김혜진. -- 서울 : 한국외국어대학교출판부, 2013
p. ; cm. -- (한국외국어대학교 러시아연구소 HK연구사업단 러시아연방총서 ; 3)

ISBN 978-89-7464-845-9 94920 : \15000
ISBN 978-89-7464-750-6(세트) 94920

코미(국명)[Komi]
러시아(국명)[Russia]

309.129-KDC5
306.0947-DDC21 CIP2013009479

한국외국어대학교 러시아연구소
HK연구사업단 러시아연방총서 3

원시림 속 부상하는 산업기지,

코미 공화국

Республика Коми

김혜진

한국외국어대학교 출판부

원시림 속 부상하는 산업기지,

코미 공화국

머리말

20세기 후반에 등장한 세계화, 전지구화라는 말은 오늘날 국경을 뛰어넘어 문화와 지식, 정보 등을 공유하는 현대를 나타내는 일반적인 개념이 되었다. 본격적인 지구화가 시작되면서 많은 학자들은 모든 인류가 하나의 공통 문화권에 편입되며, 각 나라가 가지고 있던 문화의 특수성이나 독특함은 점차 퇴색될 것이라고 예언했다. 그러나 아이러니컬하게도 문화의 세계화와 함께 각 나라와 민족의 문화는 더욱 강조되고 복원되는 현상이 일어났다. 세계의 수많은 민족이 자신들의 고유한 전통과 문화, 관습을 이야기하고 공론화시켰다. 최근 보편적인 현대인류문화와 동떨어져 태곳적 문화요소를 간직하고 있는 아마존이나 아프리카 부족에 대한 다큐멘터리가 제작되고 사람들의 주목을 끄는 것 또한 그것의 방증이라고 할 수 있다.

이러한 현상은 180여 개의 민족이 오랫동안 공존해 온 러시아에서도 찾아볼 수 있다. 소비에트 체제라는 거대한 정치체제의 붕괴를 맞이한 이후, 러시아의 많은 민족은 그간 '소비에트 인간'이라는 명제 아래 잊혔던, 혹은 그러길 강요받았던 자신들의 역사와 문화에 관심을 돌리기 시작했다. 토착민족의 영토도 그 지위가 일부 바뀌었다. 소비에트 시기의 민족자치공화국들은 민족공화국으로 바뀌었으며, 일부 민족자치구는 인근의 주로 편입되기도 했다.

현재 러시아연방 내 토착민족의 영토는 민족공화국, 자치구, 자치주로 나눠볼 수 있는데, 이 중 공화국을 이루는 민족영토는 모두 21개이다. 그중 러시아 북서 끝자락을 차지하고 있는 코미 공화국은 우선 넓은 면적으로 주목을 끈다. 독일보다도 더 큰 영토를 가지고 있는 코미 공화국은 러시아 북서부의 타이가와 툰드라 지역에 걸쳐 위치해 있다. 광활한 코미 영토의 약 74%를 숲이 차지하고 있다. 특히, 코미의 원시림은 1995년 유네스코 세계자연유산으로 선정될 정도로 그 규모와 아름다움을 세계적으로 인정받았다. 러시아에서 처음으로 유네스코 세계자연유산으로 등록된 곳도 바로 이곳이다. 현재 코미 원시림은 유럽에 남아 있는 가장 넓은 원시 북부 한대 수림(Boreal Forest)이기도 하다.[1] 이런 이유로 코미 공화국을 '유럽의 허파'라고 부른다. 풍부한 산림자원과 유용광물을 바탕으로 코미 공화국은 오늘날 러시아 북부의 중요한 산업기지로 부상하고 있다.

스칸디나비아 반도에서 건너온 바랴그인(Баряг, 노르만인 혹은 바이킹)들이 러시아 땅에서 처음 정착한 노브고로드(Новгород)와 비교적 가까운 탓에 코미 영토는 러시아 남부나 시베리아의 다른 민족영토에 비해 일찍 러시아에 편입됐다. 코미 땅은 그 후로 오랜 시간 러시아의 영향 아래 놓여 있었다. 1991년 소련 붕괴와 함께 코미 공화국은 새로운 역사발전의 단계에 진입했다. 당시 러시아 전역을 휩쓸었던 민족주의 열풍에 코미인들도 합류하면서 코미 공화국 안에서는 자민족중심적인 분위기가 형성됐다. 러시아연방의 구성원이 됐지만, 소비에트 문화의 그늘에서 벗어나려는 움직임과 더불어 민족전통문화를 복원하고 부흥시키려는 운동이 거세졌다. 자민족 역사와 문화에 대한 재조명 또한 이루어졌다. 이와 함께 자본주의와 서구 문화의 유입도 활발해졌다.

이러한 탈소비에트화와 민족운동은 코미 공화국이 어엿한 하나의 공화국으로서 세계화 과정 속에 뛰어들며, 조금씩 변화를 맞이하게 되었다. 유사해 보이면서도 각기 다른 방향성을 가진 탈소비에트화, 민족중심주의, 세계화 과정은 빠르고도 복합적으로 진행되고 있으며, 이 과정 속에서 코미 민족의 문화와 정체성은 많은 변화와 도전에 부딪히고 있다. 코미 공화국은 독자적인 문화와 오랜 전통을 가진 코미 민족의 영토라는 사실을 강조하면서도, 명목민족 외에도 수많은 민족과 살아가는 다민족국가라는 현실 사이에 놓여 있다. 코미 공화국은 민족공화국으로서 민족어와 전통문화를 복원시키려는 노력을 부단히 펼치고 있지만, 더 이상 명목민족이 인구의 다수를 차지하지 못하는 현실에서 자민족 중심적인 정책은 이내 벽에 부딪힐 수밖에 없었으며 공화국 내 다양한 민족의 화합을 도모해야 하는 상황에 처하게 되었다. 이는 유독 코미 공화국만 처한 현실은 아니다. 크게는 러시아연방이라는 국가, 작게는 그 연방을 구성하는 많은 민족공화국들의 모습이라고 할 수 있다.

코미 공화국에 대한 이 글은 대표적인 다민족사회이자, 한 국가에 다양한 명목민족의 영토가 공존하는 러시아의 일부를 보여준다고 할 수 있겠다. 다른 한편으로는 러시아인 외에도 러시아에 사는 많은 민족과 그 문화, 그리고 현재 그들이 당면한 문제점을 연구하는 첫 걸음이라고도 할 수 있을 것이다. 필자는 이 책을 통해 한국에는 거의 알려진 바 없는 코미 민족과 그 문화를 소개함과 동시에 러시아연방이라는 거대 국가의 한 구성원으로서 코미 공화국이 어떠한 정치·경제적 길을 걸어 왔으며, 하나의 민족공화국으로서 어떠한 문제들을 안고 있는지 분석하고자 했다. 코미 공화국에 대한 기본적인 정보를 제공하는 동시에, 각 영역별로 이슈가 됐거나, 되고 있는 현안들에 대해서는 보다 심층적인 분석도 시도했다. 더불어 러시아연방 전체, 그리고 북서연방관구의 타지역과 비교할 수 있도록 여러 사례와 데이터를 제시했다.

이 책은 한국외국어대학교 러시아연구소 HK(인문한국) 연구사업(KRF-2009-362-B00005)의 일환으로 출판되었다. 이 책은 그동안 한국에는 미처 알려지지 않은 러시아 내 지역을 소개하는 데 목적을 둔 러시아 연방총서 중 하나로, 코미 공화국의 역사, 정치, 경제, 사회, 문화를 개괄적으로 소개하고 있다. 동시에 코미 공화국의 사회와 문화를 좀 더 쉽고 흥미롭게 느낄 수 있도록 코미 공화국 수도인 식팁카르 여행기와 코미 민담도 곁들었다. 또한 코미 전통문화의 기반이라고 할 수 있는 순록사육업에 대한 필자의 좀 더 전문적인 논문도 수정, 보완하여 넣었다. 한국에는 이름도 낯선 코미인과 그들의 땅과 문화가 이 책을 통해서 조금이나마 알려지기를 기대한다.

마지막으로 이 책이 나올 수 있도록 도와주신 많은 분께 감사드린다. 먼저 바쁜 연구에도 불구하고 아낌없는 조언을 주신 한국외국어대학교 러시아연구소 홍완석 소장님 이하 HK 연구사업팀에 감사드린다. 그리고 코미 공화국 정부의 공식 사이트에 게재된 사진들을 자유롭게 사용할 수 있도록 허락해 준 로만 크바시뇨프(Р.Л. Квашнев) 코미 공화국 대통령 산하 홍보부 부장님에게도 감사의 말씀을 전한다. 또한 부족한 글을 받아 출판해 주신 한국외국어대학교 출판부 탁경구 팀장님과 편집진에게 깊은 감사를 드린다.

2013년 5월

김혜진

목차

원시림 속 부상하는 산업기지,

코미 공화국

Республика Коми

IV. 정치: 민족공화국과 다민족국가의 기로에서 • 67

V. 경제: 죽어 있는 도시에서 원자재 수출 강자로 • 87

VI. 사회: 코미 공화국은 자살 공화국? • 111

VII. 코미 민속과 전통문화 • 139

Коми

원시림 속 부상하는 산업기지,

코미 공화국

Республика Коми

일러두기

- 러시아어를 소리 나는 대로 한글로 표기할 때 '국립국어원(http://www.korean.go.kr)'의 외래어표기법을 따랐다. 단, 일반적으로 널리 알려져 쓰이는 용어는 통례에 따라 표기하였다.

- 러시아의 행정 지역 명을 한글로 표기할 때 주 단위 이상은 어미를 떼고 어근이 되는 본래 지역 명을 찾아 기록하였고, 그 이하의 단위는 어미를 모두 살려 소리 나는 대로 표기하였다. 자연 지역 명을 표기할 때도 대규모 단위는 본래 지역 명을 찾아 기록하였지만, 소규모 단위는 어미를 살려 표기하였다. 단, 일반적으로 널리 알려져 쓰이는 지역 명은 통례에 따라 표기하였다.

- 각종 편집 기호와 각주 및 참고문헌의 작성 방식은 한국외국어대학교 러시아연구소의 학술지 『슬라브연구』 편집규정을 따랐다.

I

서론

19세기 후반 러시아 작가이자 인민주의자(Народник)로 활동했던 자소딤스키(П.В. Засодимский)는 코미를 여행한 후, 1878년 '숲의 제국'(Лесное Царство)이라는 제목으로 여행기를 펴냈다. '숲의 제국'이라는 책 제목에 걸맞게 코미 땅은 울창한 침엽수림으로 둘러싸여 있다. 코미 민족은 자신의 땅을 '파르마'(Парма)라고 불렀는데, '파르마'는 그들의 언어로 '타이가'라는 뜻이다. 그만큼 숲과 나무를 빼고는 코미 영토와 코미인을 이야기하기 어렵다. 산업화와 전지구화가 세계 곳곳에 침투해 있는 지금까지도 코미 땅에는 사람의 발길이 닿지 않는 처녀림이 존재하고 있다.

광활한 산림 속에서 사는 코미인들에게 수렵과 채취는 예로부터 그들의 주요 경제활동이었다. 다람쥐에서 수달, 여우, 순록에 이르기까지 이 지역의 모든 동물은 코미인들의 사냥감이 됐으며, 이 동물의 모피는 높은 수익을 보장하는 중요한 경제 수단이었다. 숲과 숲을 이루는 나무, 숲 속에 사는 동식물은 신화와 미신들을 무수히 만들어 냈다. 즉, 코미인들을 둘러싼 자연환경은 그들의 의식주뿐만 아니라 정신문화의 다양한 영역에도 영향을 미쳤다고 할 수 있다.

러시아의 중심부로부터 멀리 떨어져 있는 지리적 위치, 외부인들의 출입을 어렵게 하는 추운 기후와 숲으로 둘러싸인 자연환경은 코미 민족이 그들만의 독특한 문화를 형성하고 그것을 오랫동안 유지하게 했다. 동시에 산림자원과 석탄, 석유와 같은 유용광물은 소비에트 시기 코미 공화국을 산업화 기지로 발전시키는 원동력이 됐으며, 오늘날에도 공화국의 경제·사회 발전을 돕는 중요한 수단으로서의 역할을 하고 있다.

소련 붕괴 이후 민족공화국로서의 재정비를 마치고 새로운 도약을 꾀하고 있는 코미 공화국은 한국에는 사실상 잘 알려져 있지 않다. 공화국이 보유한 에너지 자원은 한국 정부의 관심을 끌었으며, 우리 측 정부 인사들이 공화국을 방문하기도 했다. 그러나 코미 공화국의 인지도는 다른 지역보다 낮다고 할 수 있다. 코미 공화국이 속한 북서연방관구의 수도이자 러시아 제2의 도시인 상트페테르부르크나, 석유와 천연가스 산지가 폭넓게 분포된 인근의 네네츠 자치구에 비하면, 러시아에서 코미 공화국이 가지는 정치적인 영향력이나 경제적인 파워가 아직은 미흡하기 때문이다.

그러나 여러 가지 측면에서 볼 때 코미 공화국의 지역적, 학술적 중요성은 분명 존재한다. 우선 코미 공화국 북부에 위치한 티만-페초라 석유가스 지역(Тимано-Печорская нефтегазоносная провинция)은 러시아 대규모 석유가스 매장지 중 하나로, 약 70여 개의 석유 및 천연가스 매장지가 분포되어 있다.[2] 일부 매장지가 네네츠 자치구 영토에 속해 있으나, 대부분이 코미 공화국 영토 내에 있다. 이곳에 매장된 석유는 2,180.9백만 톤, 가스는 1,673.3bcm에 달한다. 이곳 외에도 공화국 내에는 153개 탄화수소 매장지가 있으며, 이중 유전이 115곳, 유가스전이 5곳, 석유가스 컨덴세이트 매장지가 9곳, 가스 및 가스 컨덴세이트 매장지가 24곳이다.[3] 뿐만 아니라, 러시아 전체에서 생산되는 석영의

80%, 티탄의 50% 등이 코미 공화국에서 채굴되고 있으며, 중토, 석탄 등 유용광물도 대량 매장되어 있다.[4] 또한, 코미 공화국의 제지산업과 목재산업은 러시아에서 선두적인 역할을 하고 있다. 이런 점들을 고려해 볼 때, 코미 공화국의 지경학적 의미는 무시할 수 없다.

코미 공화국이 안고 있는 사회·경제적 문제들은 오늘날 러시아와 러시아 내 민족공화국, 민족자치구가 당면한 문제이기도 하다. 석유생산과 그로 인한 산업발전은 크나큰 부를 가져다주고 있지만, 다른 한편으로는 민족의 전통생업을 위협하고 환경 파괴 등의 문제를 발생시키고 있다. 그리고 전통적으로 코미인의 영토지만, 코미 공화국 전체 인구 중 코미인의 비율은 약 23%에 그치고 있는 현실은 명목민족이 공화국 인구의 절반 이상을 차지하는 체첸, 인구세티야, 투바 등을 제외한 대다수 민족공화국들이 처한 상황이기도 하다. 이렇듯, 코미 공화국에 대한 이해는 러시아의 많은 민족과 민족영토, 더 나아가 러시아의 사회와 문화를 읽는 데 도움이 될 것이다.

이 책에서는 코미 공화국의 역사, 정치, 경제, 사회, 문화, 더 나아가 한국과의 관계에 대해 총체적인 정보와 자료를 체계적으로 소개하고 있다.

서론에 이은 제2장은 개관적인 성격으로 코미 공화국의 전반적인 모습을 이해할 수 있는 정보를 제시하고 있다. 이 장에서는 다음 장에 이어지는 코미 공화국의 역사, 정치, 경제, 사회, 문화를 이해하는 데 기본적으로 필요한 사항들을 소개했다.

제3장은 코미 공화국의 역사에 대한 내용이다. 코미라는 민족의 형성과정과 이들의 영토가 러시아에 편입될 수밖에 없었던 역사적 배경에 대해서 다루고 있다. 공국 시대, 제정러시아, 그리고 소비에트 연방이라는 큰 국가의 틀 안에서 코미 영토가 어떻게 하나의 다민족 공화국으로 거듭나게 되었는지 설명하고 있다.

코미 공화국의 정치에 대한 제4장은 소련 붕괴 이후 코미 공화국이 민족공화국으로서 어떤 행보를 보이고 있는지 분석하고 있다. 1980년대 말부터 시작된 민족부흥 운동이 소련 해체 이후 코미 공화국의 새로운 발전단계에 어떠한 영향을 미쳤는지, 그리고 코미민족주의자들은 어떠한 정치적 시도를 했는지 살펴보았다. 또한, 이 장에서는 다민족으로 구성된 코미 공화국의 민족정책과 공화국 내 형성된 민족관계에 대해 분석하고 있다.

제5장은 코미 공화국의 경제를 다루고 있다. 이 장에서는 스탈린 시기부터 1970년대까지 이어진 집중적인 산업화로 경제 발전을 이뤘지만, 소련 붕괴 이후 한때 죽어 있는 도시로 불릴 만큼 경제적 위기를 겪었던 코미 공화국이 오늘날 어떻게 경제적 재도약에 성공했는지 분석하고 있다. 그리고 코미 공화국의 경제 부흥에서 유용광물과 산림자원이 얼마나 중요한 역할을 하고 있는지 살펴보고 있다.

제6장에서는 코미 공화국의 사회 분야에 대해 분석하고 있다. 코미 공화국이 현재 안고 있는 인구유출, 자살 증가, 빈부격차와 같은 사회 문제는 러시아라는 국가가 당면한 문제이기도 하다. 러시아의 사회문제를 분석할 수 있는 하나의 사례로 코미 공화국을 활용할 수 있을 것이다.

제7장에서는 코미인의 독특한 의식주 문화와 흥미로운 고대 신앙을 다루고 있다. 또한 이 장에서는 공화국의 다양한 문화예술인과 현재 운영되고 있는 문화예술 시설을 소개하고 있다.

제8장에서는 코미 공화국의 대외관계에 대해 살펴보고 있다. 특히 코미 공화국이 한국과 어떠한 관계를 맺고 있는지, 그 동인은 무엇인지 최근 언론보도 자료를 중심으로 추적하고 있다. 세계의 다양한 국가 중에서도 코미 민족과 같은 핀-우그르인들, 그리고 그 국가들과의 교류는 더욱 활발하게 진행되고 있는데, 이들과의 협력관계는 구체적으로 어떠한 형태와 방식을 통해 발전해 왔는지 살펴본다.

제9장은 결론 부분으로, 이 장에서는 앞의 장들을 종합하고 정리하며 코미 공화국의 미래에 대해 전망해보고자 했다.

이처럼 이 책은 다양한 분야에 걸쳐 코미 공화국과 그 민족을 소개하고 있다. 이 책을 통해 '코미'라는 낯선 곳의 과거와 현재를 살펴보고, 이를 바탕으로 코미 공화국의 미래에 대해서도 예측해 볼 수 있을 것이다. 코미 공화국에 대한 이 책이 공화국뿐만 아니라, 러시아 내 여러 민족영토, 그리고 더 나아가 러시아의 현재를 더 넓고 깊게 이해하는 데 소중한 바탕이 되길 바란다.

원시림 속 부상하는 산업기지,

코미 공화국

Ⅱ

개관

1. 자연환경

· 지리적 위치

[그림 1] 러시아 영토 내 코미 공화국 위치

러시아 북서연방관구의 북동 끝을 차지하고 있는 코미 공화국은 북쪽으로는 네네츠 자치구(Ненецкий автономный округ), 남쪽으로는 아르한겔스크 주(Архангельская область), 스베르들롭스크 주(Свердловская область), 페름 주(Пермская область), 키로프 주(Кировская область)에 둘러싸여 있다. 우랄 산맥 너머로는 야말-네네츠 자치구(Ямало-ненецкий автомный округ), 한티-만시 자치구(Ханты-мансиский автомный округ)와 같은 시베리아의 시작을 알리는 지역들과 이웃하고 있다.

코미 공화국의 동쪽 경계는 우랄 산맥으로 그 경계는 북우랄부터 우랄 산맥의 가장 높은 곳까지 이어진다. 공화국의 동쪽을 제외하고는 대부분의 영토가 평지이다. 가장 서쪽에 위치한 메젠-비체그다 평야(Мезено-Вычегодская равнина)를 비롯하여, 남부에도 언덕이 많긴 하지만 대부분 평지를 이루고 있다. 공화국 남북을 가로지르는 티만 산맥(Тиманский кряж) 또한 높이가 500m도 채 안 되는 작은 구릉이다. 티만 산맥에서 가장 높은 곳인 체틀라스키 카멘(Четласский камень)도 높이가 불과 해발 471m이다.[5] 티만 산맥과 우랄 산맥 사이에는 페초라 저지(Печорская низменность)가 있다. 페초라 저지는 페초라 강 주변의 평지를 가리키는 것으로, 코미 공화국과 네네츠 자치구까지 펼쳐져 있다.

· 독일보다 큰 나라, 코미

코미 공화국의 총면적은 416,774㎢[6]로 독일의 영토보다도 크다. 이는 한반도보다 두 배 정도 더 큰 면적이기도 하다. 그러나 러시아 총 면적에서 코미 공화국이 차지하는 비율은 2.4%에 불과하다.

코미 공화국의 영토는 남북으로 길게 뻗어있는 형태를 보인다. 국경의 총 길이는 4,415km이다. 남서쪽 끝에서 북동쪽 끝까지의 총거리는 1,275km이다. 북쪽에서 남쪽으로는 785km, 서쪽에서 동쪽으로는 695km이다.[7]

[그림 2] 코미 공화국 지도[9]

러시아 수도 모스크바에서 공화국 수도 식탑카르(Сыктывкар)까지의 거리는 1,410km로,[8] 비행기로는 약 2시간, 기차로는 약 26시간 정도 걸린다.

· 숲과 강으로 둘러싸인 땅

코미 영토에서는 강과 소택지를 많이 찾아볼 수 있다. 공화국 영토의 약 15%를 소택지가 차지하고 있을 정도이다. 대표적인 강으로는 비체그다(Вычегда), 시솔라(Сысола), 빔(Вым), 메젠(Мезень), 페초라(Печора), 바시카(Вашка), 우사(Уса), 샤키나(Шапкина) 등을 들 수 있다. 코미 공화국의 서쪽에 흐르고 있는 비체그다 강은 북드비나(Северная Двина) 강의 우측 지류이다. 시솔라 강은 수도 식팁카르를 가로지르는 강으로 식팁카르의 옛 이름이었던 '우스티-시솔라'(Усть-Сысола)는 이 강의 이름에서 유래했다. 이 외에도 뱌트카(Вятка), 카마(Кама), 카라(Кара) 강에서 나온 지류들이 코미 전역에 걸쳐 흐르고 있다.

이 강들을 중심으로 고대 코미인들은 거주지를 꾸렸다. 숲으로 둘러싸인 환경에서 강가는 교통시설이 부재했던 옛날, 계절에 상관없이 편하게 이동할 수 있는 유일한 길이었기 때문이다. 옛 코미인들은 숲을 벗어난 강변을 중심으로 농사를 짓기도 하고 건초를 마련하기도 했다. 강과 가까운 곳에 살았기 때문에 어업은 예로부터 코미인들의 주업이 되었다.

거의 모든 영토가 침엽수림으로 덮여 있다고 해도 과언이 아닐 만큼 코미 공화국은 울창한 숲에 둘러싸여 있다. 영토의 약 74%를 숲이 차지하고 있다. 특히 코미 공화국의 원시림은 1995년 유네스코 세계자연유산으로 선정될 정도로 그 규모와 아름다움을 세계적으로 인정받았다.

[그림 3] 수도 식팁카르의 시솔라 강(좌)과 시솔라 강 북부에 흐르는 빔 강(우)[10]

코미 원시림은 유럽에 남아있는 가장 넓은 원시 북부 한대 수림(Boreal Forest)이다.[11] 이런 이유로 코미 공화국을 '유럽의 허파'라고도 부른다. 코미 공화국에서 대규모 원시림이 보존될 수 있었던 데는 여러 가지 이유가 있다. 원시림이 있는 지역은 코미 땅에서도 대부분 북동지역으로, 대규모 공업중심지에서 멀리 떨어져 있었으며, 빔 강이나 시솔라 강이 있는 남부 지역에 비해 농지를 위한 개간사업이 비교적 늦은 시기에 간헐적으로 이뤄졌기 때문이다.

우랄 산맥 근처의 땅은 풍경 자체만으로도 독특하다. 이곳에는 산맥과 평지의 경관이 함께 조화를 이루고 있고, 아직 파괴되지 않은 아주 오래된 울창한 숲들이 펼쳐져 있으며, 그 안에는 유럽과 시베리아의 동식물들이 서식하고 있다. 특히 이곳의 식물군과 동물군은 공화국을 비롯하여 러시아연방, 그리고 세계자연보전연맹(IUCN)의 멸종위기 목록(Red list)에 등재되어 있다.[13]

코미 공화국에서 특별자연보호구역으로 지정된 곳은 공화국 전체 영토의 약 14.5%를 차지하고 있다. 이곳에서는 스칸디나비아 반도와 러시아 타이가, 툰드라, 그리고 산림대와 툰드라의 중간지대에서 서식하는 다양한 생물을 볼 수 있다. 코미 공화국 정부는 2008년부터 훌륭한 자연유산을 보존하여 후손에게 전달할 수 있도록 자연보전 특별 프로젝트를 시행하고 있다.[14]

공화국 최북단 지역은 국경을 맞대고 있는 네네츠 자치구처럼 툰드라

[그림 4] 유네스코 세계자연유산으로 지정된 코미 공화국의 처녀림[12]

지대이다. 페초라 저지의 북부에 위치하여 네네츠 자치구와 코미 영토까지 이어지는 볼셰제멜스카야 툰드라(Большеземельская тундра, 큰땅 툰드라)에는 희귀 동식물이 자생하고 있으며, 석유가스 매장지가 분포되어 있다. 또한, 툰드라 지역은 순록 방목장으로 사용된다.

· 극야(極夜)현상

코미 공화국의 기후는 대륙성이며, 여느 러시아 북쪽 지역처럼 이 지역의 겨울도 길고 매우 춥다. 반면 여름은 그리 높지 않은 기온에 그 기간도 짧다. 이미 8월 말에는 기온이 10도 이하로 떨어지기 시작한다. 일반적으로 우랄 산맥의 동쪽을 시베리아라고 부르기 때문에, 우랄 산맥 서쪽에 위치한 코미 공화국은 엄밀히 말하자면 시베리아가 아니다. 지리적으로 러시아의 유럽지역에 속하긴 하지만, 북부 특유의 혹독한 기후, 긴 겨울 등 자연환경은 시베리아와 유사하다고 할 수 있다. 코미 공화국의 1월 평균 기온은 남서 지역이 −17도, 북동 지역의 경우는 −26도이다. 7월 평균 기온은 남서 지역의 경우 +15도, 북동 지역은 +12도로 한여름에도 비교적 선선한 편이다.[15]

[그림 5] 코미 공화국의 최북도시인 보르쿠타, 2007년 1월 5일 오후 2시 49분 사진[16]

상트페테르부르크처럼 코미 공화국에서도 백야현상을 볼 수 있다. 다만 위치상 코미 공화국이 상트페테르부르크보다 더 북쪽에 있기 때문에 백야현상이 조금 더 일찍 시작된다. 보통 5월부터 시작되는 백야현상은 6월까지 계속된다. 6월 22일은 코미 공화국에서 낮이 가장 긴 날이면서 낮과 밤의 시간이 같은 하지이다. 이날 이후부터 점차 밤이 길어지기 시작한다.

백야현상 외에도 코미 공화국에서 볼 수 있는 독특한 자연현상은 극지방의 밤풍경이다. 굳이 말을 붙이자면 '극야'(極夜, Полярные ночи) 정도 되겠다. 이것은 24시간 지평선에서 해가 뜨지 않는 현상으로, 극야가 시작되면 낮에도 한밤처럼 깜깜해진다. 코미 공화국의 주로 북쪽 지방, 예를 들면 최북단 도시인 보르쿠타(Воркута)에서 이 현상을 볼 수 있다. 코미 공화국의 모든 지역에서 이 현상을 볼 수 있는 것은 아니지만, 나머지 지역들도 하지 이후부터 해가 뜨는 시간이 늦어지고 지는 시간은 빨라진다. 예를 들면 이 시기 남부에 위치한 식팁카르에서는 보통 오전 9시 30분이 되어야 동이 트고, 오후 5시 30분에는 이미 어두워진다. 극야현상은 코미 공화국 외에도 네네츠 자치구의 수도인 나리얀-마르(Нарьян-мар)와 무르만스크(Мурманск) 등지에서 볼 수 있다.

2. 공화국 상징

[그림 6] 코미 공화국 국기[17]

코미 공화국의 자연환경을 코미 공화국의 국기만큼 간단히 표현한 것도 없을 것이다. 코미 공화국의 국기는 삼색기로, 맨 아래에는 흰색, 그 위에 녹색, 그리고 가장 위에는 파란색으로 구성되어 있다. 가장 하단의 하얀색은 러시아 북부에 자주 내리는 눈을 의미한다. 국기 가운데에 있는 초록색은 코미의 광활한 산림지대를 나타낸다. 그리고 가장 위쪽의 파란색은 하늘을 뜻한다. 다시 말하자면, 코미 공화국의 국기는 하얀 눈 위에 펼쳐진 녹

[그림 7] 1780년 볼로그다 주의 문장[18)]

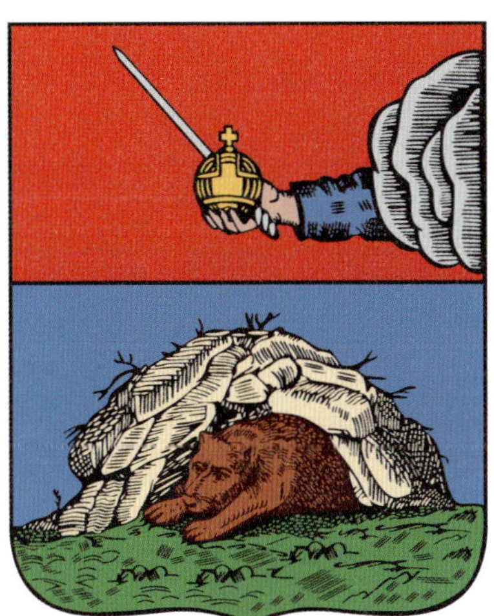

[그림 8] 1780년 우스티-시솔스크의 문장[19)]

음이 짙은 숲, 그리고 그 위에 드리워진 청명한 하늘을 상징한다.

러시아의 여느 공화국과 같이 코미 공화국도 국기와 함께 공화국 문장을 가지고 있다. 코미 지역의 문장은 시대에 따라, 그리고 행정구역에 따라 변해 왔다. 예를 들면 18세기 코미 남부 지역이 볼로그다 주(Вологодская область)에 편입되었을 당시, 코미 땅의 중심지였던 우스티-시솔스크(Усть-Сысольск, 현재 공화국 수도인 식팁카르의 전신) 문장에는 볼로그다 주의 문장이 포함되어 있었다. [그림 7]과 [그림 8]에서 보듯이, 우스티-시솔스크 문장의 윗부분은 볼로그다 주의 문장이며, 하단에는 당시 코미 영토에서 흔히 볼 수 있었던 곰의 모습이 그려져 있다.

오늘날 코미 공화국의 문장은 1994년에 도입된 것으로 코미 민족의 복합적인 고대 신앙을 반영하고 있다. 전체적으로 볼 때 이 문장은 날개를 펴고 있는 새의 모양을 하고 있는데, 전통적으로 새는 권력을 뜻하거나 지상의 것이 아닌, 하늘로부터의 메시지를 전하는 정령, 혹은 위 세

[그림 9] 코미 공화국의 현재 문장[20]

상, 다시 말하자면 천상을 뜻한다. 날개를 펴고 있는 이 새의 모습은 십자가를 연상시키기도 하는데, 이를 국가적, 혹은 정신적 권력의 상징이라고 해석하는 이들도 있다.[21] 새 문양 가운데에 있는 얼굴은 태양의 여신이자 황금의 여신인 '자르니 안'(Зарни Ань, 혹은 자랸 Зарян)으로, 코미 신화에서는 생명의 어머니를 상징한다. 자르니 안은 하늘신, 혹은 태양신의 딸로 무지개를 타고 코미 땅에 내려왔다가 그 아름다움에 반해 하늘로 다시 올라가지 않고 코미 땅에 남았다고 한다. 코미인들은 자신들이 파르마(타이가)의 아들인 페라(Пера)와 태양신의 딸인 자르니 안이 결혼해 낳은 자식들이라고 믿었다. 즉, '자르니 안' 신화는 우리나라의 단군신화와 같은 코미인들의 건국신화라고 할 수 있다. 태양의 모습을 한 자르니 안을 둘러싸고 있는 것은 여섯 개의 큰 순록 얼굴로, 예로부터 수렵사회였던 코미 땅에서 큰 순록은 고귀함, 힘, 미의 상징이었다.[22]

문장 전체는 금색과 붉은 색을 띠고 있는데, 이는 아침, 봄, 따뜻한 햇살, 혹은 모성, 탄생 등을 의미한다.[23]

3. 민족과 인구

· 코미-지랸인과 코미-페르먀인

코미 민족은 우랄 어족(Уральская языковая семья)의 핀-우그르 그룹(Финно-угорская группа) 내에서도 페름 소그룹(Пермская подгруппа)

에 속한다. 핀-우그르계 민족으로는 핀란드인, 에스토니아인, 헝가리인, 그리고 러시아의 우드무르트인(Удмурты), 카렐인(Карелы), 만시인(Манси), 마리인(Марийцы), 모르드바인(Мордва) 등을 들 수 있다. 이들 핀-우그르 민족들은 서로 유사한 세계관과 전통문화를 가지고 있다.

코미 민족은 크게 지랸인(Коми-зырян)과 페르먀인(Коми-пермяк)으로 나뉜다. 동일 민족이더라도 출신지나 전통적인 거주지에 따라 언어적인 차이가 있으며, 정체성도 조금씩 달리한다. 한국만 하더라도 각 도마다 방언이 독특하고 문화와 정체성, 가치관이 다른 것을 떠올려본다면 쉽게 이해할 수 있을 것이다.[24)]

첫 번째 그룹인 코미-지랸인은 현재 코미 공화국의 주(主)민족이라고 할 수 있다. 과거 코미인들은 '코미인'이라는 이름보다 '지랸인'(Зырян)으로 더 많이 알려져 있었다. 이들은 코미 공화국 외에도 근처의 아르한겔스크 지역을 비롯하여 무르만스크와 시베리아의 옴스크(Омск), 튜멘(Тюмень) 지역까지 퍼져 거주하고 있다. 코미-지랸인은 지역별로 또 다시 여러 소그룹으로 나눌 수 있다. 앞서 보았듯이, 고대 코미인들은 강가를 중심으로 거주했기 때문에 주요 강을 따라 다음과 같은 그룹이 형성되었다: 비체그다 강 상류의 베르흐네비체고데츠인(Верхневычегодцы), 시솔라 강 유역의 시솔레츠인(Сысольцы), 페초라 강 유역의 페초레츠인(Печорцы), 루자 강 유역의 프리루제츠인(Прилузцы), 빔 강의 비미츠인(Вымичи), 이즈마 강 유역의 이제메츠인(Ижемцы), 우도르 지역의 우도레츠인(Удорцы) 등.

두 번째 그룹인 코미-페르먀인은 공화국 인근의 페름 주에 거주하고 있다. 1920-1930년대 페르먀인들은 자신들의 민족국가 체계를 형성하고자 했으며, 자신들의 거주지역을 코미 자치구로 통합하는 계획을 세우기도 했다. 그러나 소비에트 정부는 이를 승인하지 않았다. 1925년에는 이들이 본래 거주했던 곳을 코미-페르먀 자치구(Коми-Пермяцкий

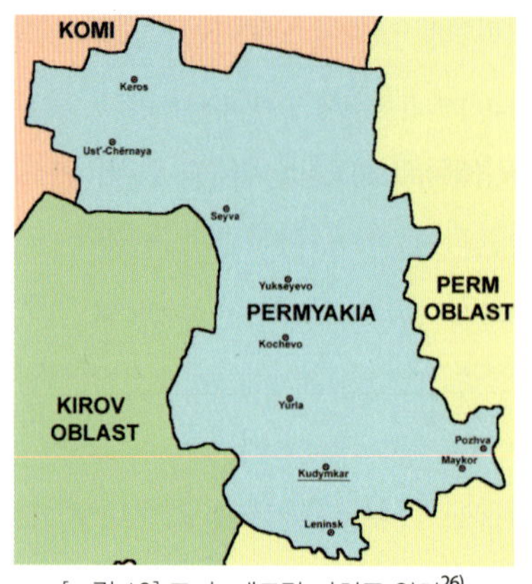

[그림 10] 코미-페르먀 자치구 위치[26)]

автономный округ)라는 별도의 행정단위로 분리시켰다. 민족자치구 형성은 페르먀인의 문화 발전에 새로운 전환점이 되었다. 1977년부터 이 자치구는 페름 주에 편입되었다가, 1993년 독립됐다. 그러나 2005년 12월 자치구는 다시 페름 주로 통합되었다.[25)]

인류학적인 면에서 보자면, 대부분의 코미-지랸인과 페르먀인은 유럽인종의 고대 뱌트카-카마 유형(Вятско-камский тип)에 속하며, 몽골인종의 특징도 일부 가지고 있다. 사는 지역마다 민족 그룹이 나눠지는 것처럼 인류학적으로도 크게 백해형(Беломорский тип), 동발트해형(Восточно-балтийский тип), 뱌트카-카마형(Вятско-камский тип)과 같이 세 그룹으로 나누어 볼 수 있다.

이 두 그룹 외에 최근 주목을 받고 있는 그룹은 코미-이제메츠인(Коми-ижемцы)이다. 이들은 앞서 언급했던 코미-지랸인의 하부 그룹으로, 공화국 북쪽에 위치한 이젬스키 지역(Ижемский район)에 대거 거주하고 있다. 이들이 지랸인들과 가장 큰 차이를 보이는 것은 전통적인 경제활동이다. 이제메츠인들은 17세기 무렵 이웃 민족인 네네츠인들로부터 순록사육업을 받아들인 이후 현재까지도 전통 생업을 유지하고 있다. 이들은 최근 자신들을 하나의 독자적인 민족, 그리고 북부소수토착민족[29)]으로 인정해 줄 것을 요구하고 있다. 러시아연방법에 따르면, 소수민족이란 인구가 5만 명 이하이며, 조상들이 예부터 살았던 영토에서 거주하면서 전통적인 생활방식과 문화를 유지하고 있는 민족, 그리고 자신들을 독자적인 민족공동체라고 자각하는 민족을 말한다. 현재 러시아

[그림 11] 코미-지랸 전통여성의상[27]

[그림 12] 코미-페르먁 전통여성의상[28]

에서 공식적으로 지정된 소수민족은 총 47개(북부소수토착민족 40개 포함)로, 여기에 이제메츠인들은 포함되지 않는다.[30] 이제메츠인들이 소수민족이라고 주장하는 근거는 바로 본인들이 러시아연방법의 소수민족 기준에 상응한다는 데 있다. 즉, 이제메츠인들은 조상들의 땅에서 오늘날까지 거주하고 있으며, 전통적인 경제활동을 유지하고 있고 자신들을 독립적인 민족공동체라고 인지하고 있다는 것이다. 소련 붕괴 무렵 형성된 이러한 주장은 이웃 민족이자 역시 순록사육을 하는 네네츠인과 만시인, 한티인(Ханты), 삼인(Саммы)이 소수민족으로서의 지위를 받아 국가로부터 다양한 혜택과 지원을 받게 되자, 타지(특히, 무르만스크 지역)에 거주하는 이제메츠인들을 중심으로 확산되기 시작했다. 오늘날까지 이들은 단체 활동을 통해 꾸준히 소수민족으로 인정받고자 노력하고 있다.

[그림 13] 순록사육업에 종사하는 코미-이제메츠인[31]

· 코미 공화국 내 민족

코미 공화국이 민족공화국임에도 공화국 내 명목민족의 비율은 점점 줄어들고 있다[표 1]. 2010년 인구조사 결과에 의하면, 공화국 전체 인구에서 명목민족인 코미 민족이 차지하는 비율은 23.7%에 그쳤다. 반면 러시아인이 차지하는 비율은 65%에 달했다. 1926년만 하더라도 코미 민족은 공화국 인구의 다수를 차지했지만, 이러한 상황은 1950년대부터 역전되었고 공화국 내 러시아인의 수는 점차 증가하게 됐다. 이러한 민족비율의 변화는 1930-1940년대에 집중적으로 이루어진 산업화로부터 기인했다. 공화국에 매장된 풍부한 유용광물자원으로 인해 소비에트 정부가 주도하는 산업화가 집중적으로 이뤄졌으며, 이에 따라 탄광이 집중되어 있는 북부 지역으로 러시아인을 비롯한 소련의 여러 민족이 유입되었다. 이로 말미암아 코미인의 수는 점점 줄어들어 오늘날에는

[표 1] 코미 공화국 내 민족별 인구증감[32)]

민족	1926년	1939년	1959년	1970년	1979년	1989년	2002년	2010년
코미인	191,245 (92.2%)	231,301 (72.5%)	245,074 (30.4%)	276,178 (28.6%)	280,798 (25.3%)	291,542 (23.3%)	256,464 (25,2%)	202,348 (23.7%)
러시아인	13,731 (6.6%)	70,226 (22%)	389,995 (48.4%)	512,203 (53.1%)	629,523 (56.7%)	721,780 (57.7%)	607,021 (59.6%)	555,963 (65.1%)
우크라이나인	34	6,010 (1.9%)	80,132 (9.9%)	82,955 (8.6%)	94,154 (8.5%)	104,170 (8.3%)	62,115 (6.1.%)	36,082 (4.2%)
타타르인	32	709 (0.2%)	8,459 (1%)	11,906 (1.5%)	17,836 (1.6%)	25,980 (2.1%)	15,680 (1.5%)	10,779 (1.3%)
벨라루스인	11	3,323 (1%)	22,339 (2.8%)	24,706 (3.1%)	24,763 (2.2%)	26,730 (2.1%)	15,212 (1.5%)	8,859 (1%)
독일인	15	2,617 (0.8%)	19,805 (2.5%)	14,647 (1.8%)	13,339 (1.2%)	12,866 (1%)	9,246 (0.9%)	5,441 (0.6%)
기타	2,246 (1.1%)	4,810 (1.5%)	40,395 (5%)	42,407 (4.4%)	49,948 (4.5%)	67,779 (5.4%)	52,936 (5.2%)	34,831 (2.7%)

명목민족임에도 공화국 인구에서 소수를 차지하게 되었다.

공화국에는 러시아인 외에도 산업화 시기 함께 이주해 온 우크라이나인, 벨라루스인도 많이 있으며, 이들 역시 광산과 석유가스 매장지가 위치한 공화국 북부에 주로 거주하고 있다. 코미 공화국에서는 네네츠인도 만나볼 수 있다. 그 수가 소수이긴 하지만, 공화국과 지리적으로 가까운 곳에 사는 네네츠인들은 오랫동안 코미인들과 공존해 왔기 때문에 코미 공화국 내 토착민족의 하나로 간주되고 있다.

· 인구분포

1990년 120만 명으로 가장 많은 인구수를 기록한 이래 공화국 인구는 점차 감소했다. 1993년부터 인구가 지속적으로 유출되고 있기 때문이다. 2010년 러시아인구조사 결과를 보면 코미 공화국 인구는 총 901,189명으로 집계되었다. 공화국의 인구밀도는 1㎢ 당 2.3명으로 러시아 북부의 다른 지역들처럼 꽤 낮은 편이라고 할 수 있다. 이해를 돕기 위해 한국과 비교해 본다면, 코미 공화국의 면적은 남북한을 합친 면적보다 1.6배 정도 큰 데 반해, 인구는 남한 인구(4천 8백만)의 2%도 채 안 되는 셈이다.

인구학적인 면에서 흥미로운 것은 코미 공화국의 지역별로 도시인구의 분포나 인구수가 확연하게 차이난다는 것이다. 이것은 코미 영토의 개발 역사와 밀접한 관련이 있다. 일반적으로 한 국가에서 가장 집중적으로 사회·경제적 발전이 이뤄지는 곳은 수도와 그 주변 도시들이다. 그러나 공화국의 수도 식팁카르는 석탄산업이나 가스채굴이 번성했던 북부의 산업도시들–예를 들면 보르쿠타나 우흐타(Ухта)–의 그늘에 오랫동안 놓여 있었다. 지역개발이 산업도시 중심으로 이루어졌기 때문에 식팁카르에는 인구가 성장할 수 있는 기본적인 자원이 존재하지 않았으며, 인프라 구조도 발전하지 못했다. 결국 식팁카르는 오랫동안 크지 않은 도

[표 2] 코미 공화국의 도시별 인구수 변화[33]

도시	인구수(1989년)	인구수(2002년)	인구수(2010년)
식팁카르(Сыктывкар)	224,000 명	229,000 명	235,800 명
우흐타(Ухта)	112,000	103,000	103,700
보르쿠타(Воркута)	117,000	87,000	69,000
페초라(Печора)	65,000	49,000	45,500
우신스크(Усинск)	52,000	45,000	43,300
인타(Инта)	61,000	41,000	-

시로 남게 되었다. 결과적으로 산업도시들이 대부분 위치해 있는 중북부 지역에 더 많은 도시인구가 거주하게 되었다.

소련 붕괴 후 상황은 조금씩 바뀌었다. 민족공화국의 수도로서 식팁카르의 위치는 급격히 상승했다. 공화국의 중심지로 거듭난 식팁카르는 모든 정치·경제적, 인적, 문화적 인프라를 갖추게 되었다. 공화국의 다른 도시 인구는 빠른 속도로 감소하는 가운데, 식팁카르 인구는 비교적 안정적으로 유지되고 있다[표 2].

4. 언어

1992년 코미 공화국에서 공식적으로 지정한 국어는 러시아어와 코미어이다. 코미어는 우랄 어족의 핀-우그르 어족에 속하며, 그중에서도 페름-핀 그룹이라고 할 수 있다. 코미어는 특히 핀어와 에스토니아어와 가깝다.

코미 알파벳은 몇 세기에 걸쳐 변화했으며, 오늘날 코미 문자는 [그림

14]와 같다.

[그림 14] 코미 알파벳

Аа Бб Вв Гг Дд Ее Ёё Жж Зз Ии Іі
Йй Кк Лл Мм Нн Öö Пп Рр Сс Тт Уу
Фф Хх Цц Уу Шш Щщ Ъъ Ыы Ьь Ээ Юю Яя

코미어는 10개의 방언으로 구분될 수 있는데, 지역별, 더 정확히 말하면, 앞서 보았던 지역별 소그룹이 구사하는 언어로 나뉜다. 예를 들면, 비체그다 상류(Верхневычегодский), 비체그다 하류(Нижневычегодский), 식팁카르 인근 지역(Присыктывкарский), 시솔라 강 상류(Верхнесысольский), 시솔라 강 중류(Среднесысольский), 페초라 강 유역(Печорский), 루자 깅 유역(Лузско-летский), 빔 상 유역(Вымский), 이즈마 강 유역(Ижемский), 우도르(Удорский) 지역에서 사용하는 방언이다.

이렇게 많은 방언이 있음에도 오늘날 공화국에서 코미어를 구사하는 인구는 그리 많지 않다. 1994년에 이루어진 한 조사에 의하면, 가정 내 의사소통 언어를 묻는 질문에 코미 가족의 절반 정도가 코미어가 아닌 러시아어로 소통하는 것으로 나타났다.[34] 도시와 농촌, 그리고 가정과 사회생활을 구분하여 민족어 구사 인구를 비교해보면 그 차이는 더욱 뚜렷하게 나타난다. 도시에 거주하는 코미인 중 집에서 코미어로만 대화하는 비율은 8.5%에 그쳤고, 주로 코미어로 대화한다고 답변한 응답자는 17%였다. 가정에서 코미어로 대화하는 도시민 비율은 이 수를 합한 25.5%라고 할 수 있겠다. 농촌의 경우, 코미어로만 대화한다는 응답자가 40.2%, 주로 코미어를 사용한다는 비율이 20.3%였다. 가정에서 코미어로 대화하는 비율은 총 60.5%로, 도시주민의 2배 이상이다.[35] 명목민족인 코미인들 중에서도 민족어 구사 비율이 이렇게 높지 않다는 것을 볼 때, 공화국 내 비코미인들 사이에서 자신의 민족어가 아닌 코미어를 구사하는 비율은 더욱 낮다는 것을 쉽게 예측할 수 있다.

코미어 구사 인구의 변화는 정부의 언어정책과도 밀접한 관련이 있다. 1958년 소련 전역에서 학교개혁이 일어날 당시 부모는 자녀가 교육받아야 하는 언어를 선택할 수 있었다. 많은 부모들은 자녀들이 민족어보다는 러시아어 교육을 받기 원했으며, 이에 따라 학교 역시 민족어 교육보다는 러시아어 교육에 중점을 두게 되었다. 스탈린 시기 집중적인 러시아화 과정으로 러시아어와 러시아 문화가 소비에트 체제를 지배했던 당시의 분위기를 고려해본다면, 부모들의 이러한 선택은 이해할 만한 것이었다. 부모가 의도적으로 러시아어 교육을 선택했다는 것은 당시 소비에

[그림 15] 식팁카르 시내의 무명용사비.
무명용사를 기리는 비석에서도 러시아어와 코미어가 병기돼 있는 것을 볼 수 있다.[36]

트 시민의 문화적 방향성(Cultural orientation)을 보여준다.[37] 문제는 소련 붕괴 후에도 많은 비러시아계 민족이 지배문화, 다시 말하자면 러시아 문화와 러시아어가 좀 더 유망하다고 여기는 데 있다.

[그림 16] 건물 주소 역시 러시아어와 코미어로 쓰여 있다.[38]

코미어가 국어로 공식 지정된 이후 공화국 전체에서 이루어진 설문조사에 의하면 코미어 의무교육에 대해 총 응답자의 24%(코미인의 경우, 37%)만이 동의한 것으로 나타났다.[39] 그럼에도 불구하고 코미 정부는 중고등학생들이 코미어를 반드시 배워야 한다는 결정을 내려, 많은 학부모들의 항의를 받게 됐다. 이러한 경향은 2004년 코미 공화국에서 실시된 설문조사 결과에서도 반복되어 나타났다. 설문 결과를 보면 응답자의 26.6%가 모든 학생은 코미어를 배워야 한다고 생각하는 것으로 나왔다. 그러나 더 많은 응답자들이 명목민족어 교육은 당사자가 희망할 경우 이루어져야 한다고 답했으며, 이러한 답변은 코미인들보다는 비코미인들에게서, 시골보다는 도시에서 더 많이 찾아볼 수 있었다.[40]

앞서 보았듯이, 가정을 비롯한 코미 공화국의 일상생활에서 실질적으로 쓰이는 언어는 민족어가 아닌 러시아어이다. 이런 경향은 특히 도시 주민들과 어린 연령층에게서 볼 수 있는데, 위와 동일한 설문조사에 의하면, 도시에 거주하는 코미 가정에서 아이들과 코미어로 대화하는 가정은 3%에 그쳤다. 게다가 도시에서 코미어를 자유롭게 구사할 수 있는 아이들의 비율은 약 25%인 반면, 코미어를 전혀 모르는 아이들은 42%였다.[41] 반대로 시골에서는 코미어 구사 인구가 상대적으로 높게 나왔으며,

РЕСПУБЛИКАСА ВОЙТЫРЛÖН ГАЗЕТ

КОМИ МУ

97 (17726) №

Четверг, 2010 вося июль 1 лун

Содтöд 178 шайт

Аснаукöн оз позь

И сиктын пластикысь?

Зонпосниöс кута велöдны

[그림 17] 코미어 신문[43]

코미어나 코미문학을 가르치는 교사 수도 안정적으로 유지되고 있었다. 그러나 시골 학교에서는 코미어문학을 제외한 화학, 수학, 외국어, 물리 등 타 과목의 교사와 교자재 등은 점점 더 줄어들고 있어, 전반적으로 농촌 학교들의 교육수준을 낮추는 결과를 낳기도 했다.[42]

명목민족어 습득율이 낮은 이유는 무엇보다도 그 언어의 경쟁력과 유망성에 달려 있다. 같은 핀-우그르 국가이면서 한때 소련의 구성원이었던 에스토니아의 경우, 독립 선언 이후 에스토니아어를 국어로 지정하고 적극적인 자국어 정착 정책을 펼쳤다. 에스토니아 국적 취득을 희망하는 자는 에스토니아어를 반드시 알아야 했으며, 기업에서도 에스토니아어 구사능력을 취업의 필수조건으로 내걸었다. 즉, 에스토니아어 습득이 에스토니아에서 더 많은 기회를 제공받을 수 있도록 국가적 환경과 사회구조가 형성됐다는 것이다. 오랫동안 에스토니아에 거주했지만 에스토니아어를 익히지 않았거나 익힐 필요가 없었던 러시아인들도 이런 상황 속에서 뒤늦게 에스토니아어 교육을 받아야 했다. 이는 에스토니아 내 러시아 학교와 그 학교 입학생의 감소로까지 이어졌다.[44] 그러나 코미 공화국의 경우, 정부가 여전히 코미어 사용 인구를 늘이기 위한 방편으로 유아와 청소년층을 대상으로 코

[표 3] 러시아연방 내 코미어 사용 인구[46)]

지역	수(명)
러시아연방	217,316
북서연방관구	206,373
코미 공화국	200,269
중앙연방관구	1,772
이바노프 주	141
남부연방관구	988
인구세티야 공화국	115
볼가연방관구	2,498
키로프 주	630
우랄연방관구	4,273
튜멘 주	3,866
시베리아연방관구	1,152
옴스크 주	322
극동관구	260
사하 공화국	73

미어를 교육시키는 데 주력하고 있음에도 코미어가 공화국 시민들의 일상생활에 깊게 뿌리내렸다고 하기는 어렵다. 예를 들면, 코미 공화국 TV에서 볼 수 있는 지방 뉴스는 거의 러시아어로 진행되고 있다. 코미어로 뉴스를 전하는 시간이 5분 정도 지정되어 있지만, 뉴스에 삽입되는 인터뷰는 모두 러시아어로 진행된다. 다시 말하자면, 코미 정부의 노력에도 불구하고 코미 공화국에는 여전히 소련 시기처럼 러시아어와 문화가 일상생활을 지배하고 있다는 것이다.

그렇지만 코미 공화국의 자국어 사용 현황은 러시아 내 다른 핀-우그르 국가들과 비교하면 그나마 나은 편이다. 다른 핀-우그르 언어(마리어, 우드무르트어, 카렐어, 모르드바어)는 사용 인구가 점점 줄어드는 반면, 코미어 사용 인구는 최근 들어 조금씩 추가되는 추세이다.[45) [표 3]에서 보이는 것처럼 러시아연방에서 코미어를 구사할 수 있는 사람의 수는 총 217,316명이다. 이중 대다수가 코미 공화국에 거주하고 있다. 그외 코미어 구사 인구는 가까운 우랄연방관구, 그중에서도 튜멘 주와 야말-네네츠 자치구에서 찾을 수 있다. 추후 자세히 살펴보겠지만, 코미인들은 이미 16세기부터 다양한 지역으로 이주했기 때문에 코미 공화국과 거리가 먼 지역에서도 소수지만 코미어 구사 인구를 찾아볼 수 있다.

5. 종교

코미 공화국의 종교는 러시아 정교이다. 앞으로 볼 코미 공화국의 역사에서 더 다루겠지만, 러시아의 코미 지배는 정교의 수용으로 더욱 가속화됐다. 정교 수용 이전까지 코미인들의 생활에는 고대 신앙-애니미즘, 토테미즘, 조상 숭배 등-이 깊숙이 자리 잡고 있었다.

코미 민족이 정교를 받아들이는 과정에서 가장 중요한 역할을 한 사람은 '스테판'(Степан)이라는 주교이다. 러시아인인 스테판은 1340년경 코미 남쪽에 위치한 벨리키 우스튝(Великий Устюг)이라는 곳에서 출생했다. 이곳은 러시아가 코미 땅으로 진출한 후 처음 건설된 도시이다. 성당지기를 하던 아버지를 따라 러시아 정교 사원을 다니던 그는 로스토프의 수도원에서 본격적인 종교 교육을 받았다. 모스크바에서 그는 사제가 되었으며, 드미트리 돈스코이(Дмитрий Донской)의 지원 하에 1379년부터 본격적으로 코미 지역에서 정교 전도를 시작했다.

그는 피라스(Пырас, 지금의 코틀라스(Котлас) 지역)라는 작은 마을에 도착해 전도를 시작했다. 주민들은 거부했으며, 지역 통치자들 역시 스테판 신부에 대항하고 나섰다. 스테판 신부는 코미인들에게 정교를 전도하는 동시에 뿌리박힌 고대 신앙을 없애기 위해 갖은 노력을 다했다. 그는 정교 사원과 예배당을 짓기 시작했으며, 그전에 토속신을 모시던 사당들은 모두 폐쇄시켰다. 이뿐만 아니라, 코미인들이 신처럼 모시던 나무들도 모두 베어버렸다. 지역주민들의 거센 반대가 있었지만 스테판 신부의 전도활동은 점차 성공을 거두기 시작했다. 1383년 처음으로 코미 인근 지역에 페름 정교관구(Пермская епархия)가 생겼으며, 스테판 신부는 이 관구의 첫 주교가 됐다. 이 지역 일대에 걸친 성공적인 전도로 스테판 신부는 추후 '스테판 페름스키'(Степан Пермский, 페름은 북우랄 일대를 일컫는다. 현재 코미 공화국을 비롯하여 키로프 주, 페름 주 일대가 옛 페름 땅이라고 할 수 있다)라고 불리게 되었다. 1396년 모스크바에서 생을 마친 그는 오늘날 러시아 정교 성인으로 추앙받고 있다. 이뿐만 아니라, 1862년 러시아 건국 천 주년을 기념하여 노브고로드에 만들어진 '러시아 천년탑'(памятник "Тысячелетие России")에도 그의 모습이 새겨져 있다.

[그림 18] 스테판 페름스키의 동판[47)]

코미 땅은 일찍이 러시아의 지배를 받았지만, 사실상 코미 땅에 대한 본격적인 지배체계는 한참 후에야 형성됐다. 그동안 주교는 종교적인 지도자의 역할뿐만 아니라, 코미 땅의 대내외 정책을 결정하는 행정 수장의 일도 수행했다. 다시 말하자면 주교는 모스크바 공후의 대리인이었다고도 할 수 있다. 스테판 주교는 더 효과적인 전도와 성경번역을 위해 그때만 하더라도 문자가 존재하지 않았던 코미 민족에게 키릴문자와 그리스문자, 그리고 고대 페름어를 바탕으로 만든 문자를 선사해 주었다. 이런 이유로 스테판 주교는 코미 공화국의 종교사뿐만 아니라, 역사와 문학사 등에서도 중요한 인물로 손꼽힌다.[48]

현재 코미 공화국의 주요 광장은 그의 이름을 따라 '스테파노프 광장'(Стефановская площадь)으로 불리며, 주요 사원 역시 '스테파노프 사원'(Стефановский собор)이다. 스테파노프 사원은 1896년 스테판 페름스키의 선종 500년을 기념하여 건축됐지만, 1933년 소비에트 정부의 억압으로 폐쇄, 파괴되었다. 이 사원은 1996년 스테판 페름스키의 선종 600년을 맞이하여 다시 설립됐고, 지금은 코미 공화국의 종교 중심지이자, 대표적인 역사 유적지가 되었다.

[그림 19] 스테파노프 사원[49]

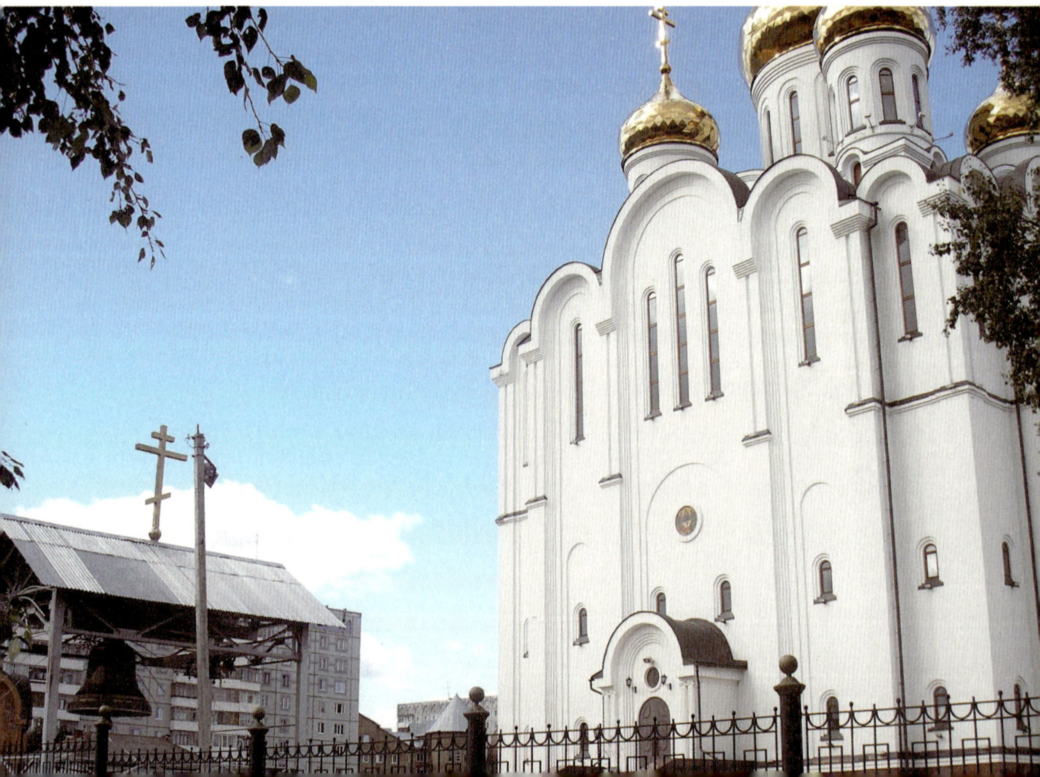

역사: 변방의 토착민족에서 러시아의 구성원으로

1. 코미 민족은 어디서 왔는가?

많은 학자들은 코미 민족이 11세기 이전에 형성되기 시작했다고 보고 있다. '코미'라는 독특한 민족이름의 어원에 대해서는 여러 가지 이야기가 있으나, 코미 영토의 남쪽에 흐르는 카마(Kama) 강에서 나왔을 것이라는 설과 '인간', '인류'를 의미하는 고대 페름어 '코먀'(komä, КОМ)에서 유래했다는 주장이 있다.[50]

민족기원에 대해서도 여러 의견이 있다. 어떤 학자들은 현재 코미 영토인 비체그다 강 중류를 중심으로 코미 민족이 형성되었을 것이라고 생각한다. 이 주장에 의하면, 8세기 무렵 옛 코미 영토에 거주하던 종족들은 핀어를 사용했으며 사냥이나 어업을 생업으로 삼았는데, 이들의 인구 증가와 주변 민족의 교류로 코미 민족이 형성됐다는 것이다.[51] 또 다른 학자들은 카마 강 중상류 지역을 코미 민족의 기원지라고 보고 있다. 이 주장은 9-10세기 카마 강 상류에 살던 사람들이 지속적으로 비체그다 강으로 진출했으며, 이들이 이 지역에 살던 토착민들과 어우러지면서

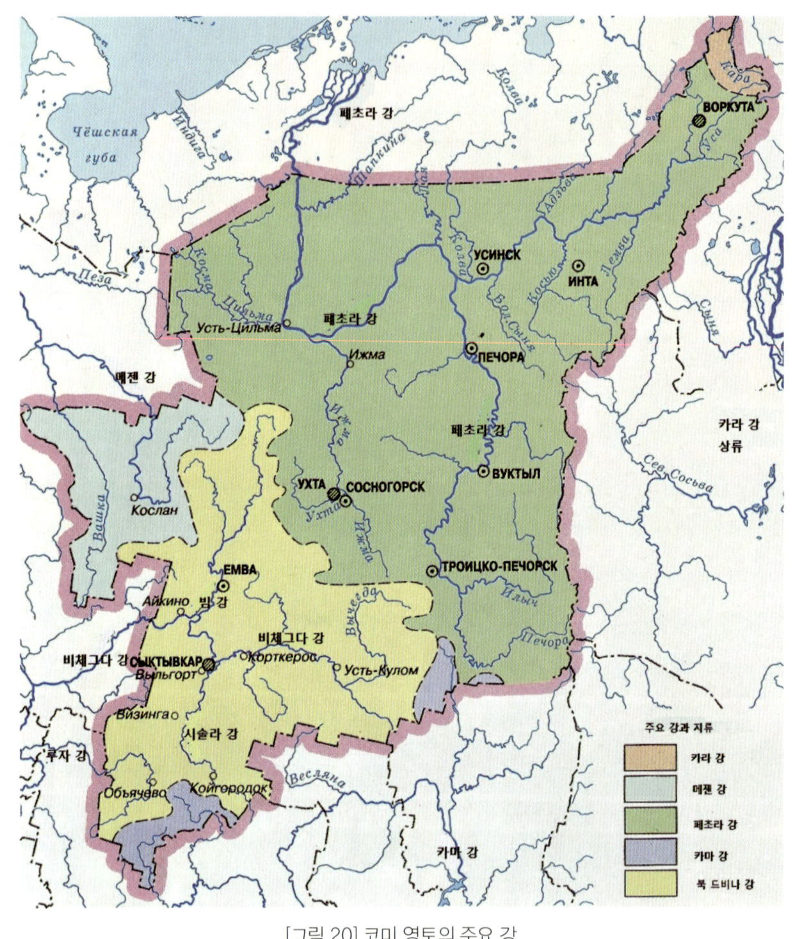

[그림 20] 코미 영토의 주요 강

코미인이 형성됐다는 것이다. 이들은 농업과 목축업에 종사했던 사람들로, 8세기부터 시작된 기후 온난화로 카마 강 북부 지역이 거주와 경제 활동에 보다 적합해지자 이곳으로 이주해 왔다. 즉, 코미 땅보다 남쪽에 살던 농민들이 북으로 이주했다는 것이다.[52] 이들의 진출로 코미 땅에도 농업과 목축업이 점차 자리 잡게 되었다. 한편 카마 강에 남은 이들은 코미-페르먀인의 선조가 되었다.[53]

두 주장이 조금씩 엇갈리지만, 코미 민족이 형성되었던 곳은 현재의 비체그다 강 유역이었다는 것에는 이견이 없는 듯하다. 코미 땅에 거주하던 종족들은 10-11세기 본격적으로 민족으로서의 모습을 띄게 되었다. 점차 영토라는 개념이 생겨났고 이웃들과 공동체를 형성하게 되었다. 12세기 무렵에는 단순한 민족 공동체가 국가적인 형태로 발전하게 됐다. 코미 땅의 주요 강을 중심으로 '페름 벨리카야'(Пермь Великая, 대페름공국), '페름 스타라야'(Пермь Старая, 고(古)페름공국, 혹은 스타라야 비체고드스카야(Старая Вычегодская, 고(古)비체그다공국)), '페름 말라야'(Пермь Малая, 소페름공국)와 같은 공국들이 생겨났다. 14세기 무렵 이 영토에 존재하는 공국 중 가장 강한 힘을 가지고 있었던 곳은 '페름 벨리카야'였다.[54] 그러나 이 공국들은 곧 모스크바 공국에 편입된다.

이후 15-16세기 코미 민족은 주요 거주지에 따라 5개의 소그룹으로 나누어졌다. 그 다섯 개 그룹은 (1)시솔스크(Сысольск, 시솔라 강 유역), (2)스레드네비체고드스카야(Средневычегодская, 비체그다 강 중류), (3)니제비체고드스카야(Нижевычегодская, 비체그다 강 하류), (4)빔스카야(Вымская, 빔 강 유역), (5)우도르스카야(Удорская, 우도르 지역)였다.[55] 지역 공동체들은 각기 다른 방언과 경제활동, 문화적 특징을 갖고 있었으며, '소트닉'(Сотник)이라고 불리는 수장이 각 영토를 관리했다. 러시아의 지배가 이루어진 후에도 한동안 소트닉이 운영하는 자치체제가 유지되었다.

2. 러시아인과의 접촉, 그리고 러시아로의 편입

코미 영토에 처음 등장한 러시아인들은 지리적으로 비교적 가까운 노브고로드에서 온 사람들이었다. 북유럽에서 건너온 바랴그인들이 슬라브 땅에서 처음 정착한 곳이 바로 노브고로드인데, 882년 키예프로 수도가 옮겨진 후에도 이곳은 여전히 고대 러시아의 중요한 도시이자 활발하게 교역이 이뤄졌던 상업도시였다. 토착민족을 대상으로 약탈을 일삼던 고대 노브고로드인들은 12세기 무렵 코미 땅까지 진출했고, 이를 계기로 코미 민족이 고대 러시아인들에게 알려지게 되었다. 러시아 문헌에서 코미인들이 처음 언급된 것은 12세기 초반에 쓰인 '지나간 세월의 이야기'(Повесть временных лет)라는 사료[56]를 통해서이다. '네스토르'(Нестор)라는 수도사가 키예프 루시(Киевская Русь)의 역사에 대해 쓴 이 문헌에서 코미인들은 '페르미'(Перми)라는 이름으로 언급되고 있다. 다른 고대 러시아 연대기를 통해서도 북우랄 서쪽부터 페초라, 비체그다, 카마, 볼가 강까지 이르는 광대한 영토 일대가 '페름'(Пермь), 혹은 '페르미야'(Пермия), '페렘'(Перемь)이라고 불렸으며, 고대 코미인들도 유사한 이름으로 불렸다는 것을 알 수 있다.

노브고로드 공국은 코미 민족을 대(大)노브고로드의 공민으로 선언했고 조공을 요구했다. 페름 벨리카야조차 노브고로드인들에게 조공을 바쳤다. 그러나 노브고로드 공국은 코미인들에게 모피 조공을 요구했을 뿐, 이 시기 코미 영토에 대한 실질적인 지배는 이루어지지 않았다. 코미인들이 노브고로드인들에게 어떠한 저항을 했는지에 대해서 상세한 기록은 없지만, 우랄 산맥 근처의 우그르 민족(한티, 만시인)들처럼 공물을 징수하러 온 노브고로드인을 살해했다는 기록으로 보건대, 외부인의 지배는 분명 코미인들의 거센 반감과 불만을 유발했다는 것을 유추해볼

[그림 21] 19세기 러시아 화가 바스네초프(В.М. Васнецов)의 '바랴그인들'(Варяги), 1909년.[57]

수 있다.[58)]

러시아인들이 코미 땅으로 건너와 처음으로 마을을 구성한 시기는 12세기로 추정된다. 그러나 이때도 실질적인 복속이나 대규모 식민지화는 이루어지지 않았으며, 이 마을도 단순히 러시아인과 코미인 간의 교역거래소 역할을 할 뿐이었다.[59)] 코미 영토가 기후나 지리적인 측면에서 월등히 좋은 조건을 갖추고 있지 않음에도 러시아가 코미 영토에 관심을 계속 기울였던 것은 국가적 차원의 영토 확장과 모피 때문이었다. 울창한 숲에 둘러싸인 코미는 전통적인 수렵사회였으며, 이들이 사냥하는 여우, 수달, 해달, 토끼 등은 양질의 모피를 제공해 주었다.

코미의 모피는 노브고로드 공국 외에도 로스토프-수즈달 공국(Ростово-Суздальское княжество)의 관심을 끌었다. 12세기 코미 땅의 남서쪽에 우스튝(Устюг)이라는 도시가 설립됐는데, 이 도시는 로스토프-수즈달 공국이 코미로 진출하기 위한 거점 역할을 했다. 우스튝의 생성 후 코미 영토의 가장 남서쪽에 위치한 루자 강(р. Луза) 유역이 로스토프 공국의 통제 하로 들어가게 되었다. 그러나 당시만 하더라도 러시아 중심지에서 멀리 떨어진 코미 지역들, 예를 들면, 빔, 바시카, 시솔라, 비체그다 중류 지역까지는 러시아의 세력이 미치지 못했다.[60)]

시간이 흘러 러시아 영토 내에서도 권력의 중심지가 이동했다. 1240년부터 1480년까지 무려 240년간 몽골-타타르의 지배를 받으면서 고대 러시아 공국들은 힘을 잃고 분리됐으며, 이렇다 할 강한 집권국가가 형성되지 못했다. 이런 상황에서 새로운 중심지로 탄생하게 된 곳이 바로 모스크바이다. 외세의 지배를 받으면서도 모스크바 공국이 힘을 쌓게 된 것은 몽골-타타르에게 많은 조공을 바쳤기 때문이다. 킵차크 한국(Золотоая Орда)은 광활한 러시아 영토를 직접 지배하지 않고, '야를릭'(Ярлык)이라고 불리는 칙허장을 주고 러시아 공후에게 통치권을 위임했다. 일종의 간접통치인 셈이다. 모스크바 공국의 공후였던 이반 칼

[그림 22] 이반 1세의 모습[62]

리타(Иван Калита, 이반 1세)는 별명인 '칼리타'(Калита, '돈주머니'라는 의미)답게 많은 조공을 거두어 막강한 부를 축적했고, 이를 깁차크 한국에 바침으로써 깁차크 한국이 보장해주는 러시아 영토에 대한 권한을 갖게 되었다. 비체그다-빔스카야 연대기(Вычегодско-Вымская летопись)에 따르면, 이반 1세는 코미인들이 조공을 바치지 않는다는 사실에 분노하며, 1333년부터 본격적으로 러시아 북동 지역의 주민들에게서도 조공을 걷기 시작했다. 1364년에는 코미 영토를 관리할 지사와 감독관들을 임명하여 우스튝으로 파견했다.[61] 그러나 이 지역을 제외한 나머지 코미 영토에는 이전처럼 코미 지도자들이 존재했고 자치구조가 유지됐다.

러시아의 영향력이 코미 남서쪽 지역을 넘어 다른 지역으로까지 확장될 수 있었던 중요한 계기는 정교회 신부인 스테판 페름스키의 등장이었다. 페름스키는 페름 지역을 관할하는 정교관구의 수장을 맡았다. 페름스키 주교의 저택은 우스튝보다 조금 더 북동쪽에 있는 우스티-빔(Усть-Вымь) 지역에 위치했다. 이 점을 볼 때, 러시아에 의한 코미인의 기독교화가 단순한 종교 전도의 목적만 가지고 있었던 것이 아니라, 코미 땅에 대한 러시아의 세력 확장까지 염두에 뒀음을 알 수 있다.

코미인들이 러시아의 지배 야욕에 어떠한 투쟁이나 봉기를 했는지 러시아 문헌에서 찾아보기는 어렵다. 그러나 1472년 코미인들이 모스크바

상인들에게 모욕을 줬다는 이유로 이반 3세가 팔레츠코예 공국(Палецкое княжество)[64]의 공후였던 표도르 표스트리(Фёдор Пёстрый)를 앞세워 군대까지 파견한 사례나, 러시아의 세력이 코미 땅에 들어온 지 100여 년 후인 1481년에야 이곳이 모스크바에 공식적으로 복속된 사실을 비추어 볼 때,[65] 코미 땅에 대한 러시아의 지배는 결코 쉬운 일이 아니었을 것이다.

[그림 23] 스테판 페름스키를 그린 이콘. 1909년. 작가미상.[63]

15세기 말부터 16세기 사이 러시아의 영토 확장과 더불어 코미 북부와 동부 지역에 대한 식민지화도 계속됐다. 이에 따라 페초라 하류에도 러시아인들이 등장하기 시작했다. 특히 1499년에는 이반 3세가 우그르족 진압을 위해 페초라 강 하류에 푸스토죠르스크(Пустозёрск)라는 마을을 세웠다. 푸스토죠르스크는 곧 러시아인들의 새로운 행정중심지가 되었고, 오랫동안 중앙에서 가장 멀리 떨어져 있는 러시아 마을로 남아있게 됐다.[67] 그러나 그 시기 타타르인들이 지배하고 있었던 카잔(Казань), 아스트라한(Астрахан), 시베리아 한국(Сибирское ханство)이 모스크바 공국에 의해 붕괴됐으며, 이로써 러시아인들은 시베리아, 볼가강, 우랄 근처로 진출할 수 있게 되었다. 코미 땅으로의 이주도 꾸준하게 이루어졌지만, 수천 명의 러시아인들이 코미 영토에 비해 지리적으로 가깝고 기후조건이 더 좋은 새로운 지역으로 이동했다.[68] 만약 이 시기 많은 러시아인들이 코미 땅으로 이주하고 정착했더라면, 비체그다, 루자

[그림 24] 이반 3세의 모습 [66)]

강 유역뿐 아니라, 북동 지역에 대한 식민지화와 러시아화는 더 빨리 이루어졌을 것이다.

러시아인들의 대규모 이주가 활기를 잃게 되자, 16세기 말부터 17세기 동안 코미 영토의 서쪽 경계가 어느 정도 안정을 찾기 시작했다. 이 시기 러시아에서 강한 중앙집권화가 이뤄지면서, 코미 땅에 대한 러시아의 권력도 점점 확고해져 갔다. 야렌스크 현(Яренский уезд, 현재 코미 공화국 수도인 식팁카르 부근)에 차르가 임명한 군사령관이 등장했으며, 모든 지방관리들은 군사령관의 하부로 들어가게 됐다. 지방관리(소트닉) 후보는 중앙에서 반드시 확인을 거쳐야 했으며, 지방자치도 중앙의 엄격한 통제를 받게 되었다.[70)] 그러나 코미인들은 군사령관 제도 도입에 대해 부정적으로 반응했다. 코미인들은 정확한 세금 지불을 조건으로 군사령관 제도의 폐지를 요구했다. 모스크바 입장에서도 세금이 제때 완전히 수령되는 것이 중요하기 때문에, 결국 양측의 협상은 성공하게 되었다. 코미의 대부분 현(Волость)들은 자치권을 받게 됐고, 선거를 통해 선출된 사람들에 의해 통치되었다. 러시아 정부는 단지 받아야 하는 세금의 총량만 정해 놨으며, 대신 세금 지불이 지체될 경우 군사령관제를 다시 실시하겠다는 단서를 달았다.[71)]

모스크바 공국이 와해되고 로마노프 왕조가 들어서자 옛 행정구역은 다시 바뀌게 되었다. 중앙 정부는 지방을 보다 효율적으로 통제하기 위해서 행정구역을 체계화할 필요를 느꼈다. 로마노프 왕조는 과거 코미 영토 전역에 형성됐던 지역별 그룹을 무시하고 행정체계를 개편했다. 17

세기 코미 영토는 크게 푸스토죠르스크, 솔비체고드스크(Сольвычегодск), 우스티-빔스키(Усть-Вымский), 이렇게 세 개의 향(Уезд)으로 재편됐다. 18세기에 현(Губерния)이 제정되자 코미 땅은 남북으로 분리됐는데, 남쪽 지역은 볼로그다 현(Вологодская губерния)으로, 북쪽 지역은 아르한겔스크 현(Архангельская губерния)으로 편입됐다.[72] 1780년에는 예카테리나 2세가 '우스티-시솔라 마을'(Село Усть-Сысола)을 '우스티-시솔스크 시'(Город Усть-Сысольск)로 바꾸었다. 이로써 우스티-시솔스크 시는 코미의 첫 번째 도시가 되었다.[73] 이것이 바로 현재 공화국 수도인 식팁카르의 전신이다. 당시 우스티-시솔스크 시는 우스티-시솔스크 현(Уезд Усть-Сысольск)의 중심지가 되었다. 우스티-시솔스크 현은 볼로그다 관구 산하인 벨리코우스튝 주(Великоустюжская область)에 속해 있었다. 우스티-시솔스크 시는 당시 러시아 제국의 다른 도시들과 마찬가지로 도시

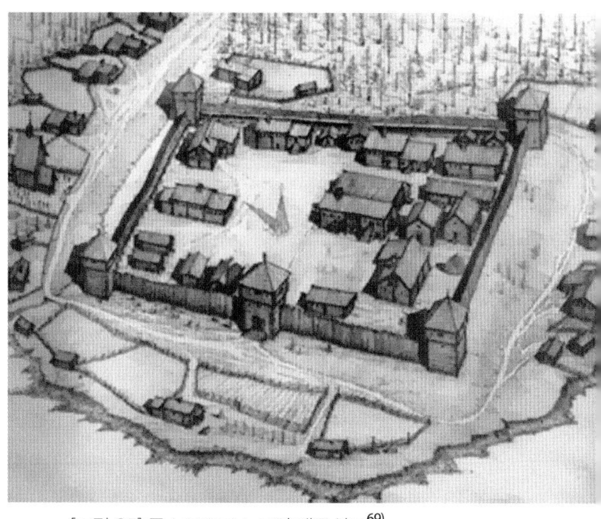

[그림 25] 푸스토죠르스크의 재구성도[69]

[그림 26] 20세기 초 우스티-시솔스크의 모습[76]

자치권을 인정받았다.[74)]

18세기는 코미 영토가 활발하게 발전했던 시기이기도 하다. 1784년 유일한 도시였던 우스티-시솔스크의 전체 도시계획이 확정되면서 본격적인 도시로서의 모습을 갖추기 시작했다. 동시에 농업용 영지가 확장되면서 점차 농업이 코미 경제에서 중요한 자리를 차지하게 됐다. 즉, 전통적인 수렵사회에서 농업사회로 바뀌게 된 것이다. 농산물의 상품화가 시작됐고, 소규모 수공업도 발전했다. 빔 지역에서는 이미 17세기에 코미 최초의 제염공장이 설립됐고, 18세기 중엽에는 시솔라 지역에 주물공장과 제철소가 생겨났다. 경제가 발전하고 새로 개편된 행정구역 체계로 인해, 과거 서로 상관관계가 거의 없었던 지역별 소그룹들간의 내부 교역도 활발해졌다.[75)]

3. 코미인들의 이주

점차 코미인들의 수는 증가했고, 코미 영토에 사는 타민족의 수도 늘어났다. 특히 17세기 무렵 코미인들이 전통적으로 거주해왔던 지역에서는 인구증가를 감당할 땅이 부족하게 되었다. 숲을 개간해야 했지만, 당시 낙후된 농업기구로는 어려운 일이었으며, 추위도 그 어려움을 가중시켰다. 농업 외에 목축업에 종사하는 사람에게도 상황은 마찬가지였다. 가축을 기르는데 필요한 목초지가 부족했기 때문이다. 이러한 상황에 처하게 되자 코미 영토 내에서 코미인들의 이주가 시작됐다. 내부 이주는 점점 활발해져, 당시 미개척지와 마찬가지였던 코미 땅의 동쪽과 북쪽으로까지 거주지가 확장되었다.

코미인들은 그동안 개발되지 않았던 북동쪽으로 이주했을 뿐만 아니라, 국경을 넘어 서쪽과 동쪽으로도 이동하였다. 영토 밖으로의 이주

[그림 27] 19세기 러시아 화가인 수리코프(В.И. Суриков)가 그린 '예르막의 시베리아 원정' (Покорение Сибири Ермаком), 1895년.[78]

는 국가적 차원의 강요에 의해, 혹은 자발적으로 진행됐다. 러시아 정부가 시베리아 진출을 위해 일찍이 러시아로 복속된 코미인들을 활용했던 것이 첫 번째 경우에 해당한다. 코미 사냥꾼이나 장사꾼들은 이미 우랄 산맥 너머의 길을 잘 알고 있었다. 이반 4세의 명령으로 1581년 카자크 수장 예르막(Ермак)의 부대가 우랄 산맥을 넘어 시베리아 원정을 떠났을 당시 코미인들은 훌륭한 길 안내자 역할을 했다. 많은 코미인들은 모스크바 공국이 시베리아로 진출하는 과정에 참여했으며, 새로 편입된 영토에 도시와 요새를 건축하는 일에도 동원됐다.[77] 이로 인해 코미인들은 16세기 말-17세기 형성된 시베리아의 새로운 도시들, 예를 들면, 튜멘(Тюмень), 토볼스크(Тобольск), 수르구트(Сургут), 베레조프(Березов) 등의 첫 시민이 되기도 하였다. 코미인들은 더 나아가 레나 강(р. Лена), 아무르 강(р. Амур), 캄차트카(Камчатка), 알레우트 섬(Алеутские острова)을 개척하는데도 참여했다.

시베리아로 떠난 코미인들은 원래 가지고 있던 성(姓)보다 이들의 출신지에서 기원한 별명으로 자주 불렸다. 예를 들면 비체그다에서 온 코미인은 비체그자닌(Вычегжанин), 빔 강 출신은 비미틴(Вымитин), 페초라 강(Печора)에서 온 사람들은 페초라라는 성으로 불렸으며, 이들의 이름을 딴 마을들도 생겨났다.[79] 러시아 정부의 시베리아 원정이 계속됨에 따라 17세기 말에는 코미인들의 거주지도 이르쿠츠크(Иркутск)까지 확장되어, 바이칼 인근지역에는 코미인을 일컫는 '지랸'(Зырян)에서 기원한 '지랸스카야'(Зырянская)라는 마을이 생겨났다. 이 지역 외에도 코미인들이 이주한 지역에는 '지랸'이라는 이름을 딴 마을과 거리가 생겨났다.[80]

19세기 중반부터 코미인들의 외부 이주는 새로운 단계에 접어들었다. 이 시기 이루어진 이주는 출신지와 이주방향에 따라 그 특징을 달리 하고 있다. 북부의 이제메츠인들은 우랄 동쪽으로 이주했던 반면, 남부지역에 주로 거주했던 코미인들은 서시베리아의 남쪽으로 건너갔다.[81]

코미인들이 가장 먼저 이동한 곳은 지리적으로 근접하면서 자연환경이 유사하여 그들의 경제활동을 계속 유지할 수 있는 우랄 산맥의 동쪽이었다. 코미인들은 오래 전부터 순록방목과 교역활동을 위해 이 지역을 자주 넘나들었기 때문에 이곳은 그들에게 이미 친숙한 장소였다. 정착을 목적으로 이 지역으로 이동한 코미인들의 수는 점

[그림 28] 우랄 북동쪽의 코미 이주지[83]

차 증가했으며, 그 수가 많아짐에 따라 자연스럽게 코미인들의 집거지가 형성되었다. 19세기 우랄 북동 지역에 형성된 마을로는 베료좁스키 지역(Берёзовский район)의 사란파울(Саранпауль), 살레하르드(Салехард, 이주 당시 이름은 오브도르스크(Обдорск))와 무지(Мужи) 등을 들 수 있다. 현재 살레하르드와 무지는 야말-네네츠 자치구에 속해 있으며, 사란파울은 한티-만시 자치구에 위치해 있다.[82)]

러시아 북서지역으로의 이주 역시 순록사육업자들에 의해 시작됐다. 19세기 후반 방목지 부족과 순록의 대규모 전염병 감염으로 인해 일부 코미인들은 콜라 반도(Кольский полуостров)로 이주하였다. 이곳으로 이주한 코미인들은 '로보제로'(Ловозеро)라는 마을에 정착했다. 인구가 증가하면서 이들은 새로운 마을을 직접 짓기도 하였다. 1921년에는 크라노셀예(Краснощелье) 마을, 1923년에 카네프카(Каневка) 마을을 만들었다.[84)] 이 마을들은 모두 콜라 반도의 동쪽 지역, 특히 시골 지역에 위치해 있다.

반대로 우랄 남동쪽으로 이동한 사람들도 있었다. 이들은 현재 옴스크 지역을 거쳐 알타이 지역까지 떠났다. 코미 남부 사람들은 주로 농업과 어업에 종사하던 사람들이었는데, 농지부족과 몇 년간 지속된 흉

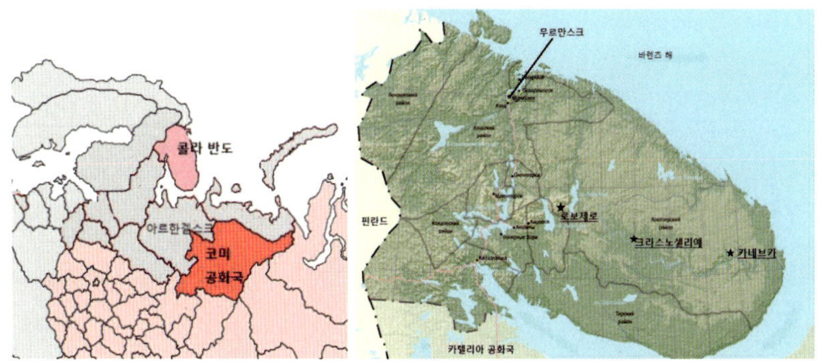

[그림 29] 콜라 반도의 위치(좌), 콜라 반도 내 코미인들의 주요 정착지(우)[85)]

년이 이주의 주된 원인이었다.[86] 1870년 시솔라 강 중류 부근의 키브라(Кибра) 마을에서 이주한 코미인들은 현재 옴스크 지역의 남쪽에 키베르-스파스크(д. Кибер-Спасск)라는 마을을 지었다. 옴스크 지역으로 이주하는 코미인들의 수는 점점 증가했으며, 1896년에는 비체그다 상류, 예를 들면 바드옐스크(Бадъельск), 포모즈딘(Помоздин) 등지에 살던 코미인들도 이주를 떠났다. 이들은 이르티시(Иртыш) 강 지류인 시시(Шиш) 강가에 임세갈(Имшегал)이라는 마을을 만들어 정착했다.[87] 코미인들은 옴스크에서 멈추지 않고 알타이 지역으로 건너갔다. 1803년 이 지역에 정착한 코미인들이 만든 마을 이름은 '지랸'에서 기원한 지랴노프카(Зыряновка)였으며, 뒤이어 생긴 마을은 노보지랴노프카(Новозыряновка)였다.[88] 이 두 마을은 현재 알타이 주의 자린스크 지역(Заринский район)에 위치해 있다.

이렇게 코미인들은 본토를 떠나 러시아의 다양한 지역으로 이주해 갔다. 그러나 소비에트 정권 수립 이후 콜호즈 정책으로 인해 코미인들이 시베리아 및 다른 지역으로 이주해 가는 것은 국가의 엄격한 통제를 받았다.

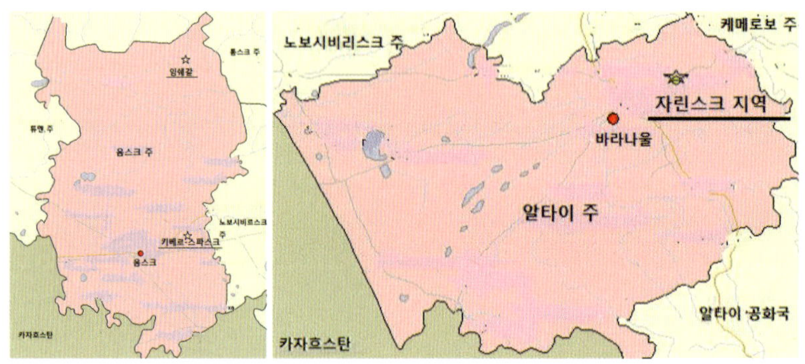

[그림 30] 옴스크 주의 주요 정착지(좌)와 알타이 주의 주요 정착지(우)[89]

4. 소비에트 시기 & 러시아연방 시기 코미 공화국

• 소비에트 시기의 코미 영토

19세기 말부터 러시아 전역에 혁명의 기운이 일어났고 코미 땅에도 각종 소요와 집회가 발생했다. 1905년 7월에는 러일전쟁 파병을 위해 소집된 800명의 예비군들 사이에서 소요가 일어났으며, 그해 11월부터 12월까지는 러시아 동맹파업의 일환으로 우스티-시솔스크 우편통신국 직원들의 파업이 계속됐다.[90] 코미 땅으로 유형온 혁명주의자들과 정치범들이 중심이 된 집회와 시위가 그 이후로도 계속 일어났다. 1917년 10월 사회주의 혁명이 성공하자 코미 영토에서도 노동자·농민·병사 도시소비에트(Городской Совет рабочих, крестьянских и солдатских депутатов)가 만들어졌다.

이 시기 주목할 만한 것은 혁명을 즈음하여 코미 지식인들과 사회활동가들을 중심으로 코미 민족의 국가성 형성에 대한 논의가 일어났다는 것이다. 코미 작가인 치스탈료프(В.Т. Чисталёв)가 1917년 4월에 쓴 글에서 당시 분위기를 짐작해 볼 수 있다: "현재 우리는 스스로를 지랸인(Зырян), 우리의 영토를 지를랸디야(Зырляндия)라고 부를 수 있는 완전한 권리를 가지고 있다. 러시아에 사는 모든 민족은 그러한 자유를 갖게 될 것이고, 아무 것도 두려워하지 않고 떳떳하게 자신의 언어로 자유롭게 말하고, 쓰고, 출판하게 될 것이다."[91] 1917년 여름 우스티-시솔스크의 도시두마 위원들은 임시정부에 보내는 서면 등에서 자신들의 두마를 민족명을 따라 '지랸스카야 두마'(Зырянская Дума)라고 명명하였다. 1918년 1월 우스티-시솔스크에서 열린 대회에서 두마위원들은 코미 민족의 자유를 표현하는 강한 상위권력체계이자 어떤 정당에도 속하지 않는 코미인들을 위한 권력기관을 만드는 것에 합의했다. 그 결과 새로운 권력 기관이 탄생했는데, 그것은 '우스티-시솔스크 현 노동

[그림 31] 20세기 초 활동했던 코미 지식인이자 작가인 치스탈료프 [93]

자·병사·농민 소비에트'(Усть-Сысольский уездный Совет рабочих, солдатских и крестьянских депутатов)였다. 이 소비에트는 자유-민주주의자들부터 친볼셰비키까지 다양한 정치적 세력들로 구성됐다. 이들은 코미 지역의 자치성이 확보되어야 한다는 의견에 동의했으며, 지란인의 영토에 특별행정단위를 부여하고, 군사, 대외관계, 화폐유통을 제외한 법적 자치권 보장도 요구했다.[92]

그러나 이것이 성사되기까지는 꽤 심한 진통을 겪어야 했다. 민족자치에 대한 생각은 일반 코미 대중들의 폭넓은 지지를 받은 것이 아니었으며, 소비에트 정부 상부에서도 달갑게 받아들이지 않았다. 한 예로, 1919년 5월 7차 야렌스크 현 대회에서 파벨 포크롭스키(П. Покровский)는 지란 문화는 러시아 문화와 경쟁할 수 없으며, 그러한 인공적인 문화를 생성하는 것은 있을 수 없는 일이라고 못박았다. 일부 대회위원들은 포크롭스키를 지지했고, 지란어는 근절되야 한다고까지 주장했다.[94]

소련 인민민족위원회(Наркомнац РСФСР) 산하 코미 대표부를 이끌었던 바티예프(Д.А. Батиев)와 동료들은 러시아 권력층을 설득하는데 주력했다. 이들은 코미 자치공화국 영토는 전통적인 지란 영토뿐만 아니라, 우랄 너머 페초라 하류, 북빙양의 섬들, 그리고 코미-페르먀인이 거주하는 인근의 땅까지 포함되어야 한다고 주장했다.[95]

사회주의 혁명 후 1921년 8월 22일 코미 땅은 '코미 자치주'(Автономная область Коми)로 그 지위가 확정됐다. 코미 지도자들의 요구와는 달리, 자치주의 영토도 레트카 강(р. Летка)과 페초라 강 유역의 인근 땅이 통합됐을 뿐, 더 이상 확장되지 못했다. 같은 북서지역의 카렐인들이 이미 1923년 공화국의 지위를 얻고, 1930년대 중반까지 카렐리야 내부 문제 해결에 있어서 상당한 자치권을 행사할 수 있었던 것과 비교해 볼 때, 당시 코미 지도자들의 요구는 거의 수용되지 못했다. 일부 학자들은 민족주의자들의 실패 원인을 당시 코미 지도자들이 볼셰비키 당에서 확고한 인맥을 갖추지 못하고 권위가 형성되지 않은 신참이었기 때문이었다고 분석하기도 한다.[97]

[그림 32] 소비에트 정부 초기 코미 지도자였던 바티예프[96]

예전 수도인 우스티-시솔스크가 여전히 코미 자치주의 중심지 역할을 수행했다. 1922년 크게 4개의 향(Уезд)으로 코미 자치주의 행정구역이 개편됐다. 4개의 향은 시솔스크(Сысольск), 우스티-쿨롬스크(Усть-Куломск), 우스티-빔스크(Усть-Вымск), 이즈모-페초르스크(Ижмо-Печорск)였다. 소비에트 시기 동안 코미 영토는 여러 차례 행정지위가 바뀌었다. 1929년 코미 자치주는 독립적인 행정구역으로 자리잡지 못하고, 아르한겔스크를 중심지로 새로 편성된 북변강주(Северный край)로 통합되었다. 이때 코미 땅의 최북부 지역은 북변강 내의 네네츠 민족자치구(Ненецкий национальный округ)에 속하게 되었다.[98] 코미 자치주 내부에서도 새로운 군이 생기는 등 행정구역의 변화가 일어났다. 우선 1930년에는 수도인 우스티-시솔스크가 현재 이름인 식팁카르로 개명됐다. 1932년에는 우스티-우사(Усть-Уса) 마을을 중심지로 둔 우신스키 군(Усинский район)이 생겨났다. 1936년에는 코미 영토의 북부 지역에 페초르스키 군(Печорский район)이 형성됐으나 5년 후에 폐쇄됐다.[99] 1936년 코미 영토는 북변강에서 독립되어 나와 비로소 코미자치사회주의 소비에트공화국(Коми АССР)이 됐다.

1920년대 코미 자치주가 형성된 이후 코미 영토에서는 이른바 '지랴

[그림 33] 코미자치사회주의 소비에트공화국의 문장[100)]

니자치야'(Зырянизация, 코미화) 과정이 활발하게 진행됐다. 지랴니자치야 과정의 가장 큰 핵심은 언어였다. 짧은 기간 내에 민족교육 학교들이 생겨났다. 제대로 된 민족교육을 위해 코미 지식인층은 코미어의 규정화를 시작했고, 코미 문법을 체계화시켰으며, 코미-러시아어 사전들을 출판했다. 이 시기 코미어로 된 교과서를 비롯해 문학작품과 출판서적의 수가 눈에 띄게 증가했다.[101)] 1924년 4차 코미 소비에트 대회에서는 소비에트 기관의 지랴니자치야도 추진되어 러시아어와 함께 코미어를 국어로 인정하는 한편, 국가기관에서는 반드시 코미어를 쓰도록 결정했다. 국가기관의 직원들은 방문객을 대할 때 반드시 코미어로 대화해야 했으며, 코미어를 모를 경우 통역인을 동행하도록 했다. 코미어 정착에는 대중매체와 출판물이 가장 큰 역할을 했다. 1921년 코미어 신문인 '우즈'(Удж, 노동)가 발간됐으며, 이후 많은 코미어 출판물이 등장했다. 1930년대 말 코미 자치주에서 발간되는 18개의 신문 중 11개가 코미어로 발간되고 있었다.[102)]

1930년대는 코미 공화국의 경제발전에서 중요한 시기이다. 스탈린 시기에 시작된 대대적인 산업화는 코미 지역에서도 예외 없이 진행됐다. 특히 석탄이 주로 매장되어 있는 지역인 보르쿠타와 우흐타 개발이 활발히 이루어졌으며, 산림자원에 대한 개발도 진행됐다. 집중적인 산업화는 여러 가지 사회경제적인 변화를 야기했다. 첫 번째는 새로운 도시들의 등장이다. 북부의 산업화가 이루어지면서 이 지역에 도시들이 생겨났다. 코미 땅의 남부에 존재하는 도시는 수도인 식팁카르 한 곳 뿐이라면, 북쪽에는 이 시기 여러 도시들이 생겨났다. 1920년대 초만 하더라도 인구의 대부분이 남서쪽, 즉 비체그다 강 유역과 메젠 강, 페초라 강 하류 등에 주로 거주했다면, 도시 개발과 산업화로 인해 북쪽으로의 인구 이동이 활발해졌다. 뿐만 아니라, 산업화로 인해 외부 사람들, 즉 코미인이 아닌 타민족의 유입도 활발하게 일어났다. 이들 역시 북부 도시에 주로 거주했기 때문에, 코미 영토의 남과 북은 농촌과 도시, 코미인과 비코미인 등 지역별 사회경제적 특징과 민족구성에 있어서 확연한 차이를 보이게 되었다. 추후 살펴보겠지만, 이것은 이 지역 주민들의 정체성에도 영향을 미치게 되었다.

자원의 개발과 함께 자원을 운송할 교통망도 구축되기 시작했다. 1937년 코틀라스-보르쿠타(Котлас-Воркута) 철도 건설이 시작되어 1941년 개통됐다. 여기서 주목할 만한 것은 탄광이나 철도, 그리고 새로운 도시 건설이 주로 수감자들에 의해서 이루어졌다는 것이다.

역사를 거슬러 올라가자면, 코미 영토는 시베리아 지역은 아니지만 러시아 북동 변방에 위치한 탓에 이미 19세기부터 수용소가 들어서기 시작했다. 1814년 조국전쟁(1812년 나폴레옹 군대와의 전쟁) 동안 러시아군에 잡힌 백여 명의 프랑스 포로들이 당시 수도인 우스티-시솔스크로 이송됐다.[104) 1874년에는 페테르부르크 대학의 학생이자 작가, 혁명가였던 레베데프(И.И. Лебедев)가,

[그림 34] 인타의 민락. 굴락이 폐쇄된 후 여기서 죽은 사람들의 묘지로 바뀌었다.[103)]

1901년에는 키예프 대학 학생인 루사노프(B.A. Русанов) 등이 우스티-시솔스크에서 유형생활을 보내기도 했다.[105] 사회주의 혁명 전까지는 주로 수도였던 우스티-시솔스크를 중심으로 포로수용소나 유형지가 마련되었다면, 소비에트 시기로 접어들면서, 특히 스탈린 집권 시기에는 주로 코미 영토의 북쪽에 굴락(Гулаг, 노동수용소)이 많이 생겨났다. 대표적인 곳으로 우흐타 근처의 우흐타페초르락(Ухтапечорлаг), 인타의 민락(Минлаг, Минеральный Лагерь), 보르쿠타의 보르쿠트락(Воркутлаг)을 들 수 있다.

소련 내무인민위원부(НКВД)의 문서에 따르면, 1941년 4월 1일 당시 코미 공화국으로 유형온 사람들은 5,339가구로 총 17,492명이었다. 약 이년 후인 1943년 1월 1일 경에는 공화국 내 특별유형수들의 수가 31,315명에 달했는데, 이 중에는 11,043명의 독일인, 7,102명의 부농(쿨락, Кулак), 4,088명의 우크라이나 민족주의자들,[107] 리투아니아에서 끌려온 864명의 사람들이 있었다.[108] 그러나 어떤 학자들은 이것은 어디

[그림 35] 1940년대 보르쿠트락에 있는 독일인 수용소 겸 노동연대용 주택의 모습.[106]

까지나 소련 정부의 집계이며, 실제로 코미 땅에 수용된 수감자의 수는 최소 백만 명 이상일 것이라고 주장한다.[109)]

러시아인들에게 '대조국전쟁'이라고 불리는 2차세계대전 당시 코미인들은 전쟁의 피해를 직접적으로 받지는 않았지만, 물자수송, 예비군 파견 등 소련군 지원에 동원됐다. 코미 지역의 특성에 맞게 코미 자치공화국에서는 난방용품 위원회가 특별히 설치됐고, 여기서 제조한 스키, 모피 외투, 펠트 장화 등은 전선으로 운송됐다.[110)] 코미 자치공화국과 가까운 카렐리야 자치공화국은 핀란드와 국경을 면하고 있던 탓에 당시 주요한 전선 중 하나였는데, 코미 지역은 카렐리야 공화국에서 송환된 사람들이 임시 머무는 장소로도 사용됐다. 예를 들면 1942년 3월 카렐-핀 대학(Карело-Финский государственный университет)의 교사와 학생들을 포함해 총 1,693명이 식팁카르에 머물기도 했다. 또한 그해 8월에는 100명 이상의 남성으로 구성된 '코미 빨치산 연대'가 조직되어 카렐리야 전선으로 파견되기도 했다.[111)]

2차세계대전 후 소련 전역은 전쟁의 폐허에서 벗어나 국가의 사회경제를 정상궤도에 올리기 위해 많은 노력을 기울였다. 코미 지역도 다시 탄광산업과 임업 개발에 착수했다. 석탄, 석유가스 산업에 종사하려는 노동자들의 유입은 국가차원에서, 그리고 개인차원에서 계속됐고, 1950년대 초반 이주민의 유입이 최고조에 달하게 되었다. 또한 1960-70년대 공화국의 경제성장으로 이주민 유입은 더욱 활발해졌으며, 이로 인해 공화국 내 코미인의 비율은 차츰 감소되기 시작했다.[112)]

공화국 내 코미인의 수는 줄어들었고, 공화국은 단일화된 소비에트 체제 안에 속해 있었지만, 코미 민족운동은 계속 잠재되어 있었다. 1980년대 말부터 코미 민족운동이 재개되었으며, 민족 국가성 부흥에 대한 사회적 토론이 확산됐다. 1990년 8월 코미 자치공화국 정부는 코미 국가 주권에 대한 헌장을 통해 코미 공화국 영토에서 코미 공화국 헌법이 소련과 러시아공화국의 법조항 위에 있다는 것을 공포했다. 이 헌장은 코미 정치권이 연방 중심으로부터 거리를 두려는 명백한 행동이었으며, 당시 연방 정부의 정치적 약화를 틈탄 시도였다.[113)]

• 러시아연방 시기의 코미 영토

소련이 붕괴되면서 러시아의 많은 지역들은 행정지위의 변화를 겪게 되었다. 코미 자치공화국 역시 코미 공화국으로 바뀌게 되어 어엿한 하나의 민족국가로서의 지위를 갖게 되었다. 1980년대 말부터 '민족'이라는 개념은 소련 사회에서 중요한 이슈가 되었다. 소련의 많은 민족이 민족단체를 구성하고, 민족어 및 민족문화 복원, 민족교육 발전 등에 관심을 쏟기 시작했다. 이러한 분위기는 민족영토 내에서 더욱 뚜렷하게 나타났으며, '민족'이라는 개념은 정치적인 도구로 사용되기도 했다.

1989년 코미 지식인층의 발기로 코미 민족문화 단체인 '코미 코티르'(Коми Котыр, 코미 동료)가 설립됐다. 이 단체는 설립 당시 문화계몽적인 성격을 갖고 있었으나, 당시 전반적인 사회분위기 속에서 점차 정치적인 색채를 띠며 코미 민족운동의 근거지가 되었다. 이 단체를 중심으로 이

[그림 36] 현대화된 코미 공화국의 모습[114)]

루어진 코미 민족운동은 우드무르티야 공화국(Удмуртская Республика), 마리-엘 공화국(Республика Марий-Эл) 등 다른 핀-우그르 지역에 비해 가장 조직적이었다고 평가받았으며, 곧 정치적인 영향력을 갖게 됐다.[115] 이 단체의 활발한 활동으로 소련 붕괴 후 코미 공화국 정부는 러시아연방의 다른 행정주체들과는 차별화된 법령들을 채택하기도 했다. 예를 들면 1992년 코미 상원회의는 '코미민족대회의 위치에 대한 법령'(Закон о Статусе съезда коми народа)을 채택하여, 코미민족대회(Съезд Коми народа)가 코미 민족을 대표하는 가장 상위 기관임을 공포했으며, 코미 민족운동을 국가예산에서 지원하도록 했다.[116] 그러나 이 법을 채택하는 과정에서 문제점이 발견되기도 했다. 모든 코미 민족이 동등하거나 직접적인 방법으로 이 대회의 위원 선거에 참여하지 못했다는 것이다. 그럼에도 불구하고 코미민족대회는 한동안 코미 민족을 대표하는 일종의 정치적 단체의 모습을 갖추게 되었다. 뿐만 아니라, 코미 민족단체의 지도자는 의회의 부대변인이 되었으며, 국가두마 의원 자리까지 차지하게 되었다.[117] 즉, 민족운동 지도자들은 공화국 정부를, 공화국 정부는 이들을 상호 지지하는 상황이 되었다. 1994년 공화국 정부는 '코미 민족은 코미 공화국의 국가성의 원천'이라고 법적으로 공포함으로써 명목민족 중심적인 분위기를 이어나갔다.[118]

그러나 자민족중심적인 법안이나 결정들은 곧 공화국 내 타민족의 불만을 불러 일으켰다. 공화국 내 여러 민족들도 단체를 만들며 정치 무대에 뛰어 들었고, 반면 코미민족대회 내부에서는 분열이 일어났다. 게다가 1990년대 중반을 넘기면서 '민족'이라는 개념이 갖는 정치적, 사회적 영향력은 점차 약화됐다. 이러한 상황에서 코미민족대회와 민족운동은 서서히 힘을 잃게 되었다. 코미민족대회의 운명에 종지부를 찍는 사건은 2002년에 일어났다. 2002년 러시아에서는 '연방 주체 국가권력기관 조직의 공통원칙'에 대한 연방법이 제정됐다. 이에 따라 러시아연방 법무

[그림 37] 오늘날 코미 공화국의 모습[119)]

부에서는 공화국의 '코미민족대회의 지위에 대한 법'은 러시아 헌법에 상응하지 않으며, 코미민족대회가 사회단체로서 코미 민족의 의지를 표명할 독점적인 권리나 민족 이름으로 행동할 권리를 가지고 있지 않다는 결론을 내렸다. 그 후 코미민족대회는 일반 사회단체인 '코미 보이티르'(Коми Бойтыр, 코미 민족)로 바뀌게 되었으며, 일련의 다른 단체와 평등한 권리를 갖게 되었다.

이렇게 1989년부터 1990년대 초반은 공화국의 새로운 국가성을 형성하는 시점이었으며, 동시에 코미 민족운동이 활발해지면서 코미 민족과 코미 국가성에 대한 개념이 발전했던 시기라고 할 수 있다.

소련 해체 이후 코미 공화국의 모습은 다음에 다뤄질 여러 장에서 더 자세히 살펴보도록 한다.

IV

정치:
민족공화국과 다민족국가의 기로에서

코미 공화국의 국가권력은 입법부, 사법부, 행정부로 나누어진다. 행정부는 공화국 수장인 대통령, 공화국 정부, 대통령 및 정부 행정실(Администрация Главы Республики Коми и Правительства Республики Коми)과 기타 행정기관으로, 입법부의 경우 공화국 국가의회로, 사법부는 공화국 헌법재판소와 재판관으로 구성된다. 공화국 내에는 다양한 민족단체와 노동단체 등이 조직되어 있으나, 정책 결정에 영향력을 미칠 수 있을 만큼의 강한 정치력을 가지고 있지 않다.

1. 행정부

· 대통령

공화국의 수장은 대통령이다. 소련이 붕괴되고 1993년 12월 12일 러시아 헌법이 처음 제정된 이후, 러시아연방을 구성하는 여러 민족공화국에서는 공화국 대통령 선거가 시작됐다. 코미 공화국에서는 1994년

대통령 선거가 처음 시행됐다. 1990년대 초 대통령 체제가 수립되기 전까지 공화국 의회는 가장 강한 정치적 힘을 가졌으며, 코미 공화국은 '의회내각제'(Парламентская республика)의 형태로 운영되었다. 게다가 대부분의 코미 주민들이 대통령제 도입에 대해 수동적인 입장을 가지고 있었기 때문에 공화국의 대통령 선거는 러시아 헌법이 제정되고 나서도 뒤늦게 시작됐다.[120] 1994년 코미 공화국의 헌법위원회가 새로운 헌법 제정을 마쳤고, 공화국 정부는 의회내각제에서 대통령제로 전환되었다. 이때 180명에 이르던 의원 수는 50명으로까지 대폭 감소됐다. 헌법이 제정된 1994년 첫 번째 공화국 대통령 선거가 치러졌다. 당시 대통령 임기는 4년이었으며, 연속 삼선은 금지됐다. 현재 대통령 임기는 5년이다.

민족공화국의 대통령 선출은 흥미로운 부분이다. 1980년대 말부터 소련 전 지역에서 나타난 자민족중심주의로 인해 각 공화국 대통령 후보의 민족성이 큰 이슈가 되었으며, 수장의 민족적 배경은 민족영토의 대통령 선출에 중요한 요소로 작용할 수 있기 때문이다. 그러나 코미 공화국의 1대 대통령 자리에는 러시아인인 유리 스피리도노프(Ю.А. Спиридонов)가 올랐다.

러시아인인 스피리도노프가 코미 공화국의 대통령이 될 수 있었던 이유로는 두 가지를 들 수 있다. 첫 번째는 그를 지지했던 대부분의 인구가 러시아인이었으며, 당시 공화국 인구에서 차지하는 러시아인의 비율은 코미인의 비율보다 두 배 정도 높았기 때문이다. 뿐만 아니라, 대부분의 코미 시민들은 정치인의 민족적 배경에 대해서 관대한 편이었다. 1994년 국가의회 선거에 앞서 진행된 설문조사에서는 국회의원의 민족성에 대한 질문을 던졌다. 이에 응답자의 27.7%만이 코미인 국회의원이 의석을 더 많이 차지해야 한다고 답했으며, 이렇게 답한 응답자의 51.6%가 코미 민족이었다.[121] 나머지 70% 이상의 응답자들은 공화국 정치인의 민족성은 중요하지 않다고 답했다. 두 번째로는 스피리도노프의 정치적 배경을 들 수 있다. 스피리도노프는 1975년부터 소련 공산당에 몸을 담은 이후 코미 공화국의 우흐타 시위원회(Ухтинский городский комитет), 우신스크 지역위원회(Усинский районный комитет) 의장 등을 역임했고, 1989년 8월부터는 소련 공산당 코미 지역위원회의 제1서기(Первый секретарь Коми областного комитета)를 맡은 바 있다. 그 후 코미소비에트사회주의공화국 상원의회 제1의장(Первый председатель Верховного Совета Коми АССР), 코미 공화국 상원의회 제1의장(Первый председатель Верховного Совета Республики Коми)을 거쳐 1994년 대통령 자리에 올랐다. 다시 말하자면, 소비에트 시기 이미 권력층에 있었던 인물이 소비에트 체제의 해체 이후에도 다시금 권력을 갖게 된 것이다. 이런 상황은 사실 코미 공화국만의 일은 아니었다. 소련이 붕괴되었음에도 불구하고 대부분의 신생독립국에서는 소련 시기 정치권에서 높은 위치에 있었던 인물들이 그대로 정치적 권력을 유지하는 경우를 많이 찾아볼 수 있다. 소비에트 시기의 권력자가 새로운 러시아 체제에서 또 다시 권력을 잡을 수 있었던 것은 당시 많은 주민들이 대통령이나 국회의원을 선출하는 데 있어 가장 중요한 요소로 행정 및 정치활동 경험을 꼽았기 때문이다.[122)]

1대 대통령 선거와는 달리, 2대와 3대 대통령 선거에서는 코미 출신인 대통령이 연이어 선출됐다. 당시 인구비율을 보면, 코미인은 공화국 전체 인구의 약 23% 내외를 차지하는데 반해, 인구의 절반 이상이 러시아인들이었다. 즉, 수적으로 훨씬 우세한 러시아인 유권자들이 코미인 대통령의 손을 들어줬다는 것이다.

자민족중심적인 경향은 '민족성의 정치화'가 가장 활발하게 일어났던 1990년대 러시아 전역에서 볼 수 있었으나, 점차 그 힘을 잃기 시작했다. 앞 장에서 보았듯이, 한때 코미 민족주의자들이 일정한 정치력을 가진 적도 있었으나, 코미 의회 내 코미인 국회의원의 수는 점점 줄어들기

[표 4] 코미 공화국 역대 대통령[123)]

재임기간	이름	민족
1994.12.01 ~ 2002.01.15	유리 스피리도노프(Ю.А. Спиридонов)	러시아인
2002.01.15 ~ 2010.01.15	블라디미르 토를로포프(В.А. Торлопов)	코미인
2010.01.15~현재	뱌체슬라프 가이제르(В.М. Гайзер)	코미인

시작하여 현재는 10%~15% 정도에 그치고 있다. 이는 오히려 민족성이 두드러지게 표출되지 않았던 소비에트 시기 코미인 국회의원의 비율이 50% 이하로 떨어진 적이 없다는 사실과 비교했을 때 더욱 흥미롭다.[124)]

코미 공화국의 2대 대통령은 블라디미르 토를로포프(В.А. Торлопов)이다. 2002년 1월부터 2008년 1월 14일까지 대통령직을 맡았던 그는 코미인으로 1949년 수도인 식팁카르에서 출생했다. 코미사범대를 졸업한 그는 사회학 박사로, 1990년부터 정계에서 활동했다.

현재 대통령인 뱌체슬라프 가이제르(В.М. Гайзер)는 1966년 코미 북부의 산업도시인 인타 시에서 출생했으며, 역시 코미인이다. 가이제르

대통령은 1991년 모스크바 경제·통계 대학을 졸업하는 것과 동시에 상업투자은행인 메나텝(Menatep) 식팁카르 지점의 부지점장 자리에 올랐다. 코미은행(Комибанк), 코미사회은행(Коми социальный банк) 등 금융계 요직에 있었던 가이제르는 2002년 공화국 재정부 제1부총리에 오르면서 정계에 몸담기 시작했다. 이듬해인 2003년에는 코미 공화국 재정부 장관으로 임명되었고, 2010년 대통령직에 오르게 되었다.

· 정부부처

[그림 38] 코미 공화국 내무부[125)]

[그림 39] 코미 공화국 문화부[126)]

코미 공화국의 정부부처는 [표 5]에서처럼 총 10개이다. 그 외 국세청, 면허청, 기술감리청, 재산관리처, 체육관광처 등 특별부서가 있으며, 인권보호위원회, 산림위원회, 고용관리청과 같은 기타 행정부 기관이 5개 있다.

이외에도 공화국 대통령이나 정부가 조직한 다음과 같은 국가 기관들이 있다: 대통령 및 정부 행정실(Администрация Главы и Правительства Республики Коми), 국립공무청(Управление государственной гражданской службы), 러시아연방 대통령 산하 코미 공화국 상설대표

[표 5] 코미 공화국 정부부처 및 국가기관[127)]

구분	명칭
정부부처 (Министерство) (10개)	재정부(Министерство финансов)
	경제발전부(Министерство экономического развития)
	산업·에너지부(Министерство промышленности и энергетики)
	건축·건설·공무부(Министерство архитектуры, строительства и коммунального хозяйства)
	자원·환경보호부(Министерство природных ресурсов и охраны окружающей среды)
	농업·식량부 (Министерство сельского хозяйства и продовольствия)
	교육부(Министерство образования)
	보건부(Министерство здравоохранения)
	문화부(Министерство культуры)
	민족정책부(Министерство национальной политики)
청 (Служба) (4개)	국세청(Служба по тарифа м)
	면허청(Служба по лицензированию)
	기술감리청(Служба по техническому надзору)
	가축방역청(Служба по ветеринарному надзору)
처 (Агенство) (6개)	재산관리처(Агенство по управлению имуществом)
	사회발전처(Агенство по социальному развитию)
	체육관광처(Агенство по физической культуре, спорту и туризму)
	언론처(Агенство по печати и массовым коммуникациям)
	문서보관처(Архивное агенство)
	도로교통처(Дорожное агенство)
기타 행정부 기관 (5개)	인권보호위원회(Комитет по обеспечению мероприятий гражданской защиты)
	산림위원회(Комитет лесов)
	고용관리청(Управление по занятости населения)
	주민등록청(Управление записи актов гражданского состояния)
	사법활동보장청(Управление по организационному обеспечению деятельности мировых судей)

부(Постоянное представительство Республики Коми при Президенте Российской Федерации), 러시아연방 북서지역 코미 공화국 대표부(Представительство Республики Коми в Северо-Западном регионе Российской Федерации).[128]

기타 공화국 국가기관으로는 선거위원회와 21개의 지역선거위원회, 인권 전권대표(Уполномоченный по правам человека Республики Коми) 등이 있다.[129]

2. 입법부

· 국가의회(Государственный Совет)

공화국 최고 입법기관인 공화국 국가의회는 공화국 내부 문제뿐만 아니라 러시아연방과의 조율을 필요로 하는 사안들도 검토한다. 코미 공화국 대통령 선거와 마찬가지로, 국회의원 선거 또한 1994년에 처음 시행되었다. 국회의원의 임기는 5년이다.

코미 공화국 국가의회 구조는 네 명으로 구성된 의회 지도부([표 6]), 간부회, 정당, 의회위원회, 상설위원회와 같이 총 다섯 개의 주요 기관으로 이루어진다.

[표 6] 국가의회 지도부[130]

직책	이름	출생년도	선출년도	소속정당
의장	이고리 코브젤 (И.В. Ковзель)	1969	2012	통합러시아당
제1부의장	발레리 마르코프 (В.П. Марков)	1947	2011	통합러시아당
부의장	베라 스코로보가토바 (В.И. Скоробогатова)	1961	2012	정의러시아당
부의장	스타니슬라프 하할킨 (С.Ю. Хахалкин)	1965	2011	통합러시아당

[그림 40] 코미 공화국 국가의회 건물(좌), 식팁카르 내 '통합러시아당' 사무소[131)]

2012년 12월 기준, 코미 공화국의 국회의원은 총 28명이다. 성별로 보자면, 남성의원이 압도적으로 많다. 여성의원은 통합러시아당에 3명, 정의러시아당에 1명, 자유민주당에 1명으로, 총 5명이다.

28명의 국회위원 중 통합러시아당 소속 의원들이 22명으로 가장 많은 의석을 차지하고 있다. 통합러시아당의 코미 지부는 2003년에 설립됐는데, 이는 당시 코미 공화국의 복잡한 정치상황을 반영해 주고 있는 부분이기도 하다. 소련 붕괴 이후 코미 공화국 대통령은 국회의원들의 전폭적인 지지를 원한다고 분명히 밝혔고, 실질적으로 국회의원들도 국가 수장을 적극적으로 지지하는 광경이 펼쳐졌다. 그러나 2대 대통령 시기부터 그러한 단순한 정치적 구조는 붕괴됐다. 2004년 초부터 국회와 행정부 간의 팽팽한 경쟁이 시작됐다. 스피리도노프 정권 당시 1총리였던 카라크치예프(A. Каракчиев)는 통합러시아당 코미 지부를 이끌며, 국회 내 로비를 시작했다. 전 대통령이었던 유리 스피리도노프가 러연방 국가두마 의원이

[표 7] 정당별 국회의원[133)]

정당	수(명)
통합러시아당	22
정의러시아당	1
공산당	3
자유민주당	2

되면서, 대통령을 비롯한 행정부를 견제하려는 국회의 의도는 더욱 분명히 드러났다. 2004년 말 당시 대통령이었던 토를로포프가 직접 통합러시아당에 가입하여 통합러시아당 코미 지부의 새로운 수장을 선출하려 했으나 실패했고, 오히려 카라크치예프는 코미 국회의원의 1/3을 통합러시아당에 끌어들이는 데 성공하면서 코미 국가의회에서 막강한 힘을 가지게 되었다.[132)]

통합러시아당 외 코미 공화국에 존재하는 정당은 정의러시아당, 공산당, 자유민주당을 들 수 있다[표 7].

· 연방의회 대표

러시아연방의회(Федеральное Собрание Российской Федерации)는 상원과 하원, 양원제로 구성된다. 상원은 연방회의(Совет Федерации)로 러시아연방을 구성하는 83개 주체에서 각 2명씩 선발된다. 이 두 명 중 한 명은 연방주체의 행정부 수장(코미 공화국의 경우는 대통령)의 지명 후 지방의회의 인가를 받아 임명되며, 나머지 한 명은 그 지방의 입법부(코

[표 8] 코미 공화국 러시아연방의회 대표(2012년 12월)[134)]

구분	이름	출생년도	당선일	
연방회의	블라디미르 토를로포프 (В.А. Торлопов)	1949	2010.03.03.	
	예브게니 사모일로프 (Е.А. Самойлов)	1978	2011.12.20	
	이름	출생년도	당선일	소속 정당
국가두마	블라디미르 포네베즈스키 (В.А. Поневежский)	1951	2011.12.04	통합러시아당
	타마라 쿠지민니흐 (Т.Г. Кузьминых)	1937	2011.12.04	연금수령자당
	안드레이 안드레예프 (А.А. Андреев)	1976	2007.12.02	공산당
	올가 예피파노바 (О.Н. Епифанова)	1966	2011.12.-	정의러시아당

미 공화국 국가의회)가 선출한다. 코미 공화국에서 상원의원으로 활동하고 있는 2명은 전 대통령인 토를로포프(В.А. Торлопов)와 러시아 국가두마 의원이었던 사모일로프(Е.А. Самойлов)이다.

하원인 러시아연방 국가두마(Государственная Дума)는 총 450명으로 이루어져 있다. 국가두마 의원의 임기는 4년이며, 비례대표제로 선출된다. 코미 공화국에서 국가두마에 진출한 의원은 총 4명이다[표 8].

3. 공화국의 중심과 지방

· 지방자치행정

코미 공화국 정부는 지방자치를 인정하고 보장한다. 지방자치기관들은 지방 차원의 문제를 해결하며 이를 위한 재정적 지원을 할 수 있는 권한을 갖고 있다. 공화국 내 지방자치기관은 지방자치의회와 지방자치장이 이끌며, 행정부, 회계감사원 등을 비롯하여 자치기관의 정관에 따라 설립된 여러 기타 기관들로 구성되어 있다[표 9].

코미 공화국은 행정·영토적인 측면에서 볼 때, 크게 시(Город), 군(Район)과 지구(Поселение)로 구분할 수 있다. 코미 공화국에는 시 구역(Городской округ), 자치군(Муниципальный район), 도시지구(Городское

[표 9] 코미 공화국 지방자치기관의 일반 구조

지방자치 대표기관	지방자치의회
지방자치 수장	지방자치장
지방자치 행정집행기관	지방자치 행정부
지방자치 통제기관	회계감사원, 감사위원회 등
기타 지방자치 기관	지방자치 정관에 의해 설립된 기타 기관들

поселение), 농촌지구(Сельское поселение)처럼 크게 네 개의 지방자치 형태가 있으며, 이는 총 211개이다. 여기에는 5개의 시 구역, 15개의 자치군, 16개의 도시지구, 175개의 농촌지구가 포함되어 있다. 다섯 개 시 구역들은 식팁카르, 보르쿠타, 우흐타, 우신스크, 인타이다. 이중 가장 최근 형성된 산업도시는 가스채굴 지역인 우신스크(Усинск)이다. 수도인 식팁카르를 제외하고는 모두 공화국 북부의 산업 도시들이다. 도시지

[그림 41] 코미 공화국의 행정영토 구분
(도시와 자치군)

도시	자치군
1. 식팁카르(Сыктывкар)	6. 북틸(Вуктыл)
2. 보르쿠타(Воркута)	7. 이젬스키(Ижемский)
3. 인타(Инта)	8. 크냐즈포고스트스키(Княжпогостский)
4. 우신스크(Усинск)	9. 코이고로드스키(Койгородский)
5. 우흐타(Ухта)	10. 코르트케로스키(Корткеросский)
	11. 페초라(Печора)
	12. 프리루즈스키(Прилузский)
	13. 소스노고르스크(Сосногорск)
	14. 식팁딘스키(Сыктывдинский)
	15. 시솔스키(Сысольский)
	16. 트로이츠코-페초르스키(Троицко-Печорский)
	17. 우도르스키(Удорский)
	18. 우스티-빔스키(Усть-Вымский)
	19. 우스티-쿨롬스키(Усть-Куломский)
	20. 우스티-칠렘스키(Усть-Цилемский)

구에 비해 농촌지구가 많은 까닭은 소비에트 시기 급속하게 진행됐던 도시화로 도시형 부락(Городский поселок)들이 생겨났는데, 이 중 일부는 주민들의 자발적 이주나 권유 이주로 폐지되었거나, 농촌지구로 전환되었기 때문이다. 코미 공화국 외에도 러시아의 많은 지역에서 기존 도시형 부락이 농촌지구로 전환됐다. 이는 농촌 주민들을 위한 전기료 지불 혜택 등 국가적 차원에서의 보조가 약속되었기 때문이다. 이러한 움직임으로 인해 공화국 도시인구는 1990년 76%에서 2002년 74%로 줄어들었다.[135)]

· 지역별 특징과 지역정체성

앞서 보았지만, 코미 공화국은 북부와 남부에 따라 지역적 특징이 뚜렷하다. 남북의 차이는 단순한 지리자연적인 요인뿐만 아니라, 경제 발전 수준과 그에 따른 정부의 개입, 주민 구성에서도 나타난다. 공화국의 남북이 본격적으로 분리된 원인은 1930-1940년대 이루어진 노동력의 강제적인 배치에 있다. 이 시기 스탈린에 의한 집중적인 산업화로 많은 이주민들, 즉 비코미인들이 석탄과 석유매장지가 위치한 코미 공화국의 북부지역으로 유입되어 왔다. 반면, 남부는 전통적인 농업과 임업 지대로 남아 있었다. 다시 말하자면, 이때 이루어진 경제 정책으로 인해 공화국 남부와 북부에서는 두 개의 다른 산업형태가 각각 집중되어 발전해 왔다.

공화국의 북부 지역은 광산개발이 집중적으로 이뤄졌으며, 이를 소연방이 직접 주도하고 관할했다. 즉, 소비에트 시기 코미 정부가 자국의 광산도시들에 대해 갖는 영향력은 유명무실하였다. 소연방의 지원으로 보르쿠타와 인타는 몇 년 사이 코미의 다른 지역에 비해 생활수준이 높은 부유한 지역이 되었다. 이 지역 주민들은 크게 세 부류로 구분할 수 있다. 첫 번째, 국가정책과 각종 혜택 제공으로 러시아의 중심지를 떠나온 사람들이다. 두 번째는 유형수들이다. 코미 공화국의 북쪽 지역은 굴락이 세워진 유형지였기 때문에, 이 지역 주민 대부분도 유형수나 죄수였다. 세 번째 그룹은 자발적으로 고용되어 건너온 전문사냥꾼들과 코미인, 그리고 인근 주민들로 이들은 소수에 불과했다. 첫 번째와 두 번째 그룹에 속하는 사람들은 코미 땅을 임시거주지로만 생각했기 때문에 코미 역사나 문화, 시사에 대한 관심도가 낮았으며, 코미 공화국에서 발간되는 신문이나 TV 프로그램도 북부 지역에서는 인기를 끌지 못했다. 다시 이야기하자면, 이 지역주민들은 코미 공화국에서 경제적인 이득을 취하고는 있지만, 유전학적으로 코미인과 전혀 관계없는 사람들(주로 이주민)이기 때문에 적극적으로 현지에 적응하려고 하지 않았으며, 결과적으로 이들에게는 코미 국민으로서의 강한 정체성도 형성되지 못했다. 광산도시 주민들은 그들의 사회경제적 위치가 공화국의 다른 지역주민들과 다르다는 것을 인지하고 있었다. 공화국의 타 지역에 비해 높은 급여 수준뿐만 아니라, 이 도시가 갖춘 월등한 생활환경, 소련 및 유럽의 다양한 지역에서 강제로 유형되어 이곳에 정착하게 된 사람들의 특별한 역사와 개인적인 운명은 이들만의 독특한 지역정체성을 형성하는 데 영향을 미쳤다.[136] 이들의 높은 단결심과 정체성은 광부들을 중심으로 형성된 노동조합에서 뚜렷하게 드러난다. 특히 보르쿠타와 인타 광부들을 중심으로 형성된 노동조합은 오랫동안 소비에트 러시아에서 일어난 노동운동의 지도자 역할을 수행했으며, 공화국 정부에도 일정한 정치적 영향력을 미쳤다.[137]

반면, 공화국 중남부 지역의 주요 산업은 임업과 농업이었다. 소련 정부가 직접 통제했던 북부 지역과는 달리, 코미 정부가 직접 이 지역을 관할했고, 코미인이 이 지역주민의 다수를 차지하고 있었다. 다시 말하자면, 한 국가의 남과 북에 거의 상호관계가 전혀 없다고 볼 수 있는 두 개의 독립적인 경제공동체가 형성되었다. 오늘날에도 수도인 식팁카르를 제외한, 나머지 남부 지역은 대부분 농업지역으로 남아 있다. 공화국 사회를 다루는 VI 장에서 더 자세히 살펴보겠지만, 석유가스 매장지가 있는 북부에 비해, 남부는 실업률이나 급여 면에서 경제적 상황이 좋지 않다. 코미 공화국의 남부와 북부는 주요 산업형태뿐만 아니라, 그 곳에 거주하는 민족구성원(코미인과 비코미인)에서 차이가 드러나는데, 양 지역 간의 사회경제적 불균형이 곧 러시아인과 코미인의 불평등한 상황으로 이어지고 있다. 경제사회적 위치, 민족구성 등 많은 측면에서의 지역별 차이는 국가통합의 걸림돌이 되고 있다.

공화국의 지역 분화에 대한 시민들의 문제의식은 한 설문조사 결과에서도 드러났다. 2000년 6월 리서치 기관인 Romir가 진행한 설문조사 결과에 의하면, 코미인들의 37%가 공화국 주민들이 하나라고 느꼈으며, 공화국에 하나의 단일한 영토가 형성되었다고 생각했다. 이는 동일한 설문조사를 진행했던 바시코르토스탄(Башкортостан)과 다게스탄(Дагестан)의 응답자 50% 이상이 긍정적으로 답했던 것과는 사뭇 다른 결과라고 할 수 있겠다.[140)]

[그림 42] 보르쿠타의 모습[138)]

[그림 43] 인타의 모습[139)]

4. 민족관계

· 민족단체

코미 공화국이 민족공화국이긴 하지만, 이 안에는 130개에 달하는 민족이 살고 있다. 러시아 남부에 비해 자연지리적 환경이나 기후가 그리 좋지 않은 코미 공화국에 다양한 민족이 살게 된 것은 여러 배경이 있다. 코미 땅의 역사를 다룬 앞 장에서 이미 보았듯이, 코미 영토의 식민지화, 산업화 등으로 러시아인을 비롯한 다양한 민족이 일찍부터 이주해 왔다. 또한 코미 공화국은 타지역에 비해 전쟁과 경제위기로부터 비교적 덜 피해를 입었기 때문에 이곳은 이웃 민족, 혹은 그 전에 코미 땅을 떠났던 사람들이 다시 돌아와 새로 정착할 수 있는 좋은 장소였다. 그렇기 때문에 공화국에는 인구 다수를 차지하는 러시아인과 코미인을 제외하고도, 우크라이나인, 벨라루스인, 라트비아인, 폴란드인, 독일인, 유대인, 타타르인, 체코인, 몰도바인, 축치인, 아르메니아인 등 다양한 민

[표 10] 공화국 내 주요 민족의 인구증감[142)]

민족	2002년 인구조사 결과(단위: 명)	2010년 인구조사 결과(단위: 명)	공화국 인구 전체 내 비율(%)
전체 인구수	1,018,869	901,189	-
러시아인	607,021	555,963	61.69
코미인	256,464	202,348	22.45
우크라이나인	62,115	36,082	4
타타르인	15,680	10,779	1.2
벨라루스인	15,212	8,859	0.98
독일인	9,246	5,441	0.6
추바시인	7,529	5,077	0.56
아제르바이잔인	6,066	4,858	0.54
바시키르인	3,149	2,333	0.26
몰도바인	3,447	2,318	0.26

족이 거주하고 있다[표 10]. 비코미인들은 일자리가 많은 식탑카르나 인타, 보르쿠타와 같은 도시에 많이 분포되어 있다. 네네츠 자치구와 면하고 있는 북부 도시인 우신스크(Усинск)의 경우, 가장 늦게 형성된 도시이기 때문에 여타 북부도시들에 비해 이주민들의 정착역사가 비교적 짧다. 또한 타타르스탄(Татарстан)과 바시코르토스탄 출신이 상당수를 차지하고 있는 것도 우신스크의 특징이다. 타타르인(Татары)과 바시키르인(Башкиры)들이 많은 까닭에 우신스크에는 코미 공화국에서 유일하게 타타르어와 바시키르어로 공부할 수 있는 학교가 세워졌으며, 이슬람교도인 이들을 위해 이슬람 사원 또한 설립됐다. 최근에는 아제르바이잔인들이 증가하고 있는 추세이다.[141)]

1980년대부터 소련 내 많은 민족이 자신의 뿌리, 문화, 정체성에 관심을 기울였고, 자신들의 단체를 만들기 시작했다. 1995년 '사회단체에 대한 법'(Закон об общественных объединениях)과 이듬해인 1996년 '민족문화자치에 대한 법'(Закон о национально-культурной автономии)이 제정된 것은 이러한 움직임을 반영한 것이었다. 코미 공화국에서도 마찬가지로 이러한 현상이 일어났고, 그 결과 오늘날 공화국에는 80개 이상

[그림 44] 공화국에서 열린 '불가리아인의 날' 행사[144)]

[그림 45] 2009년 공화국에서 열린 '추바시인의 날' 행사[145)]

의 다양한 민족단체가 활동하고 있다.[143]

[그림 46] 민족정책부 장관 갈리나 가부셰바(Г. И. Габушева)[148]

코미 민족이 공화국의 명목민족이기는 하지만, 1980년대부터 코미 민족의 단체들도 설립되기 시작했다. 가장 대표적인 것이 앞서 살펴보았던 '코미민족대회'를 전신으로 두고 있는 '코미 보이티르'이다. 코미 단체의 경우 특징적인 것은 코미 민족을 대표하는 '코미 보이티르' 외에도 지역별 단체들이 동시에 생겨났다는 것이다. 코미 북부 이제메츠인들의 연합단체인 '이즈바타스'(Изьватас, 이제메츠인의 공동체를 뜻함)가 있으며, 이외 우도르 코미 단체, 우신스크 코미 단체가 있다. 이 단체들은 '코미 보이티르'의 지부가 아닌, 각각의 코미 지역에서 자체적으로 형성된 지역민족단체이다. 이미 보았던 것처럼, 옛 코미 영토에는 주요 강을 중심으로 지역별 그룹들이 형성되었는데, 소련 붕괴 이후 이 현상이 반복됐다고 할 수 있다. 코미 민족단체들은 공화국 밖에서 살고 있는 코미인들에게도 관심을 돌리기 시작했다. 코미인들은 인근의 아르한겔스크, 무르만스크부터 옴스크, 스베르들롭스크, 튜멘 지역까지 러시아의 다양한 지역에 걸쳐 살고 있다. 이는 이미 19세기부터 시작된 이주의 탓도 있겠지만, 소련 붕괴 이후 러시아의 타지역으로 진출한 사람들도 많았기 때문이다. 1990년대 초반에만 해도 공화국을 떠나 러시아의 타 지역에 살고 있는 코미인의 비율은 전체 코미 민족의 13%였다.[146] 타지에서 활동하는 대표적인 코미 단체로는 1991년 북서연방관구의 수도인 상트페테르부르크에서 만들어진 '네바타스'(Неватас, 네바는 상트페테르부르크의 주요 강이며, '타스'는 코미어로 공동체, 단체를 뜻함)를 들 수 있다. 현재 상트페테르부르크와 레닌그라드 주에는 약 4천 명 가량의 코미인들이 살고 있다.[147]

[그림 47] 식팁카르에 위치한 코미문화센터 전경[149)]

코미 공화국에는 다양한 민족이 공존하고 있기 때문에, 민족정책부서가 별도로 만들어졌다. 민족정책부(Министерство национальной политики)는 다양한 민족 간의 관계를 조정할 뿐만 아니라, 이들의 문화와 민족어의 보존과 발전을 위해 다양한 정치적, 사회적 기관의 힘을 한데 모으는데 주력하고 있다. 공화국 내 많은 민족의 우애를 돕고 상호우호적인 민족관계 형성을 위해 매년 다양한 민족축제, 페스티벌, 대회가 열리고 있으며, 코미 공화국 내에는 6개의 코미 문화센터를 비롯하여 23개의 다양한 민족센터들도 설립되어 있다. 민족정책부는 자국 내 민족뿐 아니라 코미 공화국 밖에 거주하고 있는 동포들과의 관계 도모에도 관심을 기울이고 있다.

· 민족관계

1990년대 초 공화국 내에서는 민족중심적인 분위기가 형성되었지만, 그 분위기가 한풀 꺾인 1990년대 말 진행된 몇 차례의 설문조사에 따르면, 시민들은 공화국 내 형성된 민족관계에 대해서 대체적으로 긍정적인 평가를 내렸다.[150)] 1998년 한 조사에 따르면, 일부 코미인들이 러시아인과 경제적 이해관계에 있어서 갈등이 있다고 생각하는 것으로 드러났지만, 이 또한 15% 미만으로 적은 수에 그쳤다.[151)] 또한 일부 카프카즈계 민족(체첸인, 아제르바이잔인, 아르메니아인, 그루지야인 등)에 대해서 약간의 부정적인 의견이 존재했으나,[152)] 타지역에서처럼 특정 민족에 대한 테러나 폭력 행사, 추방 요구와 같이 민족 갈등이 극단적으로 표출되어 사회문제로까지 이어진 경우는 관찰되지 않았다. 그럼에도 불구하고, 공화국에서 다수를 차지하는 러시아인과 코미인과의 관계에서는 약간의 긴장감이 표출되기도 했다. 러시아인들은 현재 공화국에서 자신들의 상태-공화국 내 수적 다수, 코미어 교육으로부터의 자유 등-를 현상유지하려는 반면, 코미인들은 공화국에 거주하는 러시아인들이 코미어와 코미 문화를 습득하는 등 문화적 측면에서 좀 더 적극적으로 적응하고 동화되기를 원했다.[153] 이와 같은 코미인과 러시아인과의 입장 차는 정체성에서 비롯되는 것으로 보인다. 2000년 6월 리서치 기관인 Romir가 진행한 설문조사 결과에 의하면, 전체 응답자의 약 50%가 자신의 민족집단에 대한 소속감보다 러시아 시민이라는 국가정체성을 강

[표 11] 코미 공화국 시민들의 민족정체성[155]

문제	당신은 누구입니까?	전체 응답자(%)	코미인(%)
문항	나는 러시아 시민이다.	48.5	9.3
	나는 자신이 속한 민족구성원의 일원이라기보다는 러시아 시민이다.	16.5	24.1
	나는 러시아 시민, 그리고 동시에 소속된 민족구성원의 일원이라고 생각한다.	13.5	18.5
	나는 다른 소속감보다 민족구성원으로서의 소속감이 강하다.	12.5	29.6
	나는 자신이 속한 민족구성원의 일원이다.	4.5	9.3
	기타	1.5	1.9
	응답하기 어려움	3	7.4

[표 12] 코미 공화국 시민들의 국가정체성[156]

문제	당신에게 조국이란 어디입니까?	전체 응답자(%)	코미인(%)
문항	러시아	40	27.8
	코미 공화국	26.5	50
	소련	27.5	18.5
	기타	4	1.9
	응답하기 어려움	2	1.9

하게 가지고 있었다[표 11]. 그러나 [표 11]과 [표 12]에서 보는 것처럼 코미인들의 경우 러시아 시민이라는 국가정체성보다는 민족정체성이 더 강하게 드러났다.[154)]

그렇지만 코미인들 역시 공화국의 이해관계보다 러시아라는 국가 전체의 이해관계가 더 중요하며, 러시아연방법과 반대되거나 대치되는 공화국 법을 제정해서는 안 된다고 보고 있었다.[157)]

러시아 중앙이나 남부에 비해 코미 공화국에서 민족갈등이 두드러지게 나타나지 않은 이유 중 하나는 러시아인이 전체 인구의 절반 이상을 차지하는 민족수의 불균형에서도 찾아볼 수 있다. 또 하나의 원인은 오랜 기간 동안 여러 민족 간에 이루어진 결혼에 있다. 통계에 따르면 코미 공화국 내 천 가구 중 377 가구꼴로 타민족과 결혼한 것으로 나타났다.[158)] 족외혼으로 형성된 가정에서 민족성은 자연스럽게 그 의미가 약해지기 마련이며, 이러한 환경에서 사람들은 민족성을 앞세우기보다 다른 민족과의 조화를 지향하게 된다. 여러 설문조사 결과에서 나타났듯이, 공화국 내 민족 간 갈등은 잠재되어 있지만, 이것이 순식간에 과격한 형태로 폭발할 가능성은 희박해 보인다.

V

경제:
죽어있는 도시에서 원자재 수출 강자로

1. 경제개관

공화국의 경제를 논할 때 공화국이 보유한 자원을 빼놓고 이야기할 수 없다. 공화국의 북동쪽, 특히 우랄 산맥과 가까운 지역에는 석탄과 석유가 매장되어 있다. 대표적인 매장지로는 우흐타(석유)와 보르쿠타(석탄)를 들 수 있다. 스탈린 시기에 도입된 산업화로 공화국에서는 석탄 및 석유 채굴이 활발하게 진행되었다. 본격적인 벌목작업과 대규모 목재가공 단지 건설은 이미 1920년대부터 시작됐다. 1940-1970년에는 페초라 석탄산지와 북틸(Вуктыл)의 가스매장지, 그리고 우흐타, 우신스크 지역의 석유 매장지가 개발되면서 자원을 기반으로 한 공화국 경제는 더욱 발전해갔다. 그러나 장기간에 걸친 개발은 자원을 고갈시켰다. 1990년대에는 이미 석탄채굴이 채산에 맞지 않게 되었고, 광산들은 문을 닫기 시작했다. 목재 수송도 여의치 않게 되었다. 새로운 매장지 발굴과 현대 기술의 도입 등도 제때 이루어지지 못했다. 경기침체에 소련 붕괴로 인한 어수선한 상황까지 더해져, 코미 공화국은 죽어있는 도시 중 하나가 되었다.

그러나 수출할 수 있는 자원을 보유하고 있다는 것은 역시 공화국 경제발전에 있어서 큰 장점으로 작용했다. 1990년대 중반 공화국 경기가 침체됐다고는 하나, 그 수준도 러시아연방 전체에 비해서는 양호한 편이었다.[159] 1990년대 말부터 코미 공화국은 조금씩 경제적 안정을 찾기 시작했고, 바시코르토스탄 공화국, 페름 주, 스베르들롭스크 주, 야말-네네츠 자치구, 한티-만시 자치구, 크라스노야르 변강주(Красноярский край), 이르쿠츠크 주(Иркутская область), 사하 공화국(Республика Саха), 하바롭스크 변강주(Хабаровский край) 등과 함께 가장 유망한 연료산업 발전지로 손꼽히기도 했다.[160]

현재 코미 공화국은 북서연방관구 지역 중 석유·가스 채굴, 석탄 채굴, 부직포 산업, 목재산업, 제지산업에서 선두적인 위치를 차지하고 있

[표 13] 주요 품목 생산량[163]

	1990	1995	2000	2005	2009
산업용 목재(백만 ㎥)	19.2	6.7	5.8	5.1	5.2
석탄(백만 톤)	29.3	22.2	18.4	12.9	11.8
석유(가스 컨덴세이트 포함, 백만 ton)	14.6	6.9	8.2	11.2	13.4
천연가스(십억 ㎥)	8.2	3.6	3.9	3.5	3.2
육류(부산물 포함, 천 ton)	21.9	7.7	7.0	9.8	15.5
빵 및 제과류(천 ton)	134	92.8	64.0	53.4	49.4
유제품(천 ton)	163	45.5	27.9	25.3	20.1
목재(천 ㎥)	2,503	938	765	743	755
합판(천 ㎥)	107	52.5	175	322	230
칩 보드(천 ㎥)	331	168	208	273	279
하드보드(백만 ㎡)	35.3	13.0	20.8	27.6	16.3
종이(천 ton)	510	382	460	601	673
석유(일차 가공, 백만 ton)	5.5	3.8	3.6	3.5	4.3
시멘트(천 톤)	428	240	179	-	116
전력(십억 kWh)	10.4	8.2	7.9	8.4	9.4

[표 14] 코미 공화국 수출·수입 현황(2009년)[164]

식품, 농산품		연료, 에너지		화학, 고무		목재, 제지		철강		기계제조, 수송	
수출	수입	수출	수입	수출	수입	수출	수입	수출	수입	수출	수입
0.4	0.1	386	0	11.6	52.3	378.1	13.3	0	28.3	2.8	249.2

다. 특히 합판제조는 코미 공화국이 러시아에서 1위를 차지하고 있다. 2010년 기준, 코미 공화국의 합판 제조량은 북서연방관구에서 이뤄지는 합판제조의 1/3을, 러시아 전체의 약 11%를 담당하고 있다. 제지생산의 경우 러시아에서 2위를, 판지생산은 4위를 차지하고 있다.[161] 이렇듯, 코미 공화국은 러시아의 임업 강국이라고 할 수 있다. 이뿐만 아니라, 가스 컨덴세이트를 포함한 석유 생산량은 러시아연방에서 11위를 차지하고 있다.[162] 북서연방관구에서는 네네츠 자치구에 이어 두 번째로 많은 생산량을 보유하고 있는 셈이다. 코미 공화국에서 생산량을 많이 차지하는 주요 품목은 [표 13]과 같다.

코미 공화국의 주요 수출품 또한 높은 생산량을 자랑하고 있는 연료 및 에너지 자원, 그리고 목재 및 제지분야이다. [표 14]에서 보는 것처럼 철강의 경우 수출은 전혀 하지 못하고 수입에 전적으로 의지하고 있는 반면, 연료와 에너지 자원은 전혀 수입하지 않고 공화국 자체에서 해결하고 있다.

경제 발전에 힘입어 코미 공화국의 지역총생산은 꾸준히 증가했다. 2004년 약 131.6백만 루블에서 2009년에는 약 302.6백만 루블로 증가했으며, 이는 러시아 전체 총생산의 약 1%에 해당한다. 지역총생산은 2010년에도 증가하여 352.3백만 루블을 기록했다[표 15]. 지역총생산의 증가는 유용광물 채굴, 제조업 건설, 무역, 교통·통신 부문이 주도했다. 이 분야들이 공화국 지역총생산의 71% 이상을 차지하고 있다[표 16].

[표 15] 코미 공화국 지역총생산[165)]

	2000	2002	2004	2006	2008	2009	2010
총액 (단위: 백만 루블)	59,473	86,019	131,588	218,491	291,812	302,629	352,335
개인당 (단위: 루블)	56,620	84,102	132,733	229,054	314,252	329,967	389,064

[표 16] 코미 공화국 지역총생산 구조[166)]

(단위: 총생산 대비 %)

분야	2005	2006	2007	2008	2009
유용광물 채굴업	34.3	32.4	26.7	31.8	30.4
제조업	11.7	10	12.9	10.8	9.8
전기, 가스, 수도 생산 및 유통	3.9	3.6	5	4.5	5.3
농업, 사냥, 임업	2.9	2.5	2.5	2.2	2.5
건축	7	8.8	7.6	7.8	6.9
도소매업; 교통수단 수리	8.9	9.4	10.6	9.8	9.1
교통통신	12.6	11.5	10.1	9.6	9.7
기타	18.7	21.8	24.6	23.5	26.3

지속적인 경제 성장을 보이던 중 2009년 러시아 전역을 강타했던 경제위기로 공화국의 산업 활동도 정체를 겪게 됐다. 이 시기 유용광물 채굴을 비롯한 여러 분야의 생산 및 배급이 전년 대비 1.4% 낮아졌다.[167)] 그러나 바로 다음 해인 2010년에는 유용광물 채굴과 건축업 등이 발전하여, 이 분야가 지역총생산 구조에서 차지하는 비율(각 33.5%, 9.8%)은 다시 높아졌다.[168)]

2. 자원

코미 공화국에는 광물자원이 풍부하게 매장되어 있다. 러시아 전체에서 사용하는 석영의 약 80%, 티탄의 50%, 중토의 13%, 석탄의 4.5%, 석유의 약 3%(약 75억 배럴)가 공화국 곳곳에서 채굴되고 있다.[169]

(1) 주요 채굴지[170)]

- 티만-페초라 석유가스 매장지(Тимано-Печорская нефтегазоносная провинция)

: 이곳은 러시아의 대규모 탄화수소 매장지 가운데 하나이다. 매장지 영역의 대부분이 코미 공화국 경계 내에 있으며 부분적으로는 북쪽의 네네츠 자치구 영토에 속해있다. 이곳에는 약 70여개의 석유 및 천연가스 산지가 분포되어 있다.

티만-페초라 매장지 초기 자원량의 50.1%(4167.5 백만 톤 상당량)가 코미 공화국에 집중되어 있는데, 그중 석유가 2,180.9백만 톤(매상지 총 매장량의 44.4%), 가스가 1,673.3bcm(59.3%)이다.

공화국 내에는 153개 탄화수소 매장지가 있는 것으로 확인됐는데, 그 중 유전이 115곳, 유가스전이 5곳, 석유가스 컨덴세이트 매장지가 9곳, 가스 및 가스 컨덴세이트 매장지가 24곳이다.

- 페초라 탄전(Печорский угольный бассейн)

: 러시아 제2위의 매장량을 갖춘 이곳에는 모든 유용 탄종이 매장되어 있다. 페초라 탄전에는 총 3,410억 톤의 자원이 매장되어 있는 32개 석탄지가 있다. 그중 11개 석탄 매장지의 가채매장량은 70억 톤 이상이다. 탄전 개발 이후(1930년대 이후) 11억 톤 이상의 석탄이 채굴되었다.

현재는 6개의 탄갱과 하나의 노천탄광에서 채탄이 이루어지고 있으며, 총 생산량은 연간 1,400만 톤이다.

[그림 48] 야레그스코예 석유-티타늄 매장지 모습[171)]

• 야레그스코예 석유-티탄 매장지(Ярегское нефтетитановое месторождение)

: 우흐타 지역에 위치한 매장지로 러시아 전체 티탄 매장량의 50% 정도가 매장되어 있다. 주식회사 '야레가 루다'(Ярега Руда)가 석유티타늄 원석 채광 및 가공을 위한 '야레가 광산화학콤비나트 건설 프로젝트'를 수행하고 있어, 향후 러시아 및 코미 공화국 경제에 중요한 지역이 될 것으로 예측되고 있다. 이 광산화학콤비나트는 연간 65만 톤 생산규모이며, 티타늄 색소 이산화물을 포함한 최종 생산물을 생산하게 된다.

(2) 주요 광물 및 매장지[172)]

• 오일 세일: 코미 공화국 내 티만-페초라 유전과 비체그다 유전에 집중되어 있다. 우도르 지역에 위치한 침-로프튜그 매장지(Чим-Лоптюгский месторождение)에도 9억 톤 이상이 매장되어 있다. 오

일 셰일은 연료 및 기술용 원료로, 수지, 약제, 비료 등을 얻는 데도 사용된다. 코미 공화국 내 여러 곳에 매장되어 있는 이탄도 고체 오일 셰일에 해당된다.

- 석영: 공화국 내에는 다섯 곳의 석영 매장지가 있으며, 러시아 광맥 석영 매장량의 80%를 차지한다. 북우랄 지역에 위치한 '젤란노예'(Желанное) 매장지가 유일하게 개발된 거대 매장지이다. 현재 '코짐스코예 탐사-채광기업'(Кожимское РДП)이 개발을 맡고 있으며, 국제 표준에 부합하는 고순도 석영 농축물을 얻기 위해 광맥 석영을 심층 가공하고 있다.

- 중정석: 호일린 중정석 매장지(Хойлинское месторождение)의 중정석 예상 매장량은 러시아연방 중정석 탐사 매장량의 30%, 서유럽 매장량의 14%로 평가된다. 공화국에는 중정석 정광을 생산하는 선광공장 건설에 필요한 모든 조건이 갖추어져 있다.

- 건축 자재: 석고, 석영사, 건축용 석재, 시멘트 원료, 모래와 자갈, 건축용 모래, 점토, 광물 염료 등 다양한 건축 자재도 매장되어 있다.

- 망간: 북우랄 서부 경사면에 위치한 '파르녹스코예' 철망간 매장지(Парнокское месторождение)의 망간 원석 가채 매장량은 3천만 톤이다. 주식회사 '코미 망간'(ОАО Марганец Коми)이 개발을 수행하고 있다.

코미 공화국에는 그 외 맥금도 매장되어 있으며, 니오븀, 탄탈, 몰리브덴, 텅스텐 등 희귀금속과 희토류도 매장되어 있다.

3. 주요 산업[173)]

· 채유 분야

코미 공화국의 채유 분야는 새로운 매장지 개발, 새로운 채유기술의 효과적인 도입으로 인해 안정적으로 발전하고 있다.

채유는 주로 '루코일-코미'(ООО ЛУКОЙЛ-Коми), 'PH-북부 석유'(ООО РН-Северная нефть), '예니세이'(ООО Енисей)와 같은 회사들이 담당하고 있다. 코미 공화국의 산업에서 채유산업이 차지하는 비율은 약 43%이다.

· 석유정제

공화국의 석유정제산업이 발전할 수 있는 원인은 북부경제지역[175)]에 석유제품의 판매시장이 넓기 때문이다. 석유정제에 종사하는 기업은 '루코일-우흐타석유정제'(ЛУКОЙЛ-Ухтанефтепереработка)를 들 수 있다. 이 기업은 자동자용 연료, 디젤 연료, 항공용 연료, 중유, 역청, 진공가스오일 등의 생산을 전문으로 하고 있다. 생산량은 1년에 4.5백만 톤(1차 정제의 경우)에 달한다.

· 가스 채굴 및 정제

코미 공화국의 가스 채굴 및 정제는 '가스프롬' 계열사인 '가스프롬 정제'(Газпром переработка)에서 맡고 있다. 공화국의 가스산업 중심지는 북틸 지역으로, 이 지역에서 가스의 88%를 채굴하고 있다.

소스노고르스크 가스정제공장은 북서연방관구에서 유일한 천연가스 및 컨덴세이트 정제단지라고 할 수 있다. 이 단지의 연간 생산량은 가스의 경우 3십억 m^3, 컨덴세이트의 경우 1.25 백만 톤에 달한다. 주요 생산품은 자동차용 연료, 액체가스, 가스 컨덴세이트, 건성가스 등이다.

[그림 49] 코미 공화국의 석유산업[174]

공화국의 가스산업 발전 전망은 '야말'(Ямал)이라는 대프로젝트의 실현에 달려 있다. 이 프로젝트는 소규모 가스매장지를 개발하여 북극지역에 인접한 우랄 서쪽 지역을 발전시키는 데 그 목적을 두고 있다.

· 석탄 채굴

[그림 50] 보르가쇼르스카야 광산의 모습[176]

현재 페초라 석탄매장지에는 다음과 같은 4개의 주요 매장지가 있다: 보르쿠타(Воркута), 윤야긴(Юньягин), 보르가쇼르스코예(Воргашорское), 인타(Инта).

코미 공화국의 전체 석탄

생산량은 1년에 14.4 백만 톤에 달한다. 2009년 페초라 석탄매장지에서는 11.8백만 톤의 석탄을 채굴했다.

석탄채굴 기업들은 모두 세계적인 수준의 현대하이테크 설비를 갖추고 있다. 2009년 공화국 차원에서 효율적인 석탄생산을 위해 3.5십억 루블 가량의 투자가 이루어졌으며, '보르쿠타우골'(ОАО Воркутауголь) 회사가 생산을 맡게 되었다.

'보르쿠타우골'은 '세베르나야'(Северная), '보르쿠틴스카야'(Воркутинская), '콤소몰스카야'(Комсомольская), '자폴랴르스카야'(Заполрясная)와 같은 광산의 석탄채굴을 담당하고 있으며, '샤흐타 보르가쇼르스카야 2'(Шахта Воргашорская 2)와 '샤흐타 인틴스카야'(Шахта Интинская)와 같은 회사도 있다. 2002년부터 '윤야긴' 매장지 내 석탄채굴은 공개형식으로 진행되고 있다. 이 매장지의 모든 석탄은 선탄공장에서 정제된다.

공화국이 석탄산업 분야에서 책정한 과제는 다음과 같다: 년간 생산량 14-15백만 톤 달성 및 유지, 채굴 노동력의 경제적 성장 보장, 품질 개선 등.[177]

· 임업

[그림 51] 코미 공화국의 임업현장[178]

코미 공화국은 러시아의 임업을 이끌어 가는 지역 중 하나이다. 공화국 내 임업은 목재공급, 목재가공, 제지업으로 구분할 수 있다. 제재업, 건축용 자재 생산, 합판 제작 등이 목재가공업의 범주에 들어간다. 제지업은 종이 및 카톤지, 휴지 생산으로 구분할 수 있다.

공화국의 임업 분야에서 활

동하는 주요 기업들은 다음과 같다: '몬디 식팁카르 LPK'(Монди Сыктывкарский ЛПК), '식팁카르 티슈 그룹'(Сыктывкар Тиссью Групп), 'LPK 식팁카르 LDK'(ЛПК Сыктывкарский ЛДК), '식팁카르 합판공장'(Сыктывкарский фанерный завод), '세브레스필'(СевЛесПил), 'DVP'(Завод ДВП), '제샤르트 합판 콤비나트'(Жешартский фанерный комбинат), '레스콤'(Леском).

이 중 가장 규모가 큰 기업으로는 '몬디 식팁카르 LPK', '식팁카르 티슈 그룹', 'LPK 식팁카르 LDK', '식팁카르 합판공장'을 들 수 있다. 이 회사들은 매년 49만 톤 이상의 사무용지, 2억 6천 5백만의 화장실용 휴지롤, 17만 미터의 합판 등을 대량생산하고 있다.[179)]

제지회사 중 선두기업은 '몬디 식팁카르 LPK'이다. 이 회사는 종이 및 카톤지의 경우 연간 85만 8천 톤, 셀룰로오스(펄프)의 경우, 년간 57만 톤을 생산한다. 이 회사는 사무용지, 옵셋용지, 신문용지, 여러 종류의 카톤지를 생산하고 있는데, 특히 러시아 옵셋용지 시장의 40% 이상을, 카톤지의 55-60%를 담당하고 있다. 생산된 제지의 절반 정도가 80여 개국으로 수출되고 있다.[180)]

식팁카르에 펄프와 제지산업이 발전하게 된 계기는 이미 1926년 이곳에 대규모 식팁카르 목재가공단지가 형성되었기 때문이다. 이 단지가 설립된 덕분에 원활한 목재 공급이 가능해졌으며, 식팁카르 티슈 그룹과 같은 회사들이 분리, 독립할 수 있었다. 코미 공화국의 제지업은 소비에트 시기 국가의 기본적인 수요를 제공하는 데서 출

[그림 52] 코미 공화국의 제지업[181)]

발해, 현재는 삼중합판, 컬러화장지 등 다양한 가공품을 러시아 전역뿐만 아니라 옛 소련 공화국으로까지 수출하고 있다.[182] 공화국에서 제지업이 지속적으로 발전할 수 있는 요인 중 하나는 제지전문가 양성을 위한 대학들의 설립이다. 이곳에서는 엔지니어부터 가공라인을 담당하는 기술자까지 높은 기술을 요하는 인력을 양성하고 있다.[183]

· 관광산업

소비에트 시기부터 코미 공화국은 원자재 채굴과 임업 발전에 주력했지만, 중공업은 발전시키지 못했다. 소련이 붕괴되고 원자재 산업이 부활하기 전까지 공화국 정부가 눈을 돌린 곳은 바로 관광산업이었다. 다행히도 코미 공화국이 가지고 있는 뛰어난 자연환경은 관광산업의 발전을 가능하게 했다. '페초라-일차 국립자연공원'(Печора-Ильчский Заповедник, 721,300 헥타르)과 같은 국립공원은 코미 공화국이 자랑하는 관광지일 뿐만 아니라, 1995년 원시림으로서의 가치를 인정받아

[그림 53] 러시아에서 가장 큰 국립공원 "유기드 바"[184]

유네스코 세계문화자연유산에 등재되었다. 공화국은 자연공원과 더불어 관광객들의 시선을 끌만한 곳들을 개발하여 홍보하기 시작했다.

코미 공화국에서는 1973년부터 공화국 내 자연 유적을 지정했다. 2008년 공식적으로 지정된 자연 유적은 총 95개로 그중 몇 가지를 소개하자면 다음과 같다.

[그림 54] 벨도르-키르타-엘 폭포[185]

• 국립공원 '유기드 바'(Югыд Ва):

코미어로 '유기드 바'는 '깨끗한 물'이라는 뜻이다. 코미 공화국의 동남쪽, 우랄 산맥과 면하고 있는 곳에 위치한 이곳은 1994년 4월 국립공원으로 지정됐다. 21,421 헥타르에 달하는 강, 호수 등을 포함하여, 총 1,891,701 헥타르의 면적을 가진 이 공원은 러시아에서 가장 큰 국립공원이다. 또한 이곳은 코미 공화국의 원시림에 속한다.

• 슈게르(Щугер):

국립공원 '유기드 바'에 속하는 강으로, 지류의 위치에 따라 '상문'(Верхние ворота), '중문'(Средние ворота), '하문'(Нижние ворота)으로 나뉜다. 특히 '상문'의 우현에 위치한 '벨도르-키르타-엘'(Вельдор-Кырта-Ель)이라는 폭포는 아름답기로 유명하다.

• 보가티리-셸리예(Богатырь-Щелье):

코미 북부의 시냐 강(р. Сыня) 근처에 위치한 절벽이다. '보가티리'라는 말은 고대 러시아의 용사를 일컫는 말이다. 이 절벽의 뾰족하게 나온 부

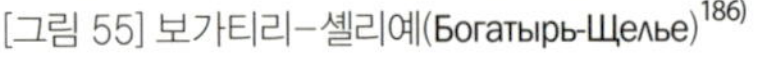

[그림 55] 보가티리-셸리예(Богатырь-Щелье)[186]

[그림 56] 료키스[187]

분이 러시아 용사의 투구 모습과 흡사하다 하여 이와 같은 이름이 붙여졌다.

• 료키스(Лёкиз):

일리치 강(р. Ильч) 우현에 위치한 절벽을 모두 '료키스'라고 부른다. '료키스'라는 말은 코미어로 '나쁜 절벽'(плохая скала)이라는 뜻이다. 이러한 이름이 붙여진 것은 이 절벽이 따뜻한 바람을 막아 일리치 강이 가장 일찍 얼면서 가장 늦게 녹기 때문이다.

• 만푸푸뇨르의 풍화석(Стольбы выветривания в Маньпупунёре):

최근 코미 공화국이 내놓은 관광상품 중 가장 큰 인기를 끌고 있는 것은 페초라 강 상류의 만푸푸뇨르 고원에 있는 독특한 모양의 풍화석을 들 수 있다.

2007년 10월부터 2008년 2월까지 '러시아'(Россия) TV 방송국, '이즈베스티야'(Известия) 신문사, '마약'(Маяк) 라디오 방송국이 함께 러시아 국민을 대상으로 '러시아 7대 경관'(7 чудес России)을 선정하는 투표를 실시했다. 당시 러시아의 7개 관구에서 49개의 후보지를 내놓았고, 인터넷과 SMS를 통해 투표가 이루어졌다. 그 결과 2008년 6월 코미 공화국의 이 풍화석이 러시아의 7대 경관 중 하나로 뽑혔다. 풍화석은 북우랄 근처, 페초라 강 상류 만푸푸뇨르 지역에서 볼 수 있다. 코미인들은 예로부터 이 지역을 '만-푸푸-뇨르'(Мань-Пупу-Ньёр)라고 불렀는데, 이는 '석상들의 산'(Гора каменных идолов)이라는 뜻이다. 자연이 만들어 낸 이 바위들은 기이한 모습으로 사람들의 시선을 끌고 있다. 참고로 러시아의 7대 경관은 바실리 성당(모스크바의 붉은 광장), 바이칼 호수, 페테르고프(Петергоф, 상트페테르부르크 근교의 여름궁전), 엘부르스(Эльбрус, 북카프카즈), 마마예프 쿠르간과 조국-어머니상(Мамаев курган и Мать-Родина, 볼고그라드), 간헐온천 분지(캄차트카)이다.

[그림 57] 만푸푸뇨르의 풍화석[188]

· 농축산업

농업은 중남부 지역에 거주했던 코미인들이 전통적으로 종사했던 생업 중 하나지만, 1920년대 말부터 농업에 종사하는 사람들의 수는 점점 줄어들었다. 1989년 조사에 따르면 농업에 종사하는 코미인들은 공화국 인구의 16.7%에 그쳤다. 반면, 건설, 공업, 교통통신에 종사하는 비율은 44.5%, 교육, 문화, 학문, 예술에 종사하는 비율은 약 15%였다. 농촌지역에 거주하는 인구비율은 코미 공화국 인구 중 24%에 해당하지만 이 중 농업에 실제로 종사하는 인구는 약 2%에 불과하다. 농업종사자들이 주로 재배하는 것은 사료용 작물이다.[189)]

코미 공화국의 농업 총생산량 중 농업기업이 차지하는 비율은 55%에 달한다. 농업기업체들은 공화국에 있는 소의 52%, 돼지의 76%, 순록의 78%, 그리고 기타 가금류 등을 소유하고 있다. 이들이 소유하고 있는 가축으로부터 얻어내는 상품 역시 코미 공화국에 보급되는 전체 우유의 51%, 달걀의 99%, 도살용 가축과 가금류의 74%를 차지할 정도로 농업기업이 공화국의 농축산업에서 차지하는 위치는 절대적이라고 할 수 있다.[190)]

현대 농촌 경제에서 전통적인 요소가 가장 잘 보존되고 있는 분야는 순록사육업이다. 그러나 현재 순록사육업의 상황도 좋다고 할 수 없다. 석유가스 매장지 개발로 순록의 먹이인 이끼가 오염되거나 부족한 상황이다. 순록사육업자들의 평균 월급은 만 루블 정도로 많지 않은 편이며, 이보다 적은 경우도 빈번한 것으로 나타났다. 이뿐만 아니라 순록사육업자들의 알콜중독율은 꽤 높은 것으로 나타났다. 이에 2011년 2월 코미 공화국은 '순록사육업에 대한 법'을 제정했으며, 지속적으로 이들의 열악한 환경을 개선하는 방안을 모색하고 있다.[191)]

사냥과 어업은 코미인들의 주요 생업에서 취미활동으로 전환됐다. 버섯이나 열매를 채취하는 모습은 여전히 농촌에서 볼 수 있다. 전통적인 수공업 또한 많이 사라졌으나, 최근 국가차원에서 복원이 이뤄지고 있다.

4. 경제 인프라

· 교통

공화국은 2,300km의 철도, 4,100km의 수로, 6,300km의 포장도로를 포함해 총 11,800km의 도로를 갖추고 있다. 공화국 철도의 중심은 '코틀라스-보르쿠타' 철도로 1,700km에 걸쳐 놓여 있다. 1930년대에 만들어진 이 철도에서 이후 식팁카르, 트로이츠코-페초르스크, 우신스크로 가는 철도 지선이 건설됐다. 철도 외에 페초라 강과 비체그다 강을 지나는 해로가 있다. 자동차 도로는 서울에만 개방되는 도로와 1년 내내 개방하는 도로로 나눠진다. 1년 내내 개방하는 도로는 '뱌트카-키로프-식팁카르'(Вятка-Киров-Сыктывкар) 도로가 있으며, 새로 건설된 도로로는 코틀라스와 식팁카르를 연결하는 도로를 들 수 있다. 이외 '미쿤-코슬란-벤딩가'(Микунь-Кослан-Вендинга), '소스

[그림 58] 식팁카르 국제공항의 모습[193)]

[그림 59] 식팁카르 시내를 누비는 버스들[194)]

[그림 60] 식팁카르 시내에서 볼 수 있는 한국중고 버스. 출입문 위에 태극기가 보인다.[195)]

노고르스크-트로이츠코-페초르스크'(Сосногорск-Троицко-Печорск), '시냐-우신스크'(Сыня-Усинск)와 같은 세 개의 저강도 철로(low-intensity railway lines)가 있다. 공화국의 철로망은 천 ㎢ 당 4.1km의 밀도를 가지고 있다.

공화국 철도를 관할하는 기업은 '러시아 철도'(ОАО Российские железные дороги)이다. 교외 운송과 이용이 적은 철로로 인해 발생하는 이 기업의 손실은 공화국 정부예산으로 보상된다. 이 회사는 두 개의 코미 지부를 가지고 있으며, 다음과 같은 지부가 화물운송과 승객운송을 담당하고 있다:[192)]

(1) 소스노고르스크 지부: 화물 운송을 담당한다. 2009년 이 지부는 17.7백만 톤의 화물을 운송했다. 이 지부가 운송하는 화물은 주로 석탄(2009년 총 운송화물의 42%), 석유 및 석유제품(26%), 산림자원(8%)이다.

(2) 식팁카르 지부: 승객 운송이 이 지부의 기본 업무이다. 2009년 통틀어 3백만 명 이상의 승객들이 이 지부의 기차를 이용했다.

유용광물 수출과 공화국에서 논의 중인 여러 투자 프로젝트의 실현은 '벨코무르'(Белкомур, БЕЛое море-КОМи-УРал의 약자)라는 대규모 철도 건설과 직결된다. 1995년 만들어진 이 프로젝트는 이름이 보여주듯이, 백해와 코미, 그리고 우랄을 잇는 철도이다. 이 철도는 페름 주, 코미 공화국, 아르한겔스크 주를 관통하는 가장 짧은 길이면서, 시베리아 지역으로부터 우랄을 지나 무르만스크 항구까지 이어지는 철도이다. 이 철도가 놓일 경우 철도가 지나가는 많은 지역의 기업들은 북쪽 항구로 나가는 직접적인 출구를 얻게 된다.

코미 공화국에는 총 7개의 공항이 있다. 식팁카르, 우흐타, 보르쿠타, 페초라, 우신스크, 인타, 우스티-칠마(Усть-Цильма)에 공항이 있으며, 이 공항들은 연방국립단일기업인 '콤아비아트란스'(Комавиатранс)가 관할한다.

'콤아비아트란스'(Комавиатранс), '유테이르-엑스프레스'(ООО ЮТэйр-экспресс), '유테이르'(ООО ЮТэйр), '노르드아비아'(ЗАО НордАвиа), '키로프 항공연대'(ОАО Кировский объединенный авиаотряд), '루스라인'(ЗАО РусЛайн, 성수기 승객운송)과 같은 항공사들이 공화국 내 항공운항을 담당하고 있다.

코미 공화국의 대중교통수단은 버스와 택시이다. 수도인 식팁카르에서조차 모스크바나 상트페테르부르크 등 대도시에서 쉽게 볼 수 있는 트람바이(Трамвай, 궤도전차)나 트롤레이부스(Троллейбус, 전기버스), 지하철은 찾아볼 수 없다. 코미 사람들은 버스, 혹은 단거리를 운행하는 미니버스(봉고차와 유사), 택시를 이용한다.

· 통신

정보통신 시장은 코미 공화국에서 가장 빨리 성장하는 경제 분야 가운데 하나이다. 공화국에는 엠테에스(МТС), 메가폰(Мегафон), 빌라

[표 17] 코미 공화국 가정용 전화기 수[196)]

	1990	1995	2000	2005	2006	2007	2008	2009
도시 가정용 전화 수 (천 명당 대수)	100.3	149.4	246.3	303.8	304.6	305.6	308.2	309.4
농촌 가정용 전화 수 (천 명당 대수)	89.6	130.1	166.1	195	200.1	202.2	207.9	211.8

인(Билайн), 이렇게 세 개의 이동 통신사가 있다. 통신 서비스는 30개 이상의 회사에서 담당하고 있으며, 이 중 주요 회사는 '북서 텔레콤'(Северо-Западный телеком)의 코미 지부이다.

통신시장에서 활동하는 기업들은 인터넷 서비스, 통신 채널 임대, 멀티서비스망, 정보검색 서비스, 이동통신 서비스, 비디오 컨퍼런스 등 다양한 전화통신 서비스를 제공하고 있다. 통신기지는 공화국의 전 거주지마다 설치되어 있다.

[표 17]에서 알 수 있듯이, 도시와 농촌 모두 가정용 전화 설치는 대체로 증가하고 있는 추세이다. 특히 소련 붕괴 이후 1995년부터 2005년 사이 도시 내 가정용 전화수가 부쩍 늘어났다.

· 금융

코미 공화국에는 3개의 독립 상업은행과 27개 타지역 은행의 코미 지점(스베르반크의 경우 총 7개 지점), 18개의 백오피스(업무지원팀), 132개의 영업소, 86개의 창구, 11개의 신용대출-창구 사무실, 1개의 대표부가 있다[표 18]. 이중 독립 상업은행은 공화국 내 여러 지역에 7개 지점을 소유하고 있다.[197)]

자산집중, 개인예금 시장, 그리고 대출회사 자산의 높은 수준이 공화국 금융분야의 특징이다. 은행카드 사용으로 인해 자동결제시스템이 발전하고 있으며 신용대출기업들의 자산이 증가하고 있다. 국제지불시스템도 공화국 금융분야에서 중요한 위치를 차지하고 있다.[198)]

[표 18] 코미 공화국에서 영업 중인 은행(2010년 1월 기준)[199)]

	코미 지역은행
1	우흐타 시의 우흐타은행(Ухтабанк)
2	식팁카르 시의 북인민은행(Северный народный банк)
3	보르쿠타 시의 고로드은행(Город)
	타지역 은행의 코미 지점
1	러시아연방 스베르반크(Сбербанк) 코미 지점 No. 8617(식팁카르 시)외 6곳
2	모스크바 재건발전은행(Московский банк реконструкции и развития) 식팁카르 지점
3	북가스은행(Севергазбанк) 식팁카르 지점
4	북가스은행(Севергазбанк) 보르쿠타 지점
5	북가스은행(Севергазбанк) 소스노고르스크 지점
6	북가스은행(Севергазбанк) 우흐타 지점
7	가스프롬은행(Газпромбанк) 우흐타 지점
8	상트페테르부르크 타브리체스키 은행(Таврический) 페초라 지점
9	상트페테르부르크 타브리체스키 은행(Таврический) 식팁카르 지점
10	러시아 산업은행(Российский Промышленный Банк) 우신스크 지점
11	러시아 산업은행(Российский Промышленный Банк) 식팁카르 지점
12	모스크바 비즈니스월드 은행(Московский Деловой Мир) 식팁카르 지점
13	스트로이크레디트 은행(Стройкредит) 우흐타 지점
14	트란스카피탈 은행(Транскапиталбанк) 식팁카르 지점
15	VTB(ВТБ) 식팁카르 지점
16	모스크바 은행(Банк Москвы) 식팁카르 지점
17	러시아 지역발전은행(Всероссйиский банк развития регионов) 우신스크 지점
18	러시아 농업은행(Россельхозбанк) 식팁카르 지점
19	산업통신은행(Промсязьбанк) 식팁카르 지점
20	북크레디트 은행(Северный кредит) 우흐타 지점
21	페트로코메르츠 은행(Петрокоммер ц) 우흐타 지점

금융분야의 부채구조에서 가장 많은 부분을 차지하는 것이 국민예금이다. 신용대출기업의 자산구조에서는 신용공여가 많은 부분을 차지하고 있다.

5. 투자

· 공화국의 투자정책

코미 공화국 정부는 투자에 대한 장기적인 계획을 만들고, 비즈니스 활동에 있어 투명성을 높이는 것이 공화국의 투자매력도와 공화국 내 적극적인 사업활동을 높이는 주요 요건이라고 보고 있다. 이에 따라 정부는 장기계획 시스템을 구축했으며, 이 시스템의 주축은 코미 공화국의 '사회경제발전 전략'이라고 할 수 있다. 이 전략은 (1)공화국의 장기적 이익에 부응하는 지역투자정책의 형성, (2)우선산업, 인프라구조 및 사회영역에 대한 국가적 지원, 이 분야에 대한 예산집행에 대한 통제 강화, (3)국가적, 그리고 경제적 안보를 감안한 외국자본의 적극적 유치와 같은 기본 방향을 가지고 있다. 이 전략을 통해 코미 공화국 정부는 2020년까지의 공화국 사회경제 발전계획을 수립하고 있다.[200)]

코미 공화국 정부는 러시아연방과 코미 공화국 헌법에 근거하여 투자자들에게 다음 사항을 보장해 주고 있다: (1)투자 시 평등한 권리 보장, (2)투자 프로젝트 공개, (3)투자자와 체결된 계약 및 투자협정 조건의 준

[표 19] 코미 공화국의 국가신용등급 추이

	2001	2002	2003	2004	2005	2006	2007	2008	2009
Moody's Investors Service	B2	B2	B1	Ba3	Ba3	Ba2	Ba2	Ba2	Ba2
Fitch Ratings	CCC	B+	B+	B+	B+	BB-	BB-	BB	BB

수, (4)투자 보호, (5)투자활동 촉진, (6)투자자 권리의 안정.[201)]

또한, 코미 공화국은 다음과 같은 요소들을 보장하여 자국의 투자매력도를 높이기 위해 노력하고 있다:[202)]

- 정치적, 사회적, 경제적 안정
- 투자활동을 보장하는 법적 기반
- 광물자원의 매장량, 다양성, 높은 품질 보장
- 합리적인 가격의 에너지 자원
- 높은 수준의 전문가
- 예산 시스템에 의한 재정자원 보장과 높은 수준의 재정관리

공화국 정부의 정책에 힘입어 유수의 해외신용평가기관에서 평가한 코미 공화국의 국가신용등급은 안정적이다[표 19].[203)]

· 외국 자본의 투자

코미 공화국의 투자 환경은 점차 개선되고 있다. 러시아 경제저널인 Ekspert지는 1998년 러시아의 당시 89개 행정주체들을 대상으로 투자 잠재력과 투자 위험도를 분석했다. 분석 결과에 의하면, 코미 공화국은 투자 잠재력에 있어서 51번째였으며, 동시에 투자 위험도 역시 50위를 차지했다. 같은 해 오스트리아 은행(Bank Austria)의 조사에서는 다른

[표 20] 형태별 외국 투자액[205)]

(단위: 천 달러)

년도	2000	2005	2006	2007	2008	2009
총 투자	53,966	159,827	321,071	389,420	931,637	904,021
직접투자	23,226	32,444	114,323	78,950	537,766	213,066
간접투자	-	22,458	20	1,453	2,103	3,359
그 외 투자	30,740	104,925	206,728	309,107	391,768	687,596

[표 21] 북서연방관구 외국인 투자액 비교[206)]

(단위: 백만 루블)

	2000	2005	2006	2007	2008	2009
상트페테르부르크	9,913	32,053	45,612	67,939	85,703	71,320
코미 공화국	2,404	5,294	7,142	9,454	10,959	23,730
레닌그라드 주	6,283	21,747	21,549	26,815	28,847	23,004
아르한겔스크 주	2,542	11,293	30,597	49,981	58,949	22,771
네네츠 자치구	225	8.234	27,057	45,703	54,032	19,866
볼로그다 주	734	20,571	19,006	18,307	21,697	11,995
무르만스크 주	77	4,549	5,663	5,783	15,584	9,750
칼리닌그라드 주	382	873	7,261	20,416	17,201	8,358
노브고로드 주	938	4,777	5,119	5,573	7,097	4,410
카렐리야 공화국	1,658	4,015	1,816	4,490	3,912	2,347
프스코프 주	19	862	1,175	1,356	463	545

결과가 나왔는데, 코미 공화국의 투자 환경은 러시아에서 26번째를 차지하는 것으로 나타났다. 평가는 조금씩 다르지만, 전년인 1997년과 비교해 봤을 때, 1998년 투자 위험도는 16% 포인트가 줄어든 반면, 투자 잠재력은 9% 포인트 향상됐다.[204)]

[표 20]에서 보이는 것처럼 2000년대 들어 코미 공화국에 대한 외국인의 투자액은 점점 증가하고 있다. 또한 [표 21]에서 보는 것처럼 코미 공화국에 대한 외국인 투자액은 2009년 북서연방관구의 여러 지역 중 상트페테르부르크를 이어 2위를 차지할 정도로 많은 것으로 나타났다.

코미 공화국에 투자하는 대규모 외국 투자국들은 보통 독일, 영국, 오스트리아, 스위스, 이탈리아, 미국이다. 가장 큰 합병회사로는 'Komi ArcticOil,' 'NobelOil,' 'Parmaneft'를 들 수 있으며, 이 회사들은 코미 공화국 석유의 25%를 생산하고 있다.

VI

사회:
코미 공화국은 자살 공화국?

1. 인구

· 지속적인 인구유출과 인구감소

소비에트 시기 이루어진 산업화는 공화국의 인구 증감에도 영향을 주었다. 1939년 320,300명이었던 공화국 인구는 1959년 815,000명으로 증가했다. 20년 사이 약 2.6배 증가한 셈이다.[207] 이 기간 공화국에서는 대규모 산업프로젝트가 시작됐으며, 이로 인해 러시아의 다른 지역에서 이 지역으로 국가에 의한 노동 이주가 촉진되었기 때문이다. 특히 1939년에만 하더라도 인구가 적었던 북동 지역이 산업화의 영향으로 1959년에는 가장 인구밀집도가 높은 지역이 됐으며, 이 지역에 새로운 도시들이 만들어지면서 공화국의 도시인구도 20년 동안 16.6배 증가했다.[208] 경제발전을 이루었던 1970년대에도 공화국 인구는 꾸준히 늘어났다. 1970년 공화국 인구는 964,800명으로, 1959년 대비 18.3% 증가했다. 이 시기 북동 도시의 인구증가와 함께, 수도의 인구도 11년 사이 1.9배 증가했다.[209] 즉, 산업화와 경제발전이 가장 집중적으로 이뤄졌던 1939년부터 1975년 사이 공화국 인구는 32만 명에서 110만 명으로 급증했음을 알 수 있다.[210)]

그러나 [표 22]에서 보는 바와 같이 소련 붕괴 이후 공화국 인구수는 계속 줄어들었다. 현재 코미 공화국 상주인구수는 951,100명으로 집계된다. 이러한 인구감소는 코미 공화국 뿐 아니라, 러시아 북부에서 전반적으로 나타난 현상이라고 할 수 있다. 소득 수준이 높은 네네츠 자치구만 2000년대 들어 인구수를 유지하는 정도이다.

공화국 인구가 감소하는 원인 중 하나는 인구유출이다. 산업화로 인해 외부인들의 유입이 1980년대까지 이어졌지만, 사회전환기인 1990년대에는 반대로 인구유출이 일어났다. 특히 1992-1995년에는 매년 만 명당 100-140명꼴로 공화국을 떠났을 만큼 인구유출이 가장 집중적으로 일어났다. 기간을 더 넓게 잡아보자면, 1989년부터 2002년까

[표 22] 북서연방관구 지역별 인구증감[211)]

(단위: 명)

	1990	1995	2000	2001	2002	2003	2004	2005	2006	2007	2008	2009
상트페테르부르크	5007	4820	4715	4688	4656	4624	4600	4581	4571	4568	4582	4600
레닌그라드 주	1675	1686	1680	1672	1667	1660	1653	1644	1638	1633	1632	1629
아르한겔스크 주	1569	1476	1369	1350	1333	1318	1305	1291	1280	1272	1262	1254
네네츠 자치구 포함	52	43	41	41	42	42	42	42	42	42	42	42
볼로그다 주	1354	1333	1290	1279	1267	1255	1245	1235	1228	1223	1218	1214
칼리닌그라드 주	891	940	958	956	954	950	945	940	937	937	937	938
코미 공화국	1240	1133	1043	1030	1016	1005	996	985	975	968	959	951
무르만스크 주	1189	1037	923	906	890	880	873	864	857	851	843	837
프스코프 주	843	826	782	769	758	748	737	725	714	706	696	689
카렐리야 공화국	791	764	729	722	715	709	703	698	693	691	687	684
노브고로드 주	752	735	710	701	692	683	674	665	657	652	646	641

지 코미 공화국 인구의 18.6%가 자국을 빠져나갔다.[212] 2000년대에도 인구유출은 계속됐다. 다만 만 명당 50-60명 수준으로 공화국을 떠나는 사람들의 수가 조금씩 줄어들었다.[213] 2008년에 비해 2009년 공화국에서 유출된 인구의 수는 9.9% 감소하였는데, 이를 수로 환산하자면 2,306명이 전년에 비해 덜 공화국을 떠난 셈이다.[214] 그러나 심각한 것은 젊은이들의 유출은 계속되고 있다는 점이다. 2007년 5명 당 1명꼴로 14세에서 29세 사이의 젊은이들이 공화국을 떠났다.[215] 이것은 코미 젊은이들이 자신이 거주하는 지역의 미래에 대해 확신을 가지고 있지 못하기 때문이며, 다른 한 편으로는 젊은 세대가 갖고 있는 지역정체성의 약화를 보여주는 것이기도 하다.

공화국으로 유입된 사람들의 수와 비교해 보자면, 1990-1999년 사이 공화국 밖으로 나간 사람의 수는 들어온 사람의 수보다 101,300명 많았다.[216] 이러한 상황은 2000년대 들어서도 계속됐다. [표 23]에서 보는 것처럼 2000-2009년 공화국으로 유입된 사람의 수보다 공화국에서 러시아의 타지역으로 유출된 수가 더 많다는 것을 알 수 있다. 이때 러시아 여러 지역으로 떠난 경우가 많은 반면, 해외로 이주하는 경향은 점점 줄어들고 있고 있다. 즉, 해외보다는 러시아 내 타 지역으로 이주하는 경향이 강하게 나타났다. 외국인이 코미 공화국으로 이주한 경우는 2005년을 기준으로 줄어들었다가 다시 소폭 증가했다.

[표 23] 코미 공화국 내 인구유출 및 유입 상황[217]

구분 / 년도	인구유출 (%)		인구유입 (%)	
	러시아의 타지역	해외	러시아의 타지역	해외
2000	53.3	7.4	38.6	9.3
2005	53.1	4.6	34.7	2.9
2009	53.2	2.1	26.7	5.8

· 출생률과 사망률

인구유출과 더불어 출생률 감소와 사망률 증가 역시 공화국 인구감소의 원인이다. 1993년에서 1998년 사이 공화국 내 사망자의 수는 출생자에 비해 16,100명이 더 많았다.[218] [그림 61]에서 보듯이, 1990년만 하더라도 공화국 내 출생률은 사망률보다 높았으나, 그 이후로는 사망률이 출생률보다 높은 수치를 기록하면서 공화국 인구 안정에 악영향을 미쳤다. 이러한 상황은 2000년대 후반으로 가면서 조금씩 나아지기 시작했다. 2009년에는 공화국 내 출생률이 1.3% 증가하였고 대신 사망률은 0.7% 줄어듦으로써 2008년 대비 인구자연감소율은 43% 감소했다.[219] 러시아연방 전체로 보자면, 코미 공화국의 출생률은 39위를 차지하고 있으며, 북서연방관구에서는 네네츠 자치구에 이은 2위이다.[220]

공화국의 아동 복지 및 양육 정책에 힘입어 유아사망률은 눈에 띄게 낮아졌다. 2009년 통계자료에 따르면, 천 명의 신생아 중 한 살이 채 안 돼 사망한 유아는 5.1명이다. 천 명당 16.5명의 유아가 사망했던 1990년에 비하면 상당히 양호해진 것이라고 할 수 있다.[221]

그러나 공화국이 앓고 있는 심각한 인구학적 문제는 자살의 증가이다. 2008년 자료에 의하면 러시아연방 전체 자살사망률은 십만 명 당

[그림 61] 코미 공화국 출생·사망률 및 인구자연증가율[223]

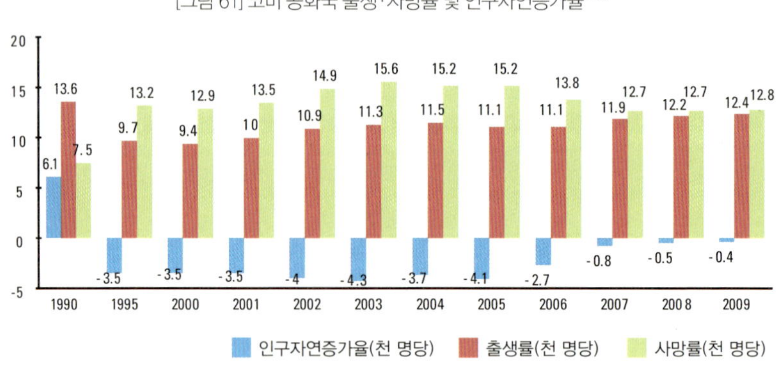

27명꼴이었다. 이에 반해 코미 공화국에서는 십만 명 당 42명으로 나타났다. 즉, 코미 공화국은 러시아연방 평균보다 1.6배 높은 자살행동 지수를 보이고 있는 것이다. 또한 이 수치는 1990년대 초 코미 공화국 내 자살률에 비해 15배 증가한 수치이기도 하다.[223\2)]

자살이라는 현상은 개인이 처한 환경뿐만 아니라, 사회전반적인 분위기의 영향을 받기도 한다. 자살을 하나의 사회현상으로 연구해 온 사회학자 소로킨(П. Сорокин)에 의하면, 고르바초프 시기 사람들은 개인의 감정보다 바로 앞에 닥친 공동의 거대한 일로 인해 소속감과 단결심이 높아지면서 자살률이 낮아졌다고 한다. 뿐만 아니라 이 시기 미래에 대한 낙관적인 태도로 결혼율과 출산율도 높아졌으며, 반대로 이혼율과 범죄발생률, 알콜중독율은 낮아졌다.[224)] 소련 붕괴 직후인 1992년부터 이러한 상황은 급변하여 출산율은 감소하고 자살률은 증가했다. 이러한 경향은 코미 공화국에서도 나타났다. 1990년대 초반 코미 공화국 내 공장 가동률은 전 시기에 비해 두 배 하락했으며, 물가는 35배 인상된 반면, 실질금전소득은 2-3배 하락했다.[225)] 2000년 통계자료에 따르면, 자살을 하는 두 명 중 한 명은 실업자였으며, 코미 공화국에서 자살하는 사람 중 1/3만이 직업을 가진 것으로 나타났다.[226)] 즉, 직업의 유무가 당시 자살의 주요 원인 중 하나인 것을 알 수 있다.

소련 해체라는 사회혼란기를 지나 코미 공화국의 자살률은 러시아 평균 대비 여전히 높지만, 조금씩 줄어드는 추세를 보이고 있다[표 24]. 자살 사망자를 성별로 비교해 보자면, [표 24]에서 볼 수 있듯이, 여성보다 남성의 자살률이 월등히 높았으며, 그중에서도 40-50대 남성의 자살률이 높은 것으로 나타났다.[228)] 코미 공화국의 자살 현상을 연구했던 테레비힌(B.M. Теребихин)은 40-50대 코미 남성의 자살이 사업부도, 인플레이션, 해고, 해당 연령층의 재취업의 어려움에서 기인했다고 분석한다. 이에 덧붙여 심리학적으로 볼 때 여성이 실제로 남성보다 자살 시

[표 24] 1990-2008년 코미 공화국 자살행동 지표[227)]

지표	시기									
	1990	1992	1994	1996	1998	2000	2002	2004	2006	2008
자살사망자수(명)	389	529	704	651	508	513	588	477	439	403
도시인구 자살률 (도시인구 십만 명)	28.2	39.2	50.7	48.0	36.1	37.6	44.2	37.1	34.6	32.0
농촌인구 자살률 (농촌인구 십만 명)	30.3	56.3	83.0	83.8	74.1	83.5	98.0	80.0	76.6	73.2
남성 자살률 (남성 십만 명)	49.8	69.8	71.8	102.2	78.8	84.6	105.7	83.2	77.1	71.1
여성 자살률 (여성 십만 명)	12.8	14.6	16.0	15.3	15.0	15.5	15.2	14.7	15.6	13.7

도를 많이 하지만, 시도가 실질적인 자살로 이어지는 확률은 적기 때문에 상대적으로 여성 자살사망자의 수가 낮다고 밝혔다.[229)] 대도시에서 자살이 많이 일어난다는 일반적인 의견과는 달리, 코미 공화국에서는 도시보다 농촌에서 자살률이 더 높은 것으로 나타났다. 이는 소비에트 시기부터 이루어진 도시화 과정으로 인해 많은 농촌들이 도시형 부락이나, 도시지구로 바뀌었으며, 농촌 내 일자리나 취업의 기회가 도시보다 더 적기 때문인 것으로 분석할 수 있다.[230)]

· 낮은 평균수명과 노령화

[표 25]와 같이, 1990년부터 2002년까지 코미 공화국 인구의 평균수명은 들쑥날쑥 변동하는 것을 알 수 있다. 특히 1990년부터 1995년 사이 평균수명이 68세에서 60세로 급격히 낮아졌다가, 2004년부터는 약 62세로 조금씩 평균연령이 높아지고 있다. 2009년 코미 공화국 인구의 평균수명은 66.54세로 나타났다. 이것은 러시아 전체 인구의 평균수명인 68.67세보다도 낮은 것이다. 또한 공화국 인구의 평균수명은 러시아의 행정주체 중 63위로, 러시아 전체에서 보더라도 꽤 낮음을 알 수 있

[표 25] 코미 공화국 성별 평균연령[232]

	1990	1995	2000	2001	2002	2003	2004	2005	2006	2007	2008	2009
전체	68.17	60.95	63.53	63.44	62.17	61.54	62.21	62.27	64.21	65.83	66.2	66.54
남	62.91	54.6	57.75	57.35	56.16	55.49	56.09	56.0	57.98	59.77	60.15	60.55
여	75.53	68.63	70.05	70.41	69.24	68.70	69.28	69.54	71.13	72.25	72.61	72.89

다. 특히 같은 해 러시아에서 평균수명이 가장 높게 나타난 인구세티야 공화국의 78.31세에 비하면 코미 공화국 인구의 평균연령은 한참 낮다. 코미 공화국처럼 러시아 북부 특유의 척박한 자연환경과 기후를 가진 다른 지역에서도 유사한 결과가 나타난다. 바로 북쪽 국경을 면하고 있는 네네츠 자치구의 경우 2009년 평균수명은 65.22세로 러시아연방에서 74위였다.[231] 성별로 보자면, 코미 공화국의 남성 평균수명은 60.54세, 여성은 72.89세로, 남녀 평균수명이 10세 이상 차이난다[표 25]. 러시아 전체 남성과 여성의 평균수명이 각각 62.77세, 74.67세인 것과 비교해 볼 때도 코미 남녀 모두 평균수명이 러시아 평균보다 낮은 것으로 나타났다.

러시아가 안고 있는 인구문제 중 하나는 인구의 노령화이다. [그림 62]

[그림 62] 연령별 인구증감(1990년~2000년)[233]

(전체 인구 대비 %)

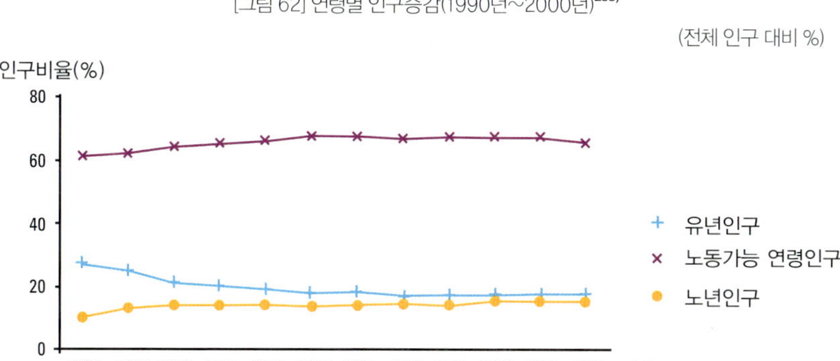

에서 보는 것처럼 공화국 내 유년인구와 노동가능연령인구의 수는 점차 감소하고 있는 가운데, 노년인구는 그 수가 조금씩 증가하고 있다. 아직까지는 노년인구(남성 65세, 여성 60세 이상)의 비율이 공화국 인구의 16.4%로, 유년인구(17.5%)와 노동가능연령인구(66.1%)에 비하면 인구안정을 위협하는 수치는 아니지만, 유년인구와 노동가능연령인구의 수가 지속적으로 줄어드는 반면, 노년인구는 1990년 이후로 계속 증가하고 있다는 점을 고려해 볼 때 공화국 정부는 연금정책, 출산장려 등 인구의 노령화에 대비할 필요가 있다.

· 도시와 농촌인구

2009년 자료에 의하면, 공화국의 도시인구는 723,213명, 농촌인구는 227,942명으로, 도시인구가 전체 인구의 76%를 차지하고 있다.[234] 1930년부터 본격적인 산업화가 시작되면서 도시인구가 조금씩 증가했지만, 1930-40년대만 하더라도 공화국에는 여전히 농촌인구가 많았다. [표 26]에서 보이는 것처럼, 도시인구가 농촌인구를 압도하는 경향은 1950년대 말부터 시작되어 현재까지 이어져 왔다. 이것은 새로운 도시들의 건설, 인구의 급증, 농촌 지역의 도시화, 농촌 지역으로부터의 인구유출과 관련 있다.

공화국의 도시는 앞서 보았듯이 식팁카르를 제외하고는 산업지역인 북쪽에 위치하고 있다. 1926년에만 하더라도, 공화국에서 도시는 수도인 우스티-시솔스크 뿐이었다. 도시형 부락도 카짐(Кажим)과 뉴침(Нювчим), 두 지역뿐이었다. 그러나 1950년대에 이르러 코미 공화국의 북부 도시들이 본격적으로 개발되면서 이 지역 인구가 급증했다. 우도르스키(Удорский), 식팁딘스키(Сыктывдинский), 레츠키(Летский район) 군과 같은 농촌에 거주했던 사람들이 북부 도시들로 이주해 갔다.[235] 1939년에서 1959년 사이 공화국에는 5개의 도시와 30개의 노

[표 26] 1926–1999년 코미 공화국 내 도시인구와 농촌인구 변화[237)]

(단위: 천 명)

년도	총 인구수	도시인구	농촌인구	비율(%)	
				도시인구	농촌인구
1926	225.6	10.0	215.6	4.4	95.6
1939	320.3	29.2	291.1	9.1	90.9
1950	423.4	172.5	250.8	40.8	59.2
1959	815.8	484	331.8	59.3	40.7
1970	964.8	597.4	367.4	61.9	38.1
1979	1,118.4	793.4	325.0	70.9	29.1
1989	1,260.7	951.7	309.0	75.5	24.5
1990	1,264.9	959.2	305.7	75.8	24.2
1991	1,264.7	961.0	303.7	76.0	24.0
1992	1,255	948.4	306.6	75.6	24.4
1995	1,201.6	899.6	302.0	74.9	25.1
1999	1,149.2	853.5	295.7	74.3	25.7

동자 부락(Рабочие поселки)이 생겨났다. 보르쿠타, 인타, 페초라와 같은 신생 도시들이 그 전에 존재했던 대규모 노동자 부락들을 흡수하면서 이 도시들의 인구는 더욱 늘어났다. 이로써 20년 사이 공화국 내 도시인구는 16.6배 증가했다.[236)]

그 후로 1970년대 말까지 도시들은 번창했다. 특히 북부 지역에는 티만-페초라 가스매장지가 개발되면서, 북부 도시들의 인구는 점점 증가했다. 물론 산림 부락(Лесные поселки)의 발달로 일부 농촌에서도 인구가 증가하기는 했으나, 당시 빠르게 증가하는 도시인구에 비하면 미미한 수준이었다.[238)]

이러한 상황은 오늘날까지 계속되고 있다. 그러나 일부 도시에서는 경제발전 수준에 비해 인구가 과잉상태에 다다르는 상황이 일어났다. 전통적인 광산도시였던 인타와 보르쿠타에서는 소비에트 시기에 진행된 집중적인 석탄채굴로 자원이 고갈됐고, 이것은 광산폐쇄와 이 지역 내 산업 축소로 이어졌다. 그럼에도 불구하고 이 도시에는 여전히 많은 사람들이 살고 있어, 지역 내 일자리 부족과 전반적인 지역빈곤을 낳고 있다. 인구 과잉상태는 공화국의 거의 모든 북부 지역에서 관찰된다. 그러나 북부 도시들의 과잉인구가 평균 10-20% 내외라면, 보르쿠타의 경우는 70%에 가까워 큰 사회문제로 떠올랐다.[239] 공화국 정부는 인타와 보르쿠타를 소위 '전망이 없는'(неперспективный) 도시로 분류했다. 전문가들은 지역별 인구 및 경제발전의 균형을 위해서는 북부 지역에서 공화국의 타 지역으로 매년 2-3만 명을 이주시켜야 한다고 분석하기도 했다.[240] 최근 몇 년 사이 공화국 정부는 이 두 도시에서 10만 명을 중남부 지역으로 이주시키는 방책을 내놓았으며, 이를 위해 2004년 300만 루블을 예산으로 책정했다. 이 예산은 코미 정부 소유인 '페초르우골'(OAO Печоруголь) 회사의 주식을 파는 형식으로 충당되는 것이었다.[241]

그러나 여러 기관에서 실시한 설문과 인터뷰에 따르면, 오랫동안 북부 지역에서 살아온 주민 대부분은 이주를 원치 않았으며, 그동안 이 지역에서 형성된 긴밀한 사회적 관계를 상실하는 것에 대해 두려움을 가지고 있었다. 이런 이유로 이들은 이주를 위한 재정적 지원이 아닌, 석탄산업의 유지를 위한 국가 보조금을 요구하고 있다.[242] 낙후된 광산지역 주민들을 이주하는 정책은 코미 공화국 외 러시아의 다른 지역에서도 이미 실시되고 있으나, 익숙한 주거지를 떠나야 하는 주민들의 거부로 난항을 겪고 있는 상황이다. 코미 정부와 지역주민들의 대치로 북부 지역에서 남부로의 이주는 정체 상태에 빠졌으며, 결국 2011년 코미 공화국 정부는 북부 지역 주민들의 이주계획을 중단하기로 발표했다. 대신 정부는 희망자에 한해 '2002-2010년 주택 프로그램'(Программа "Жилище" на 2002-2010 годы)의 일환으로 이주자들에게 국가 보조금을 지급하기로 했다.[243]

[표 27] 코미 공화국 도시인구[244]

	2005	2010	2012
식팁카르	228,900	235,800	238,600
우흐타	103,100	103,700	99,900
보르쿠타	82,000	69,000	67,100
페초라	47,700	45,500	42,300
우신스크	45,200	43,300	40,500

오늘날 코미 공화국의 도시인구는 [표 27]과 같다. 수도 식팁카르에서는 꾸준히 인구가 증가하고 있으나, 한때 인구가 집중됐던 북부 도시에서는 점차 인구가 감소되는 것을 볼 수 있다. 앞서 언급했듯이, 북부 도시의 인구포화 상태로 인한 실업, 그리고 정부의 이주 권장과 혜택 제공 등으로 인해 북부 도시들의 인구는 조금씩 감소되는 추세이다.

도시와 농촌은 소득수준에서도 차이를 보이고 있다. 공화국 도시민들은 농촌 지역 주민들보다 높은 수준의 급여를 받고 있었으며, 특히 '석유 수도'(Нефтяная столица)라고 불리는 우신스크는 공화국 내 최고 수준의 평균 급여를 받는 지역으로 나타나고 있다[그림 63].

[그림 63] 코미 지역별 평균 급여 수준
(1990년과 2002년 비교, %)[245]

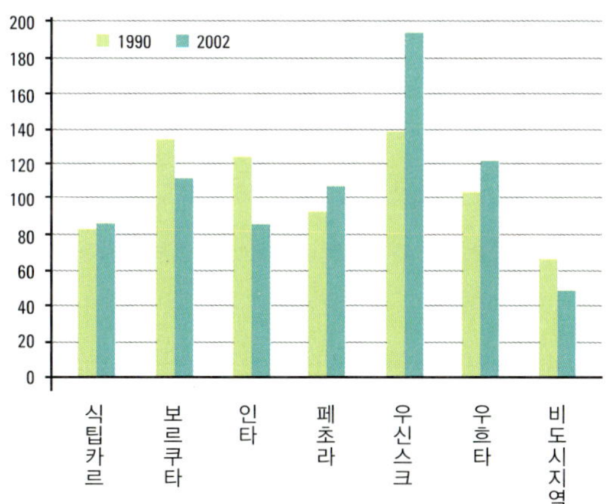

도시와 농촌의 불균형은 인구수나 소득수준뿐만 아니라 평균수명에서도 나타난다[그림 64]. 도시

남녀의 평균수명은 해마다 조금씩 차이를 보이고 있지만 약 70세라고 할 수 있다. 반면, 농촌 남녀의 평균수명은 55-60세의 분포를 보이고 있다. 농촌 주민들이 장수한다는 통론과는 달리, 공화국 농촌 인구의 평균 수명은 도시인구의 수명에 비해 10세 이상 낮다.

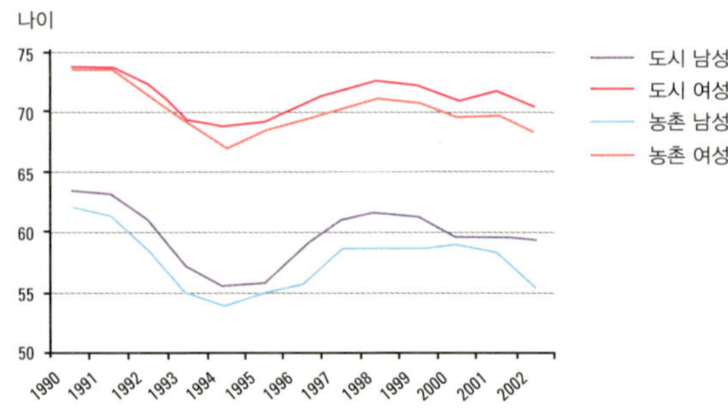

[그림 64] 코미 인구의 평균수명 변화(1990-2002년)[246)]

2. 생활수준

여러 사회경제적 지표들을 살펴보면, 코미 공화국 주민들의 생활수준은 러시아연방에서 평균 이상임을 알 수 있다. 2009년 코미 공화국의 월평균 소득은 83개 러시아연방주체 중 상위권인 14위에 랭크되었다[표 28]. 북서연방관구에서는 코미 공화국의 1인당 지역총생산은 2위, 월평균 급여 수준은 4위, 월평균 소득도 4위, 월평균 연금은 3위를 차지하는 등 전반적으로 소득과 연금 부분에서 상위권에 자리하고 있다.

2009년 이후에도 공화국은 안정적인 생활수준을 보였다. 2011년 공화국의 월평균 소득은 23,897루블로 러시아연방 전체에서 15위, 북서연방관구에서는 네네츠 자치구, 상트페테르부르크, 무르만스크 주를 이어 4위이다. 또한 같은 해 공화국의 월평균 급여는 28,897루블로 급여 수준 역시 러시아 전체에서는 13위, 북서연방관구에서는 4위를 차지했을 정도로 높은 편이라고 할 수 있다.[254)]

그러나 아이러니하게도 최저생계비 미만의 소득을 버는 극빈층 비율도 높다. 공화국의 극빈층 비율은 공화국 인구 전체의 16.6%로, 북서연방관구에서 노브고로드 주와 함께 3위를 차지했다. 즉, 공화국 내 빈부차가 극심하다는 것이다. [표 29]에서 보듯이, 최저생계비 이하의 소득을 가진 인구 비율은 2000년 이후 해를 거듭할수록 점점 줄어드는 것을 알 수 있지만, 2009년 소폭 상승했으며, 2006년부터는 러시아연방 전체 평균보다도 더 증가된 수치를 기록하고 있다.

코미 공화국의 최저생계비를 연령별로 보자면, 노동가능인구의 경우 매월 7,251루블, 연금 수령자는 5,405루블, 유년인구는 6,416루블로, 러시아연방 평균 최저생계비(각각 5,562루블, 4,901루블, 4,922루블)

[표 28] 북서연방관구 연방주체 주요 사회경제 지표 (2009년) (단위: 루블)

	1인당 지역총생산*[247]	월평균 소득**[248]	월평균 급여[249]	월평균 연금[250]	최저생계비[251]	실업률 (%)[252]	극빈층 비율 (%)[253]
러시아연방	241,767	16,857	18,637	6,177	5,144	8.4	13.2
북서연방관구	252,220	17,446	20,892	7,044		7.0	
상트페테르부르크	310,567	22,133 (10)	23,884	7,249	5,232 (29)	4.1	9.2
레닌그라드 주	235,138	13,055 (42)	18,359	6,300	4,843 (47)	7.2	13.4
코미 공화국	306,859	20,125 (14)	23,685	7,942	6,798 (12)	11.8	16.6
아르한겔스크 주	235,279	17,218 (19)	20,242	7,722	6,210 (16)	7.2	14.0
볼로그다 주	244,252	12,135 (53)	16,565	6,298	5,270 (27)	7.9	18.4
무르만스크 주	255,007	21,153 (12)	26,591	8,533	7,570 (10)	7.6	14.7
카렐리야 공화국	170,106	13,490 (36)	18,394	7,610	5,990 (18)	10.0	17.1
칼리닌그라드 주	193,855	14,608 (27)	16,047	5,965	5,209 (30)	10.9	13.3
노브고로드 주	177,875	13,329 (39)	14,794	6,041	4,924 (42)	6.4	16.6
프스코프 주	104,800	12,697 (62)	12,631	5,850	4,603 (55)	11.0	16.5
네네츠 자치구	-	48,752 (1)	43,965	9,490	10,271 (3)	9.7	7.3

*2008년도 수치

**괄호 안 숫자는 전국 연방주체 중 순위.

[표 29] 최저생계비 이하 소득을 가진 인구수(전체 인구 대비 비율, %)[255]

	2000	2001	2002	2003	2004	2005	2006	2007	2008	2009
러시아연방	29.0	27.5	24.6	20.3	17.6	17.7	15.2	13.3	13.4	13.2
카렐리야 공화국	22.3	23.0	18.8	19.0	18.5	16.4	15.4	17.0	16.7	17.1
코미 공화국	26.3	21.0	19.4	18.5	16.9	15.3	15.2	14.5	15.9	16.6
아르한겔스크 주	33.5	27.4	26.5	23.5	19.7	17.6	17.4	16.1	14.6	14.0
네네츠 자치구	37.9	26.9	21.5	8.3	8.2	9.0	8.0	5.7	5.6	7.3
볼로그다 주	25.5	23.1	22.8	20.0	17.9	18.3	16.5	14.8	15.8	18.4
칼리닌그라드 주	37.7	39.1	39.6	28.0	25.5	20.0	14.3	12.4	13.6	13.3
레닌그라드 주	50.9	48.1	42.1	36.8	24.4	20.5	14.3	12.6	12.8	13.4
무르만스크 주	24.9	22.3	22.6	21.2	19.8	19.7	18.3	15.5	14.7	14.7
노브고로드 주	34.2	31.4	30.8	27.7	26.7	23.8	19.9	20.3	17.8	16.6
프스코프 주	44.8	37.5	27.5	21.0	18.3	19.3	18.5	17.1	16.1	16.5
상트페테르부르크	27.3	23.8	21.2	15.6	12.7	10.0	9.6	9.1	10.8	9.2

[표 30] 러시아지역의 지니계수 (0.4 이상 지역)[257]

지역	지니계수	순위
러시아연방	0.422	-
모스크바 시	0.521	1
튜멘 주 (한티-만시 0.426, 야말-네네츠 0.434 포함)	0.456	2
사마라 주	0.451	3
네네츠 자치구	0.445	4
상트페테르부르크	0.444	5
바시코르토스탄 공화국	0.436	6
페름 주; 스베르들롭스크 주	0.431	7
크라스노야르 주	0.427	8
코미 공화국	0.426	9
이르쿠츠크 주; 사할린 주	0.415	10

이상이다.[256]

코미 공화국의 빈부 격차는 실제로 소득 불균형 상태를 나타내는 지니계수를 보더라도 확연히 알 수 있다. 일반적으로 지니계수가 0.4 이상일 경우 빈부 격차의 정도가 크다고 할 수 있는데, 코미 공화국의 지니계수는 0.426으로 러시아 전체 지니계수인 0.422보다 높으며, 러시아의 행정주체 중 10위 안에 들고 있다[표 30].

3. 노동

· 노동정책

코미 공화국 정부는 노동시장의 수요를 파악하고 그에 따라 시기적절하고 효과적인 취업과 고용이 이루어질 수 있도록 지원하고 있다. 코미 공화국의 노동고용정책은 국민들의 노동 잠재력을 보장하고 그 환경을 조성하는 데 초점을 맞추고 있다. 이에 따라 '2009-2011 코미 공화국 국민노동고용 활성화 프로그램'이 개설됐다. 이 프로그램은 국민들의 취업, 임시직 종사자들의 조직, 연수, 사회적응을 위한 대책들로 구성된다. 또한 사회경제적 위기와 실업률 증가를 극복하기 위해 공화국 정부는 '노동시장 내 긴장해소를 위한 방침(2010년)'이라는 프로그램을 고안했다. 이 프로그램의 내용은 다음과 같다: 2,560명의 일자리 창출(임시직 포함), 전문교육기관 졸업생들을 위한 취업연수(200명 대상), 해고위기에 놓인 노동자들을 대상으로 한 예비전문교육(700명), 자영업 희망자에게 창업비용 명목으로 연간 보조비 지원(실업자 중 300명 대상) 등.[258]

또한 공화국 정부는 산재법을 제정하는 등 노동안전 보장시스템을 구축하기 위한 노력을 기울였으며, 이 덕분에 노동현장에서 발생할 수 있는 사고 등이 감소했다. 2001년부터 2008년까지 노동자 천 명 당 외상을 겪은 사람의 지수는 10.6명에서 3.9명으로 63.2% 줄어들었다. 또한 산재 사망률도 2008년 천 명당 39명에서 2009년 32명으로 17.9% 하락됐다.[259]

이와 더불어 공화국에는 인재양성을 위한 정책이 마련되어 있다. 이 정책은 지역노동시장에 필요한 인력을 효과적으로 제공하는 데 목적을 두고 있다. 이 목적을 실현하기 위해 정부는 고급인력 수요 전망을 5년 단위로 수립하고 있으며, 이에 근거하여 전문교육기관 네트워크를 재구성하고 있다. 더불어 경제 전문가와 관리자들을 발굴하고 이들의 전문적인 수준을 높이기 위해 매년 천명을 대상으로 연수 및 자격 향상 프로그램을 실시하고 있다.[260] 1998년부터 러시아연방 차원에서 마련된 관리인력 양성 국가계획의 일환으로 800명 이상의 코미 공화국 전문가들이 다양한 분야의 전문연수를 받은 바 있다. 2001년부터는 소기업 관리인력 양성을 위한 공화국 차원의 프로그램 또한 실시되고 있다. 농촌 지역 관리자와 전문가 200명 정도가 이 프로그램에 참여하고 있다. 이외 공화국에는 인력양성을 위한 1,700개 이상의 교육프로그램이 개설되어 있다.[261]

· 실업 문제

앞서 보았듯이, 공화국 내 소득, 월평균 급여와 연금, 1인당 지역총생산량은 러시아연방 평균 이상이지만, 실업자 비율은 높은 편이다. 2009년 코미 공화국에서 집계된 실업자 수는 64,000명, 실업률은

[표 31] 코미 공화국의 실업자 수(단위: 천 명)과 실업률(%)[263]

	1995	2000	2003	2004	2005	2006	2007	2008	2009	2010	2011
실업자수	66.6	65.9	65.4	65.9	63.1	67.6	54.9	41.6	63.9	56.3	45.2
실업률	10.9	12.0	11.9	12.4	11.5	12.4	10.0	7.3	11.8	10.3	8.5

11.8%로 북서연방관구에서는 상트페테르부르크(111,000명)와 레닌그라드 주(66,000명)에 이어 세 번째로 높았다.[262] 2010년에는 실업자 수가 56,300명, 2011년에는 45,200명으로 그 수가 소폭 감소했다[표 31].

[그림 65] 실업자 비율[264]

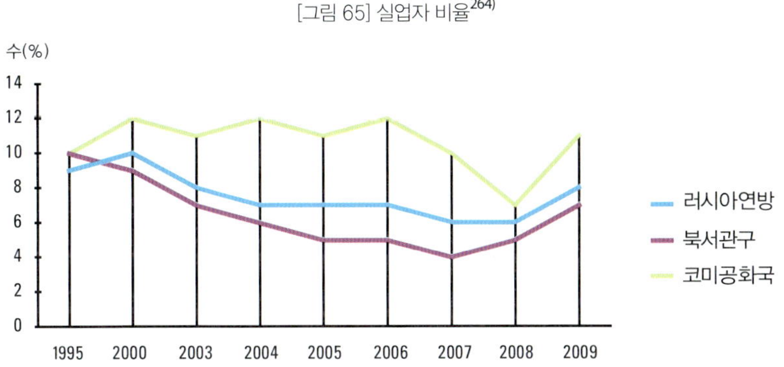

[그림 65]에서 보는 것처럼 공화국의 실업률은 2008년 가장 낮았지만, 여전히 러시아연방이나 북서연방관구 평균 실업률보다 높은 것으로 나타났다.

코미 공화국에서 실업자가 많은 지역은 역시 농촌 지역으로 나타났다. 급여를 비롯하여 전반적으로 생활수준이 높은 식팁카르와 공화국 최고의 석유산업지인 우신스크 지역에서는 실업률이 낮은 편이다. 반

[그림 66] 1998년과 2002년 지역별 등록실업자(%)[265]

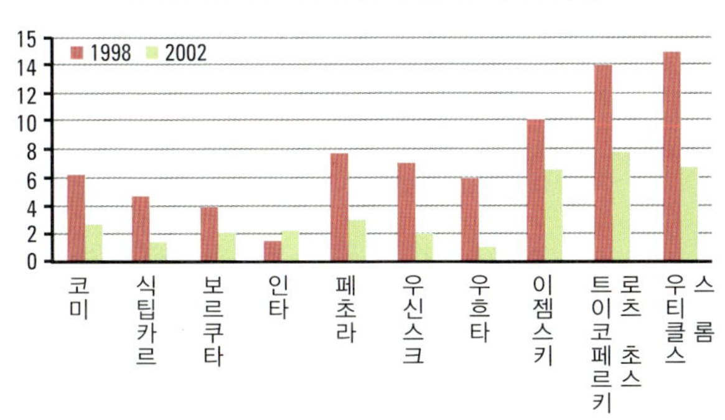

면, [그림 66]에서처럼 식팁카르와 가까운 남부 지역인 우스티-쿨롬스키 군(Усть-Куломский район)이나 트로이츠코-페초르스키 군(Троицко-Печорский район)의 경우 공화국 전체 평균의 두 배에 가까운 실업률을 보이고 있다. 북부 도시와 근접하지만, 전통적으로 순록사육을 해 오는 이젬스키 군(Ижемский район)에서도 실업률이 높다. 이것은 코미 공화국의 도시와 농촌 지역의 극심한 격차를 보여주는 또 다른 예라고 할 수 있겠다.

· 여성 노동

코미 공화국의 경제활동 인구 중 여성이 차지하는 비율은 러시아 전

[표 32] 2009년 성별 경제활동인구(연평균, %)[267)]

	전체 인구	남성	여성
러시아연방	67.8%	73.5%	62.7%
북서연방관구	71.1%	76.4%	66.4%
코미 공화국	70.2%	74.7%	66.0%

[표 33] 경제분야별 종사자 비율[268)]

직종	종사자 비율(%)		종사자 중 여성비율(%)	
	1990년	2002년	1990년	2002년
산업	28.5	22.5	33	30
농업 및 임업	5.9	4.8	35	40
건설업	17.1	6.7	29	22
도소매업	8.9	15.3	81	70
주택관리 및 공공서비스	5.6	6.7	49	49
보건, 교육 및 기타 공공서비스 분야	15.3	20.6	88	85
행정·관리	2.3	5.4	71	36

체 평균보다 높은 편이다. [표 32]에서 보는 것처럼 2009년 여성이 경제활동에 참여하는 비율은 66%로 러시아연방 전체의 62.7%에 비해 약간 높다. 그러나 이는 북서연방관구 평균 66.4%보다는 조금 낮은 수치이다. 또한 2009년 코미 국민 중 여성 실업자 수는 28,000명으로, 그해 36,000명으로 집계된 남성 실업자 수보다 8,000명 정도 적게 나타났다.[266]

여성들이 주로 참여하고 있는 경제활동 분야는 보건, 교육, 문화 등 공공 서비스 분야와 도소매업으로 나타났다. 이 분야에 종사하는 사람 중 여성이 차지하는 비율은 70% 이상일 만큼 이 업종은 경제활동을 하는 코미 여성들의 대표적인 분야라고 할 수 있다[표 33].

4. 복지

· 보건의료

코미 공화국 내 보건의료 시설은 매년 증가하고 있다. 양적인 측면에서 본다면, 94개 시설을 보유한 아르한겔스크 주(네네츠 자치구 포함)와 90개 시설이 위치한 볼로그다 주 다음으로 많은 보건의료 시설을 갖추고 있다[표 34].

[표 34] 종류별 복지 관련 기관 수[269]

행정구역	교육시설	보건의료시설	문화시설	스포츠 시설
자치군 (15)	478	22	98	23
시구역(5)	370	44	67	32
도시지구 (16)	18	1	9	2
농촌지구(175)	129	9	59	4
총수(211)	995	76	233	61

[표 35] 코미 공화국 의사 수(단위: 천 명)[271]

	1990	1995	2000	2005	2006	2007	2008	2009	2010	2011
의사 수	4.9	4.6	4.3	4.3	4.5	4.4	4.4	4.4	4.3	4.3
인구 만 명당 의사 수	39.5	40.6	41.3	45.0	47.5	47.1	47.5	48.5	47.5	47.8

보건의료 시설과 더불어 의사 및 기타 의료진의 수도 점점 증가하는 추세이다. 국립병원 외에도 독립적인 민간이 운영하는 종합병원 및 개인병원 등이 증가하고 있다. 2010년 1월 기준 코미 공화국 내에는 17개의 민간종합병원이 개원했다. 의사 수를 볼 때, 코미 공화국의 의사 수는 1990년 4,900명에서 2009년에는 4,400명으로, 2011년에는 4,300명으로 줄어들었으나, 인구 만 명당 의사 수는 증가했다[표 35]. 인구 만 명당 의사 수는 러시아 전체에서 북서연방관구가 가장 높은데, 북서연방관구 중에서 코미 공화국은 5위를 차지하고 있다. 공화국의 전체 의사 수 또한 관구에서 5위이다.[270]

코미 공화국 내 의료진 양성은 식팁카르에 위치해 있는 러시아 보건부 산하 키로프국립의학아카데미(Кировская государственная медицинская академия Росздрава)와 중등전문교육기관인 식팁카르 의학콜리지(Сыктывкарский медицинский колледж им. И.П. Морозова), 보르쿠타 의학콜리지(Воркутинский медицинский колледж), 우흐타 의학콜리지(Ухтинский медицинский колледж)에서 이루어지고 있다.

· 학문과 교육

2009년 북서연방관구 전체에서 1,254개의 교육시설을 가지고 있는 볼로그다 주 다음으로 코미 공화국이 많은 교육시설을 보유하고 있다. 여기에는 학술연구를 담당하고 있는 60개 이상의 고등교육기관과 단체들이 포함되어 있다. 이곳에서는 약 1,200명의 연구자들을 포함하여 총

2천명 이상의 사람들이 근무하고 있다.[272] 공화국의 주요 학술기관은 러시아과학아카데미의 우랄지부 코미학술센터(Коми научный центр УрО РАН)이다. 이 센터에는 생물학대학, 지질대학, 언어·문학·역사대학, 화학대학, 생리학대학, 북부사회경제 및 에너지문제대학 등 6개의 대학들이 포함되어 있다. 이 센터의 학술활동은 유용광물 산지의 지질연구, 북부지역의 인간과 동물의 환경생리학 연구 등 코미 지역에 대한 다양한 분야의 연구에 초점이 맞춰져 있다.

공화국의 고등교육은 1932년 코미국립사범대가 설립되면서 본격적으로 발전하기 시작했다. 현재 공화국에 있는 23개의 고등교육기관에서는 35,000명 이상의 학생들이 재학 중이며, 매년 약 6,000명의 전문가들을 배출하고 있다.[274] 공화국의 주요 고등교육기관은 다음과 같다: 식팁카르 국립대(Сыктывкарский государственный университет), 코미 국립사범대(Коми государственный педагогический институт), 우흐타국립과학기술대(Ухтинский государственный технический университет), 상트페테르부르크 플레하노프 국립광산대 지부인 보르쿠타광산대(Воркутинский горный институт, филиал Санкт-Петербургского

[그림 67] 식팁카르 코미국립대[273]

[그림 68] 코미국립사범대[275]

государственного горного института им. Г.В. Плеханова), 상트페테르부르크 키로프 산림기술 아카데미 소속인 식팁카르 산림대(Сыктывкарский лесной институт, филиал Санкт-Петербургской лесотехнической академии им. Кирова), 뱌트카 국립농업아카데미(Вятская государственная сельскохозяйственная академия) 등.

코미 공화국에는 500개 이상의 초중등학교(Школа)들이 있으며, 약 115,000명의 학생들이 공부하고 있다. 이외에도 개별과목들을 심층적으로 교육하는 리체이(Лицей), 김나지야(Гимназия)와 같은 학교들이 있다.

또한 공화국에는 369개의 공립도서관이 있는데, 이 중 274개가 농촌지역에 위치하고 있다. 컴퓨터와 인터넷을 사용하는 새로운 정보검색 서비스 등 현대적인 도서관 시스템이 차츰 자리가 잡혀가고 있다.

· 스포츠 시설

[그림 69] 라이사 스메타니나의 모습[276]

코미 공화국은 러시아 스키의 중심지라고 할 수 있다. 이런 명성에는 네 차례나 올림픽 챔피언 자리를 차지했던 코미 출신 스키 선수인 라이사 스메타니나(Раиса Сметанина)의 공이 크다. 그녀의 이름을 따서 만든 스키장 콤플렉스는 러시아 최고 스키장 가운데 하나이다. 이 스키장은 1977년 식팁카르에 건설됐으며, 이곳에서 1985

년 세계스키선수권대회가 개최됐다. 그 이후 매년 러시아 스키 챔피언 대회(Лыжня России)가 열리고 있다.

[그림 70] 라이사 스메타니나 경기장[277)]

공화국에서는 매년 전(全)러시아, 그리고 공화국 차원의 스포츠 행사를 개최하고 있다. 이 중 '민족 크로스'(전야 횡단경주, Cross of Nation), '러시아 방위각'(Российский азимут)과 같은 대규모 대회가 많은 스포츠맨들의 주목을 끌고 있다.

현재 공화국에는 2,128개의 스포츠 시설이 구비되어 있으며, 아이스링크 설립 등 스포츠 시설의 수는 점점 증가하고 있다. 스포츠 시설의 경우 아르한겔스크 주(네네츠 자치구 포함), 볼로그다 주, 레닌그라드 주의 뒤를 이을 정도로 코미 공화국에는 많은 시설이 갖춰져 있다고 할 수 있다.[278)] 공화국 인구의 20% 이상이 정기적으로 운동을 하는 것으로 나타났으며, 이는 러시아 전체 평균인 16%보다 조금 높은 수치이다.[279)]

· 연금 및 사회적 지원

코미 공화국은 '코미 공화국 주민의 사회적 지원에 대한 법', '자녀 부양가족에 대한 국가 보장법' 등 다양한 법을 통해 복지 발전에 노력하고 있다. 특히 2004년 11월 12일에 채택된 '코미 공화국 주민의 사회적 지원에 대한 법'은 공화국 주민들을 개별적인 범주로 나눠 그에 합당한 복지 혜택을 제공하고 있다. 공화국 정부에서는 사회적 지원을 받을 권리가 있는 주민을 연방등록부와 지역등록부에 등록하여 보다 체계적인 사회 보조를 지원하고 있다. 2010년 1월 1일 기준, 연방등록부에는 91,000

[표 36] 러시아 지역별 평균 연금[283](단위: 루블, 1990년과 1995년은 천 루블)

	1990년	1995년	2000년	2005년	2009년	순위
러시아연방	0.113	242.6	823.4	2,538.2	6,177.4	
북서연방관구	-	264.2	886.3	2,828.4	7,044.1	
추코트카 자치구	-	379.6	1,188.7	4,654.5	11,663.4	1
마가단 주	0.187	367.5	1,056.1	4,096.0	9,968.3	2
캄차트카 주	0.161	362.1	1,104.1	4,013.5	9,719.4	3
야말-네네츠 자치구	-	353.5	992.3	3,917.1	9,594.7	4
네네츠 자치구	-	317.6	978.3	3,819.3	9,490.3	5
한티-만시 자치구	-	362.6	960.4	3,829.4	9,453.4	6
사하 공화국	0.150	416.9	1,221.3	3,556.8	8,692.0	7
무르만스크 주	0.162	334.6	1,006.3	3,410.9	8,533.0	8
사할린 주	0.162	352.0	1,010.6	3,415.4	8,362.7	9
튜멘 주	0.113	273.0	874.2	3,179.8	7,981.4	10
코미 공화국	0.140	311.5	955.4	3182.7	7,942.4	11

명의 코미 주민들이, 지역등록부에는 101,300명의 코미인들이 등록되어 있다.[280]

연금에 대해 살펴보자면, 코미 공화국 내 연금수령자의 수는 1990년 200,000명에서 2000년에는 277,000명, 2005년에는 278,000명으로 점차 증가했다. 최근 2010년에는 291,000명, 2011년에는 293,000명으로 지난 20년간 가장 많은 수치를 기록했다.[281] 이들이 받은 평균 연금은 2009년 기준 약 8천 루블이었다(환율: 1 달러 = 약 30 루블)[표 36]. 이는 러시아연방 평균 연금인 6천 루블보다 높은 것이었으며, 북서연방관구의 평균 연금인 7천 루블보다도 높은 것이었다. 러시아 행정주체 중 코미 공화국의 평균 연금은 11위를 차지할 정도로 높았다. 2009년 이후 연금은 더 올라 2010년에는 9,613루블이었고, 2011

[표 37] 주거 관련 사회적 지원[285]

	1990	1995	2000	2005	2007	2008	2009
1인당 평균 주거면적(㎡)	16.3	19.2	21.2	22.6	23.2	23.3	23.3
도시	15.8	19.0	21.0	22.1	22.6	22.7	22.6
농촌	17.9	19.7	21.8	24.2	25.1	25.3	25.6
주거 관련 사회지원을 받는 주민의 수(천 명)			447.6	238.5	240.1	243.1	236.6
1인당 월평균 사회지원금(루블)			44	348	425	536	649
주거 관련 보조금을 받은 가구 수(천 가구)			37.3	43.1	46.8	38.8	43.2
가구당 월평균 보조금(루블)			147	1,087	1,039	1,166	1,579

년에는 10,502루블로 만 루블을 넘어섰다.[282]

2008년부터는 앞서 언급한 사회적 범주에 따라 각종 주거시설에 대한 사회 보조금을 차등지급하기 시작했다. 공화국 정부는 국민들의 주택 건축과 주거시설 향상을 위해 국가적 차원의 다양한 대책들을 마련하고 있다. 러시아연방 및 공화국에서 고안한 프로그램들, 예를 들면 '질리셰'(Жилище), '다주택 대수리 집행 조성'(Содействие в осуществлении проведения капитального ремонта многоквартирных домов в Республике Коми)과 같은 프로그램을 통해 3천 가구에 보조금이 제공되고 있다.[284] [표 37]에서처럼 주거 관련 사회지원을 받는 사람의 수는 2008년에 비해 2009년 소폭 감소됐지만, 가구 수는 꾸준히 증가하고 있다. 주거 관련 보조금의 경우도 개인별, 그리고 가구별 모두 증가하고 있으며, 국가 지원에 힘입어 1인당 평균 주거 면적 역시 넓어지고 있다.

[그림 71] 식팁카르 시내 신축아파트와 옛 목조 가옥[287]

이외 공화국 정부는 다양한 복지 서비스를 제공할 수 있는 기관망을 구축하기 시작했다. 예를 들면 거주지 및 직장이 없는 사람들을 위한 재활센터(2개), 장애인을 위한 상설기관(16개), 자녀부양 보조센터(13개), 미성년자를 위한 전문기관(20개) 등을 설립했다. 이 기관에서는 의료와 재활은 물론이고 법적, 심리적 상담 서비스도 제공하고 있다.[286)]

5. 환경

앞서 보았듯이, 코미 공화국은 원유를 비롯한 많은 자원이 매장되어 있는 지역이다. 풍부한 자원은 코미 공화국에게 부를 가져다주기도 했지만, 과도한 채굴, 그리고 경제발전을 위한 인프라 구조 건설과 부실한 관리 등은 환경오염을 불러일으키기도 했다. 1994년에는 우신스크 지역의 북쪽 60km 지점에 있는 송유관 파열로 인해 원유가 유출됐다. 낡은 송유관의 부식이 그 원인으로 밝혀졌다. 미국과 환경보호단체인 '그린피스', 그리고 코미 공화국 인근의 네네츠 자치구 환경위원회의 주장에 따르면, 당시 유출된 원유는 총 20만에서 30만 톤에 달했다. 그러나 러시아 당국은 1만 4천 톤에 불과하다는 주장을 펴, 사실을 축소시키고 있다는 비난을 받았다.[288)] 그린피스에 따르면, 당시 코미 지역에서 유출된 원유의 양은 1991년 걸프전 당시와 1979년 베네수엘라 석유수출항 폭발사고에 이어 세 번째로 많은 양이라고 밝혔다. 공화국 정부와 환경단체에서 내놓은 상반된 원유 유출량도 논란의 대상이 됐지만, 유출 후 복구 작업은 더 큰 문제가 됐다. 유출지역이 68㎢에 달하는 데다 코미 영토의 특징상 늪지가 많은 탓에 헬기나 비행기로만 이 지역으로의 접근이 가능하여 기름제거 작업에 큰 어려움을 겪은 바 있다.[289)]

이 유출사건은 여기서 멈추지 않고 그 다음 해 화재로 이어졌다. 1995

년 원유유출로 오염됐던 지역에서 대규모 화재가 발생했다. 이 당시에도 사후처리과정을 두고 논란이 일어났다. 이타르타스 통신은 코미 공화국의 비상기획부가 인근 강으로의 원유 유입을 차단하기 위해 잔여 기름을 태웠으나 의도와는 달리 화재가 오염 지역 밖으로 번졌다고 지적했다. 화재는 원유유출사고가 발생한 후 기름을 저장하기 위한 댐과 둑이 건설된 우신스크의 인근 지역으로까지 확산됐다. 기름 제거는 미국과 호주의 작업반이 맡았는데, 작업반(AES/하텍) 측의 말에 의하면 원유가 유출된 지역은 70 헥타르에 달하고 있으며, 이 중 10 헥타르가 불탄 것으로 나타났다.[291]

뿐만 아니라, 유전 개발과 공장 설립이 가속화면서 전통경제활동이 위협을 받게 됐다. 예를 들면, 코미 공화국 북쪽은 툰드라 지역과 가깝기 때문에 예로부터 순록사육을 해 왔던 지역이다. 대표적인 지역이 이젬스키 군이다. 이 지역은 유전 개발이 한창인 네네츠 시역을 비롯하여 코미 공화국의 대표적인 산업도시와 지리적으로 가깝다. 지리적 근접성으로 이젬스키 지역에도 몇 차례 대기업의 산업시설 건설이 시도됐다. 이

[그림 72] 유출 현장[290]

지역 주민들(이제메츠인)은 '이젬스키 지역의 주거환경 보호 위원회'라는 환경단체와 함께 석유회사의 확장 및 불법적인 공장 설립에 반대하는 운동을 펼치고 있다.[292] 2006년 대기업인 루살(ОАО РУСАЛ, 러시아 알루미늄)과 수알(ОАО СУАЛ, Сибирско-Уральская Алюминиевая компания, 시베리아-우랄 알루미늄)이 이즈마 강 유역에 산화알루미늄공장 계획을 발표했는데, 이에 대해 이제메츠인들의 단체인 '이즈바타스'에서 환경평가를 진행했고, 6차 대회에서 대기업의 공장 설립 반대를 선언했다.

그러나 산업화는 여전히 순록의 먹이가 되는 이끼의 부족과 오염을 낳고 있으며 순록의 건강과 생명을 위협하여 전통적으로 순록사육을 해오던 코미 북부 주민들에게 큰 피해를 주고 있다. 코미 공화국 북부에 진출한 대기업들과 순록사육업자들 간에 환경보호와 손해 보상을 위한 상호협약과 대기업 측의 사회적 지원 등이 이루어지고 있으나, 코미 공화국의 환경은 여전히 위협받고 있다고 할 수 있다.

VII

코미민속과 전통문화

앞서 코미 공화국의 역사에서 보았듯이, 코미 민족은 러시아인 못지않은 긴 역사를 가지고 있다. 일찍이 러시아에 편입된 탓에 오랫동안 러시아와 소비에트 문화 하에 있었지만, 코미인들은 자신들의 전통문화를 유지해 왔다. 이 장에서는 코미인의 독특한 의식주 문화와 고대 신앙에 대해 알아보고, 공화국에서는 어떠한 문화예술 시설들이 운영되고 있는지 살펴본다.

1. 의식주

의: 코미 전통의상은 북부 러시아 의상과 그 소재(아마포, 나사 등)나 형태면에서 유사하다. 다만 코미 전통의상에서는 모피나 가죽이 조금 더 많이, 그리고 다양하게 사용된다.

남성의 옷은 앞가슴 부분이 비스듬히 트인 루바하(Рубаха, 긴 상의)와 바지로 구성된다. 여기에 긴 장화나 무늬가 있는 긴 양말을 신는다.

[그림 73] 전통의상

남성의 옷보다 여성의 의상이 더 흥미롭고 아름답다. 코미 전통 여성의상은 루바하와 사라판(Сарафан, 어깨에 걸칠 수 있으며 가슴부터 다리까지 오는 긴 치마)으로 구성된다. 루바하의 어깨 부분과 소매 부분은 다른 색깔의 천을 덧대거나, 전통적인 기하학적인 문양으로 장식되어 있다. 사라판 위에는 앞치마를 반드시 착용한다. 미혼 여성들은 리본이나 고리 등으로 머리를 장식하며 스카프나 숄 등을 머리에 쓴다. 기혼 여성들은 주름이 잡힌 모자, 혹은 두건을 쓴다.

결혼은 어느 민족에게나 중요한 통과의례이기 때문에 혼례 의상은 좀 더 화려한 색상과 다양한 무늬가 있는 천으로 제작된다. 코미 전통혼례 의상도 예외는 아니다. 코미 여성의 혼례 의상 중 독특한 것은 '유르나'(Юрна)라고 불리는 머리 장식이다. 이것은 반원 모양의 앞차양으로 보통 붉은 색의 나사천으로 만들어지며 유리구슬로 화려하게 장식된다. 코미 땅의 북쪽 지역에서는 유리구슬 대신 모피로 장식되기도 한다.[293)]

전통적인 경제활동(수렵, 농업 등) 시, 코미인들은 아마포로 만든 헐렁한 긴 겉옷을 입는다. 봄과 가을에는 거친 나사천으로 만든 겉옷을, 겨울에는 양털로 만든 외투나 털가죽으로 만든 반외투를 입는다. 사냥꾼들은 어깨를 덮는 망토를 입는다.

전통 신발의 경우 여름과 가을에는 가죽으로 된 신발을 신는데, 이때 털로 만든 긴 양말이나 아마포로 만든 각반을 착용한다. 겨울에는 펠트로 만든 장화나, 목 부분은 나사천으로 되어 있고 몸통 부분은 펠트로 만든 신발을 신는다. 북쪽에서는 이웃 민족인 네네츠인들로부터 받아들인 핌미(Пимы)나 토보키(Тобоки)와 같은 털신을 신는다.

현재 이러한 전통의상은 특별한 축제나 행사에서나 볼 수 있다. 그러나 북쪽 지역에 거주하는 순록사육업자인 이제메츠인들의 경우 순록 가죽으로 만든 전통의상이 오늘날까지 잘 보존되어 있다. 전통의상이 한때 유행한 적도 있었는데, 1980년대 도시에 거주하는 코미 주민들 사이에서 순록 가죽으로 만든 '핌미'가 인기를 끌기도 했다.[294]

식: 코미 전통음식은 다양한 야채와 생선으로 구성되어 있다. 코미인들은 하루에 세 번 식사한다. 일반적으로 코미인들은 아침은 오전 6-7시에, 점심은 오후 1-3시 사이에, 저녁은 7-9시 사이에 먹는다. 옛 코미인들은 수프는 나무로 만든 숟가락으로 떠먹었으며, 고기나 생선 요리를 먹을 때는 손이나 동물 뼈로 만든 포크를 사용했다. 평일에는 서너 가지의 음식을 한 상에 내오며, 명절에는 17-18가지의 음식을 내놓는데, 그 수가 25가지가 넘는 경우도 적지 않았다.

코미인들은 음식을 뜨겁게 해서 먹는 것을 좋아한다. 그렇기 때문에 아침에 갓 만든 음식은 점심에도 따뜻하게 먹을 수 있도록 솥에 담아 난로 위에 항시 올려놓는다.

전채, 주요리를 구분없이 한 상에 내오는 우리나라와는 달리, 코미인들은 러시아인들처럼 식욕을 돋우는 음식과 주 음식, 후식을 세 번에 걸쳐 차례대로 먹는다.

첫 번째 내오는 음식으로는 시(Щи, 고기 국물에 양배추를 주재료로 한 러시아식 수프)를 비롯한 다양한 수프이다. 보통 신 맛이 나는 시가 인기가 많으며, 여름에는 크바스(Квас, 호밀을 발효한 음료)로 만든 차가운 수프를 주로 먹는다. 첫 번째 음식으로 보리 가루로 만든 죽을 먹기도 한다. 두 번째 요리는 주요리로 고기나 생선 요리가 식탁에 오르는데, 코미인들은 고기보다는 생선 요리를 더 자주 먹었다. 육류는 주로 사냥

[그림 74] 고추냉이를 곁든 삶은 순록고기[296]

꾼들이나 순록을 사육하는 북부의 코미인들이 섭취했다. 코미 음식에 주로 사용되는 야채로는 순무, 무, 양파, 양배추 정도이며, 19세기 후반부터는 감자가 코미인의 식단에도 오르게 되었다. 이외 다양한 빵과 파이, 핫케익 등도 코미 식단의 한 부분을 차지하고 있다.

전통 음료로는 여러 약초나 열매를 우려낸 차, 크바스, 자작나무 즙이 있으며, 삶은 무나 순무로 콤포트(Компот, 각종 열매를 설탕이나 꿀에 절여 만든 음료)를 만들어 마신다. 집에서 만든 맥주 또한 명절 식탁에 반드시 올라가는 음료이다. 코미인들의 전통 술은 우리나라의 '술'과 발음이 비슷한 '수르'(Сур)라고 불리는데, 엿기름과 수수나 보리, 호밀로 만든다.[295] 수르는 코미인들의 명절이나 통과의례 시 반드시 동반된다.

언뜻 보면 러시아 식단과 유사한 점이 많아 보이지만, 코미 음식에서만 볼 수 있는 독특한 요소들도 적지 않다. 빵을 주식으로 삼는 러시아인들과는 달리, 코미인들은 빵을 자주 구워 먹지 않았으며, 빵 반죽에 엄청난 양의 잡곡이나 마가목 껍질, 혹은 나뭇잎, 풀, 짚 부스러기 등 주위에서 쉽게 구할 수 있는 식물재료를 넣어 빵을 구웠다. 코미인들은 빵을 자주 먹지 않았지만, 대신 블린(Блин, 얇은 팬케이크), 올랴디(Олядьи, 두껍게 구운 핫케이크), 파이, 튀김과자(샨가, Шаньга) 등 밀가루 반죽을 구워서 만든 다양한 음식들을 먹었으며, 이 음식들은 코미 명절이나 제사 등에 빼놓을 수 없는 음식이기도 하다. 이때 거의 대부분의 코미인들이 닭을 키우지 않았기 때문에 반죽에 달걀이 안 들어간다는 것이 특징이다.[297]

코미 음식이 갖고 있는 또 하나의 특징은 생선이 거의 모든 음식에 들어간다는 것이다. 코미인들은 우하(Уха)와 같은 생선 수프(코미어로는 우크바(Уква))를 즐겨 끓여 먹는다. 생선은 파이의 속으로도 사용된다. 생선 파이는 명절 때 반드시 내놓는 음식이다. 이외에도 코미인들은 다양한 방식으로 생선을 즐겼다. 생선을 찌거나 삶아서, 혹은 바람에 건조하거나 볕에 말려서 먹는다. 그러나 생선을 구워서 먹는 경우는 아주 드물다. 생선을 염장 처리해서 먹기도 하는데, 예로부터 소금이 아주 비쌌기 때문에, 시장에 내다 파는 것이 아니라 가정 내에서 생선을 먹을 경우에는 소금을 아주 적게 쓴다. 염장 외에도 코미인들이 생선을 오랫동안 먹을 수 있도록 보관하는 방법은 다양했다. 겨울에는 생선을 얼음 위에 두거나 깊은 우물 안으로 내려 보내 보관한다. 툰드라의 순록사육업자들은 여름에 아주 깊게 땅을 파서 생선을 담은 통을 보관한다. 또 하나의 독특한 보관방법은 생선에 소금을 적게 쳐서 통 속에 놓은 다음 따뜻한 곳(보통 욕탕)에 두는 것이다. 이렇게 되면 생선은 우리나라 젓갈처럼 발효가 되어 아주 강하고 독한 냄새를 풍기게 된다. 코미인들은 이렇게 묵힌 생선을 숟가락으로 떠먹는다. 이런 방법은 페초라 강 중류 지역에서 자주 볼 수 있는데, 이런 이유로 이 방법을 '페초라식 염장'(Печорский засол)이라고 부른다.[299]

[그림 75] 생선 파이[298]

주: 코미의 전통가옥은 당연히 목조 가옥이다. 고대 코미인들은 별다른 도시계획이나 거리 조성 계획 없이 강 주위에 집을 지었다. 19세기 말에서 20세기 초에야 코미 전역에 도시계획이 확장되었다. 코미 땅의

남쪽 지역에서는 집들이 둥지처럼 모여 있는 것이 특징이라면, 북쪽 지역에서는 집이 서로 꽤 멀리 떨어져 있는 경우가 많았다.

전통가옥의 외관은 별다른 장식 없이 지어진다. 유일한 장식이라고 할 수 있는 것은 지붕의 양 면을 잇는 가운데 통나무 부분이다. 통나무 끝부분은 러시아 전통가옥인 이즈바(Изба)에서 볼 수 있는 것처럼 새, 말, 순록의 머리 모양으로 장식된다. 20세기 초반에야 창문턱의 장식이나 지붕 전면을 장식하는 조각이 등장했다. 코미인들의 집 주변에는 풀이나 관목 같은 것을 볼 수 없다. 이는 주변에 이미 숲과 많은 나무들이 있기 때문이다. 또한 해가 짧은 북쪽지방이기 때문에 옛 코미인들은 좀 더 많은 햇볕이 집안에 들어올 수 있도록 그늘을 만드는 나무를 일부러 심지 않았다.[300)]

일반적인 코미 가옥은 가족들이 거주하는 구역과 경제활동을 하는 구역이 하나의 형태로 합쳐진 구조이다. 남쪽 지역 코미인들은 일반적으로 단층으로 만들어진 집에 거주했으나, 북쪽 지역의 코미인들은 19세기 말부터 방이 많은, 때때로 다락방까지 있는 이층집을 지어 거주했다.

집 내부는 북러시아 전통주택과 유사하다. 벽난로는 보통 가옥의 정면으로 나가는 문쪽의 구석에 위치해 있다. 난로와 반대쪽 벽 사이 문위로는 복층과 같은 구조를 만들어 놓는데, 이곳은 잠을 자는 공간이다. 그러나 코미 땅의 동쪽에서는 조금 다른 집 구조를 만나볼 수 있다. 지붕의 한쪽 경사면 아래에는 일반 거주시설과 가축우리가, 다른 지붕 면 아래에는 마

[그림 76] 19세기 말~20세기 초 코미 전통가옥의 모습[301)]

당이 위치해 있는 구조이다. 지붕 처마는 길거리 쪽을 향하고 있다. 난로는 집의 입구에서 멀리 떨어진 구석에 위치해 있다. 입구 아래쪽에는 지하실을 만들고, 천장 아래에는 복층 구조를 만들어 그곳에서 잠을 잘 수 있도록 하였다.

[그림 77] 코미 전통주택 내부 구조[302)]

코미인들은 주거 공간의 아래에 보통 지하실을 만들어 놓는데, 이곳을 저장고로 이용한다. 가축우리는 특이하게도 보통 이층 구조로 되어 있으며, 거주공간과 벽을 사이에 두고 있다. 가축우리의 위층은 헛간으로 사용되어 농기구나 건초 등을 보관한다. 우리 안은 가축 별로 구분되어 있다. 일부 농가에서는 말을 묶어두는 지붕 달린 낮은 울타리를 비롯해 목욕탕, 곡식창고, 곡물 건조장, 술 저장소 등을 볼 수 있다.

코미 가옥이 갖는 또 하나의 특징으로는 순록의 형상을 문턱, 창문, 성소, 창고 등에서 볼 수 있다는 것이다. 오늘날까지 코미 가정에서는 동물의 모양을 곳곳에 새기거나 그릴 뿐만 아니라, 실제 순록의 뿔을 집안 실내장식에 사용하는 것을 자주 볼 수 있다. 거주양식에 동물 형태들이 자주 이용되는 것은 장식의 목적뿐만 아니라, 그 동물들이 집을 지키는 수호자, 혹은 부적과도 같은 의미를 가지고 있기 때문이다.

2. 전통 경제활동

· 수렵문화

코미 땅이 숲으로 둘러싸인 지역인 만큼 수렵은 코미인의 생업일 수밖에 없었다. 사냥은 주로 비체그다 강 상류, 페초라 강, 우도르 지역에 거주하고 있는 코미인들의 경제활동이었다. 사냥으로 얻은 모피는 오래전부터 코미 지역에서 외부로 나가는 주요 상품이었다. 19세기 후반부터는 침엽수림에 사는 들새나 작은 동물들도 상업성을 띄게 되었다. 수렵은 상업적인 성격 외에도 코미인들의 식생활과도 밀접한 관련을 맺는다. 사냥으로 얻은 고기는 코미인들의 전통적인 식단에 어김없이 오르는 음식이었다.

20세기 초 농업이 주 경제활동으로 자리잡은 남부 지역에서 상업적인 수렵은 그 의미가 퇴색되기 시작했다. 그렇지만 북부 지역이나 동부 지역에서는 여전히 전통적인 사냥 방식이 유지되고 있다. 사냥꾼들이 주로 활동하는 시기는 크게 가을, 그리고 봄-겨울로 나눌 수 있다. 가을에는 사냥꾼들이 가까운 사냥터에서 홀로 사냥하는 반면, 겨울과 초봄에는 조합 형식으로 모여 장거리 사냥을 나선다. 가을 사냥은 가족 소유의 사냥터에서 이루어지며, 겨울 사냥은 먼 거리에 위치한 공동 소유의 사냥터에서 이루어진다. 개인 사냥터에는 주거시설, 사냥기구와 사냥으로 잡은 획득물을 보관할 수 있는 시설이 구비되어 있다. 개인 사냥은 주로 교회축일에 맞춰 이루어진다. 기본적인 사냥감은 주로 들꿩, 멧닭, 뇌조, 자고새와 같은 들새류, 담비, 다람쥐, 여우, 토끼, 수달, 해달과 같이 모피를 얻을 수 있는 동물, 그리고 오리, 거위와 같은 가금류이다. 겨울 사냥은 1월에 시작하여 3월 말에 끝난다. 겨울 사냥은 먼 곳까지 가서 이루어지는 만큼 주로 모피를 얻을 수 있는 큰 동물들을 사냥하며, 툰드라 지역에서는 주로 북극여우나 흰 자고새 등을 사냥한다. 여름에는 새들이 부화 후 제 발로 먹이를 찾아먹는 시기이기 때문에 이 시기에 새사냥은 특별히 이루어지지 않지만, 툰드라 지역에서는 털갈이를 마친 새들–거위 등–을 예외적으로 사냥하기도 한다. 이리하여 1년 중 사냥기간은 3개월에서 6개월이라고 볼 수 있다.[303)]

코미인들의 수렵문화에서 볼 수 있는 또 하나의 특징은 다양한 함정이나 그물을 사용한다는 것이다. 총을 이용한 사냥은 17세기 말에서 18세기 초반에 나타나기 시작했다. 총을 이용함으로써 다람쥐같이 재빠르게 움직이는 동물이나 몸집이 큰 동물들의 사냥이 수월해졌다. 그러나 곰 사냥은 엄격히 금지했다. 곰은 모든 야생동물 중에서 특별한 위치를 차지하기 때문이다. 옛 코미인들은 곰이야말로 숲 속의 제왕이자, 하늘의 신인 '영'(Ëн)의 아들이며, 때때로 숲의 정령이 사람을 곰으로 바꿔 버린다고 믿었다. 이런 믿음 때문에 코미인들은 곰이 다른 동물보다 인간과 유사하다고 생각하여 존경심을 표했으며, '곰'이라는 단어 대신 사람의 이름으로 곰을 부르기도 했다.[304)]

이렇듯 사냥은 코미인들의 주요 경제활동이자, 생존과도 관련이 있다. 수렵은 코미인들의 민속 문화나 토속신앙에서도 드러나 있다. 고대 코미인들이 수렵 주기에 맞춰 수렵달력을 만들었다는 것은 주목할 만하다. 수렵달력에 따르면, 고대 코미인들은 1년이 열 두 달이 아닌, 아홉 달로 구성되어 있다고 믿었다. 또한 한 해의 시작이 1월이 아닌, 3월 21일 춘분(밤과 낮의 길이가 같음)에 시작된다고 생각했다. 수렵달력은 평평한 고리 모양으로, 고리를 둘러싸고 동물들이 새겨져 있다.[305)] 이 달력을 보는 방법은 시계 반대 방향이다. 달력에 새겨진 동물들은 다음과 같이 각 달을 대표하고 있다.

[그림 78] 고대 코미인의 수렵 달력[306)]

1 달(3월 22일 ~ 4월 27일) : 곰의 달
2 달(4월 28일 ~ 6월 2일) : 순록의 달
3 달(6월 3일 ~ 7월 4일) : 북방족제비(Ermine)의 달
4 달(7월 5일 ~ 8월 9일) : 오소리의 달
5 달(8월 10일 ~ 10월 4일) : 큰순록의 달[307)]
6 달(10월 5일 ~ 12월 19일) : 수달의 달
7 달(12월 20일 ~ 1월 24일) : 여우의 달[308)]
8 달(1월25일 ~ 2월 21일) : 다람쥐의 달
9 달(2월 22일 ~ 3월 21일) : 담비(Marten)의 달

달력에 표현된 동물들은 코미 지방의 동물상(fauna)에 속하며, 코미 민족의 전통적인 세계관에 있어서 중요한 위치를 차지하고 있다. 이러한 달력을 가슴에 달고 다니는 사냥꾼은 항상 좋은 노획물이 찾아온다고 믿었다.

사냥꾼들은 자신이 얼마나 많은 동물들을 사냥했는지 다른 사냥꾼들에게 이야기하지 않는다. 이것은 다른 사냥꾼의 경쟁심을 괜히 부추겨 나쁜 일을 만들지 않기 위함이고, 다른 이유는 동물들에게 상처를 주지 않기 위해서이다. 전통적으로 내려오는 또 하나의 규범은 다른 사냥꾼들을 위해, 그리고 동물 번식을 위해 한 명의 사냥꾼이 너무 많은 동물을 사냥해서는 안 된다는 것이다. 이러한 규범은 '이르캅 이야기'(Иркап)나 '추클랴 이야기'(Чукля)와 같은 코미의 유명한 사냥꾼 민담에서도 잘 나타난다. 코미인들은 사냥 후 축제를 열어 동물들에게 존경심을 표출해보이기도 하는데, 사냥된 동물에 대해 좋은 말을 하며, 그 축제가 그들을 위해 열렸음을 강조한다.

· 어업

사냥과 함께 코미인들의 오래된 경제활동은 어업이다. 어업은 특히 북부 코미인들에게 중요한 경제활동이다. 시장에 내다파는 생선은 점차 상업성을 가지게 되었다. 코미 어부들의 경제활동 패턴은 사냥꾼들과 비슷하다. 개인이나 가족이 먹을 생선은 가까운 강가에서 빗장이 걸려있는 도구를 이용하여 잡는다. 이러한 개인 어업 외에 여러 어부들이 함께 모여 조합을 만든 형태도 코미 전 지역에 확산되어 있나. 이때는 어망, 정치망, 2인용 그물 등 다양한 기구들을 사용한다.[309)]

잡은 고기는 긴 겨울을 나기 위해 저장용으로 염장처리를 하며, 건조하거나 햇볕에 말려 먹기도 한다. 어업이 주요 전통 경제활동이다 보니, 물고기에 대한 미신이나 믿음도 생겨났다. 물고기는 '부'를 상징하여, 코미인들은 오늘날에도 물고기 모양의 장식품들로 집안을 꾸미기도 한다.

· 수공업

19세기-20세기 초까지만 하더라도 코미 사회에서 수공업은 집안에서 필요한 용품을 만드는 자급자족 수준이었다. 이후 자본주의적 요소가 농촌경제에도 유입되면서 주문받은 물건들을 파는 식의 수공업이 발전되기 시작했고, 점차 가내수공업자 계층이 형성되었으며 제작소도 등장했다. 수공업의 분화는 아주 느린 속도로 진행됐다. 주로 코미 여성들이 도맡아 했던 방적과 방직은 20세기 초만 하더라도 시장에 물품을 내

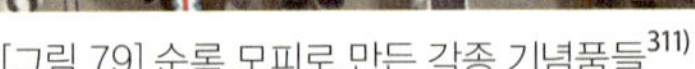

[그림 79] 순록 모피로 만든 각종 기념품들[311)]

[그림 80] 순록 모피로 만든 전통 신발[312)]

다팔 정도로 발전하지는 못했다. 그러나 집에서 만들어진 직물의 염색은 이미 가정경제에서 벗어났다. 나사나 아마포의 염색과 나염을 전문적으로 하는 수공업자들이 등장했다. 모피 정제업 또한 수공업자 그룹에 속하는데, 20세기 초 각 현마다 2-3명의 모피 정제업자가 있을 정도로 그 수가 증가했다. 이 외 신발제작자, 펠트공을 비롯하여 통, 숟가락, 멍석 등을 제작하는 수공업자들도 시장에 진출했다. 개별 수공업자가 맡아 했던 피혁업은 20세기 초 전문공장이 생길 정도로 그 규모가 커졌다. 1900년 페초라 지역에는 62개의 가죽 공장이 있었는데, 이때만 하더라도 현대적인 공장이라기보다는 대부분 순록 가죽을 다루는 특수한 오두막 형태였다. 그중의 몇 군데에서는 이미 노동 분화가 이루어지기도 했다.[310)]

이렇듯 수공업은 점차 자본주의적 성격을 갖추게 되었지만, 요업(도자기 제조)이나 나무식기 제작은 여전히 가정경제에 머물러 있었다. 이런 물건들을 시장에 갖다 파는 사람들은 소수의 가내 수공업자에 한정되었다. 목공 분야도 분화가 이루어지지 않았다. 배, 썰매, 스키 등 이동수단의 제작은 자체적으로 해결하는 방식이었다. 철제제작 또한 거의 발달하지 못했다.

코미 수공업에 녹아있는 민족적인 특징으로는 무엇보다도 기하학적인 문양과 동물을 그려놓은 독특한 장식을 들 수 있다. 세간 도구들은 그 문양과 함께 자작나무 등으로 장식되어 있다.[313]

현재 코미 공화국에서는 전통 수공업을 되살리려는 노력을 하고 있다. 코미의 주요 전통예술 활동으로는 다양한 나무를 이용한 목공예, 모피 공예, 직물, 레이스 뜨기, 인형, 점토공예 등을 들 수 있다. 공화국에서는 실용예술에 대한 관심을 유발하고 민족예술을 보존하기 위해 다양한 전시회, 시장, 축제, 대회 등을 개최하고 있다. 그중 가장 대표적인 것이 '올해의 거장', '전통인형'과 같은 전시회와 '자르니 키야스'(Zarni kiyas, Golden Hands)라는 축제이다.

· 채취

[그림 81] 코미인들이 즐겨먹는 브루스니카 (Брусника)[314]

보조적인 경제활동이지만, 코미인들의 경제활동에서 중요한 의미를 갖고 있는 것이 채취이다. 모든 농민 가정들은 겨울을 위해 다양한 열매들을 채취하고 보관했다. 채취한 열매들은 그대로 섭취하거나 잼이나 키셀(Кисель, 푸딩의 일종)을 만들어 먹기도 하고 파이 속으로 사용했다. 모은 열매들은 건조하여 때때로 판매를 하기도 했다.

주로 채취하는 열매들은 지역마다 다르다. 페초라 강 유역의 코미인들은 주로 견과류와 자작나무 즙(주로 봄)을 저장했다. 순록을 사육하는 북부 코미인들을 제외하고 거의 모든 코미 민족이 버섯을 염장, 건조하여 다양하게 사용했다. 이런 채취는 식량이 부족한 봄이나 초여름을 나기 위한 훌륭한 대안이었다. 옛 코미인들은 본래 음식은 아니지만 음식 대용으로 다양한 것들을 채취하기도 했는데, 주로 전나무 껍질을 밀가루 대용으로 사용하거나, 그 껍질을 밀가루에 섞어서 섭취했다.

3. 고대 신앙[315)]

고대 코미인들은 동물이나 새, 나무 등 곳곳에 영혼이 있다고 믿었으며, 신들이 동물이나 새, 나무 등의 모습으로 변한다고 생각했다. 이는 코미인과 자연의 밀접한 관계를 설명해 주는 동시에 코미인의 고대 신앙이 자연과 깊은 관련이 있음을 알 수 있게 한다.

숲과 함께 살아가는 코미인들에게 나무숭배의식은 자연스러운 현상일 것이다. 풍요로운 숲은 코미인들에게 일용할 양식, 집을 지을 수 있는 재료, 추운 겨울을 날 수 있는 피난처와 장작을 주었다. 종종 길을 잃어버릴 만큼 빽빽하고 사람이 함부로 지나가기 어려운 깊은 산 속은 그만큼 수많은 비밀과 초자연적인 힘을 가진 대상이기도 했다. 러시아인들이 숲의 정령이 있다고 믿었던 것처럼, 코미인들도 모든 나무에 영혼이 있다고 생각했으며 그 영혼을 존경해야 한다고 믿었다. 그들은 숲의 정령이 동물의 모습으로 변하거나, 혹은 인간과 비슷한 모습, 예를 들면 털북숭이에다 키가 나무만 한 인간의 모습으로 사람 앞에 나선다고 생각했다. 숲의 정령을 화나게 하면, 사람들은 숲 속에서 길을 잃거나 야수들을 만나게 되기 때문에 정령의 심기를 건드려서는 안 된다고 여겼다. 그렇기 때문에 나무를 베기 전과 후, 혹은 열매나 버섯을 따기 전과 후에는 숲의 정령을 위한 예식을 올리기도 한다. 이러한 예식들은 여러 가지 형태로 나타나는데, 예를 들면 코미인들은 길의 교차점에 서 있는 나무 그루터

기에 음식을 남기고 오기도 했다.

코미인들은 나무가 인간의 말을 이해할 수 있기 때문에 나무 밑에서 자는 일이 생길 때도 역시 미리 허락을 구해야 한다고 믿었다. 그렇게 하면 나그네들이 자는 동안 나무의 정령이 온갖 위험으로부터 그들을 지켜준다고 여겼다. 숲의 정령을 도와주거나 착한 일을 하면, 복이 찾아온다고 믿었는데, 이것은 '이르캅'(Иркап)을 주인공으로 하는 코미 전설에서 나타난다. 이르캅 이야기를 간단히 소개하면 다음과 같다. 나무와 숲의 정령인 보르사(Ворса)가 물의 정령인 바사(Baca)와 싸우자 용맹스러운 사냥꾼인 이르캅은 보르사가 이길 수 있도록 도와준다. 보르사는 보답으로 마술나무를 선사하고, 이르캅은 이 나무로 마법의 스키를 만든다. 이르캅은 동물이나 새보다도 더 빨리 달릴 수 있는 이 스키를 타고 남부러울 것 없는 사냥꾼이 된다는 이야기이다.

[그림 82] 이르캅 신화를 모티브로 삼은 그림[316]

나무가 가옥의 주재료였던 만큼, 코미인들은 집을 지을 때 사용하는 목재를 고르는데도 신중했다. 주위에 넘쳐나는 것이 나무들이었지만, 그렇다고 모든 나무를 집을 짓는 데 사용하지는 않았다. 오랫동안 코미인들은 전나무나 자작나무는 베서는 안 되는 나무로 생각해왔다. 또한, 집을 짓는 데 특정 나무를 사용하게 되면 불운이 찾아온다고 믿었는데, 대표적으로 고목은 절대 써서는 안 된다는 믿음이 깊었다.

나무와 가옥은 긴밀한 관계를 맺고 있어, 이에 대한 미신도 생겨났다. 고대 코미인들은 난로 근처의 구조물이 삐걱거리는 소리를 내게 되면 집 안의 여자가 아프게 되고, 금이 간 나무를 상석에 쓰면 가장이 아프게 된다고 믿었다. 상석의 나무가 삐걱거릴 때는 가장이, 난로 근처 나무가 삐걱거릴 때는 가장의 부인이 아프게 된다는 것은 집안에서 남성과 여성의 전통적인 위치와 역할을 말해준다. 이외에도 집안의 여자에게 죽음이 다가올 때는 나무 바닥이 소리를 내며 갈라진다고 믿었다. 이러한 미신은 종종 집안의 구조물을 여성의 이미지와 연결하고 있는데, 이것은 더 나아가 집안의 일은 여자, 사냥과 같은 집 밖의 일은 남자로 양분되었던 과거 사회의 단면을 반영하는 것이기도 하다.

코미 신화 중에 자주 등장하는 인물인 '베둔'(Ведун)은 코미인이 존경하는 마법사이다. 이 마법사의 승낙이나 참여 없이는 숲 속의 어떤 나무도 베서는 안 된다. 이 마법사는 가옥을 짓기 위해서는 어떤 나무가 좋은지, 목욕탕을 짓기 위해서는 어떤 나무가 좋은지 알고 있으며, 어떤 나무는 전혀 베서는 안 되는지, 불운한 나무는 어떤 것인지 알고 있다. 베둔 신화는 코미인들은 풍요로운 숲 속에 살면서도 이를 함부로 여기지 않았다는 것을 말해준다.

식물뿐 아니라, 수많은 동물은 코미인들의 정신세계에도 반영되어 있다. 동물이 가진 상징성이나 특정한 이미지는 코미 민족의 여러 민담에서 찾아볼 수 있다. 코미 민담과 노래에서 어떤 동물은 영리하고, 어떤 동물은 거만하거나 우둔한 이미지로 그려진다. 특히, 곰, 여우, 토끼 등은 코미 민담에서 자주 등장하는 동물이다. 여우는 꾀가 많지만 자만한 캐릭터로, 토끼는 재치가 넘치며 여우보다 더 영리한 모습으로 자주 그려진다. 미신 중에서도 동물이나 곤충과 관련된 것들을 많이 찾아볼 수 있다. 몇 가지 미신을 소개하자면, 다음과 같다: 거미가 오면, 좋은 소식이 있을 것이다, 벌을 보면 좋은 소식이 생길 것이고, 도마뱀을 보게 되면 나쁜 일이 생길 것이다, 까마귀가 울면 나쁜 소식을 듣게 된다.

어떤 동물이나 곤충은 긍정적 이미지를, 다른 동물들은 부정적 이미지를 가지고 있는데, 고양이나 뻐꾸기처럼 두 가지 의미를 동시에 가지고 있는 동물도 있다. 예를 들면 다음과 같다: 뻐꾸기가 마을로 날아들면, 나쁜 소식이 있을 것이다. 그러나 뻐꾸기가 앉아 있는 나무의 큰 가지를 꺾거나 껍질을 벗겨 내서 가지면, 무엇을 나눌 때 큰 몫을 가지게 될 것이다. 고양이가 길을 건너면, 불운이 온다.

코미인들에게 수탉은 신성한 상징성을 띠고 있어 수탉의 고기를 먹어서는 안 된다고 믿었다. 그러나 암탉은 그와 반대로 부정적인 이미지를 가지고 있다. 암탉이 수탉처럼 울면 슬픔이 찾아온다거나, 암탉이 부리를 크게 벌리면 누군가 죽을 것이라는 미신이 그 예이다.

코미인들의 민간신앙을 엿볼 수 있는 코미 민담은 이 책의 뒤에서 더 보기로 한다.

4. 문화예술인

여기서는 오늘날까지 코미인들에게 사랑과 존경을 받고 있는 코미 문화예술인을 소개한다.

- 이반 알렉세예비치 쿠라토프(Иван Алексеевич Куратов, Куратов Ӧльӧш Вань)

: 코미 문학의 창립자이자, 언어학자, 통역가, 시인.

쿠라토프는 1839년 7월 6일(구력) 볼로그다 현(Вологодская губерния)의 우스티-시솔스크 향(Усть-Сысольский уезд), 케브라 마을(с. Кебра, 현재는 코미 공화국

[그림 83] 이반 쿠라토프 거리임을 나타내는 동판[317)]

시솔스키 군의 쿠라토보 마을(с. Куратово Сысольского района))에 살던 성직자 집안에서 출생했다.

[그림 84] 코미국립오페라발레극장 앞의 이반 쿠라토프 동상[318]

1854년 그는 야렌스크 정교학교(Яренское духовное училище)를 졸업했으며, 그 후 1860년까지 볼로그다 신학교(Вологодская духовная семинария)에 재학했다. 이 시기 쿠라토프는 자신의 문학적 재능을 발견했다. 1861-1865년에는 우스티-시솔스크에서 교사로 일했다. 이때 그가 살았던 이층집은 현대식 주택으로 바뀌었는데, 현재 1층은 쿠라토프 기념박물관이다.

쿠라토프는 많은 시를 썼다. 그의 시에서는 코미 민족의 정체성에 대한 그의 고민과 코미 민족에 대한 사랑을 엿볼 수 있다. 또한 그는 크릴로프(И.А. Крылов), 푸시킨(А.С. Пушкин)과 같은 훌륭한 러시아 작가들의 작품과 해외 고전 작품들을 코미어로 번역했다. 이뿐만 아니라, 그는 코미어 연구에 몰두하여 코미어 문법책을 펴내기도 했으며, 동시에 핀-우그르어인 마리어와 우드무르트어 문법을 연구했다.

1866년부터 중앙아시아에서 살았던 그는 1875년 11월 카자흐스탄의 베르느이(г. Верный, 현재 알마-아타)에서 생을 마쳤다.

- 빅토르 알렉세예비치 사빈(Виктор Алексеевич Савин, Савин Ӧльӧксей Виттор, 필명: 뇨브딘사 비또르 Нёбдинса Виттор)

: 극작가, 사회운동가, 소비에트 시기 코미문학과 극장문화의 창립자

1888년 11월 21일 우스티-시솔스크 향의 뇨브디노 마을(с. Нёбдино, 현재 코르트케로스키 군, Корткеросский район)의 가난한 농부 집안에서 태어났다. 1895년 이 마을의 학교에 입학, 1899년에 졸업한 후 장학금을 받아 중등학교로 전학했으며 1904년 우수한 성적으로 졸업했다.

졸업 후, 우스티-쿨롬(Усть-Кулом), 우스티-슈고르(Усть-Щугор), 그리고 우크라이나 등지에서 벌목공, 우편배달부, 사무원 등으로 일했던 그는 1918년 다시 고향으로 돌아와 '반혁명주의와의 투쟁특별위원회'에서 일하기 시작했다. 뛰어난 능력을 보였던 그는 위원회 서기로 승진, 같은 해 가을에는 볼셰비키 당에 들어가게 된다.

고향으로 돌아온 후인 1918년 8월 사빈은 뇨브딘사 비또르(Нёбдинса Виттор)라는 필명으로 '크라스느이 즈본'(붉은 종소리, Красный звон)이라는 첫 시를 발표하며 본격적인 창작활동을 시작했다.

그의 창작 인생에서 수목할 만한 것은 극작가, 연출가, 감독으로서의 활동이다. 그는 자신의 희곡에서 코미 민족의 절망과 영혼을 노래하려고 했으며, 그가 만든 노래는 코미 민족에게 오랫동안 사랑을 받았다. 직접 희곡을 쓰기도 했던 그는 1921년 민족예술단인 시콤텝축

[그림 85] 빅토르 사빈의 이름을 딴 코미 드라마극장[319)]

(Сыкомтевчук)을 창설했으며, 1930년대에는 코미 이동극단(КИППТ, Коми инструктивно-передвижной показательный театр)을 이끌었다.

그러나 1937년 반혁명적 부르주아-민족주의적 집단에 참여했다는 명목으로 체포됐으며, 톰스크 주의 굴락으로 유형됐다. 1943년 8월에 굴락에서 사망했던 그는 1956년에 복권됐다.

현재 식팁카르에는 그의 이름을 딴 드라마극장이 있다.

• 니콜라이 미하일로비치 디야코노프(Николай Михайлович Дьяконов)

: 소비에트 시기 활동했던 코미 극작가, 연출가

니콜라이 디야코노프는 1911년 3월 28일 우스티-빔 마을에서 태어났다. 가난한 농부 집안 출신이었던 그는 젊은 시절 벌목공으로 일하면서, 이동극장의 배우로도 활동했다. 1936년 레닌그라드 연극학교(Ленинградское театральное училище)를 졸업한 후, 1945년까지 코미 공화국의 국립극단에서 배우와 연출가로 활동했다.

또한 그는 예르몰린(С.И. Ермолин)과 함께 공동으로 '까마귀들'(Вороны), '돔나 칼리코바'(Домна Каликова), '용기'(Мужество)와 같은 작품들을 써 냈으며, 특히 1949년 발표한 '결혼식'(Свадьба с приданым)은 큰 성공을 거두었다. 이 희곡은 모스크바 풍자극단(Московский театр сатиры)의 무대에 오른 이후, 오늘날까지 러시아의 많은 극장에서 공연되고 있다. 또한 이 희곡으로 디야코노프는 1951년 제3급 스탈린상(Сталинская премия третьей степени)을 수상하게 되었다.

[그림 86] 니콜라이 디야코노프의 모습과 박물관 내부[320]

1945년부터는 코미국립극

단의 예술감독으로 일했다. 코미 소비에트사회주의공화국의 인민배우(Народный артист Коми АССР)로 인정받았으며, 1951년에는 러시아 공화국의 공훈배우(Заслуженный артист РСФСР)가 됐다. 그 외에도 많은 메달과 훈장을 받았다.

1982년 11월 21일 디야코노프는 세상을 떠났고, 1989년 식팁카르에는 그의 이름을 딴 문학-연극 박물관이 문을 열었다.

5. 문화시설

(1) 코미 박물관

현재 코미 공화국에는 총 20개의 박물관이 있으며, 이는 공화국 문화부의 관할 하에 있다. 총 20개 중 '국립미술관'과 '국립박물관'은 공화국 차원에서 중요한 의미를 갖고 있다. 나머지 18개는 지방자치기관에서 관리하는 박물관으로, 이 중 17개는 역사-지역 전문박물관이며, 나머지 한 곳은 예술박물관이다. 대부분의 지방 박물관이 식팁카르나 러시아연방 박물관의 지점 차원이라면, 이 중 '우도르 군 국립박물관'(Национальный музей Удорского района)은 역사와 규모 면에서 국립박물관으로서의 지위를 가지고 있다.

18개의 지방박물관은 [표 38]과 같다.

· 국립박물관

코미국립박물관은 하나의 단독 박물관을 일컫는 것이 아니라, 여러 박물관들의 네트워크를 말한다. 이는 박물관의 역사와 관련 있다.

코미박물관의 전신은 아르한겔스크 러시아북부 연구학회(Архангельское общество изучения Русского Севера)의 우스티-시솔스

[표 38] 코미 공화국 내 지방박물관[321]

이름	위치
시솔스키 군 역사문화 박물관 (Музей истории и культуры Сысольского района)	비진가 (с. Визинга)
보르쿠타 박물관–전시센터 (Воркутинский музейно-выставочный центр)	보르쿠타 (г. Воркута)
크냐즈포고스츠키 군 역사지역박물관 (Княжпогостский районный историко-краеведческий музей)	엠바 (г. Емва)
이젬스키 군 역사지역 박물관 (Ижемский районный историко-краеведческий музей)	이즈마 (с. Ижма)
인타 지역박물관 (Интинский краеведческий музей)	인타 (г. Инта)
코이고로드스키 지역박물관 (Койгородский краеведческий музей)	코이고로독 (с. Койгородок)
코르트케로스키 군 역사지역박물관 (Корткеросский районный историко-краеведческий музей)	코르트케로스 (с. Корткерос)
야보로프 프리루스키 군 지역박물관 (Прилузский районный краеведческий музей им. И.А. Яборова)	오비야체보 (с. Объячево)
페초르스키 역사지역박물관 (Печорский историко-краеведческий музей)	페초라 (г. Печора)
역사지역 기념 박물관 (Историко-краеведческий мемориальный музей)	소스노고르스크 (г. Сосногорск)
식팁딘스코예 박물관 연합 (Сыктывдинское музейное объединение)	빌고르트 (с. Выльгорт)
포포프 트로이츠코–페초르스키 군 역사지역 박물관 (Троицко-Печорский районный историко-краеведческий музей им. А.Н. Попова)	트로이츠코–페초르스크 (пгт. Троицко-Печорск)
우신스크 박물관–전시 센터 '뵤르타스' (Усинский музейно-выставочный центр 'Вӧртас')	우신스크 (г. Усинск)
우스티–빔스코예 박물관 연합 (Усть-Вымское межпоселенченское музейное объединение)	우스티–빔 (с. Усть-Вымь)
우스티–칠렘스키 역사기념박물관 (Усть-Цилемский историко-мемориальный музей)	우스티–칠마 (с. Усть-Цильма)
우흐타 박물관 연합 (Музейное объединение)	우흐타 (г. Ухта)
디야코노프 문학–극 박물관 (Литературно-театральный музей им. Н.М. Дьяконова)	예즈빈스키 군 (Эжвинский район)
우도르 군 국립박물관 (Национальный музей Удорского района)	코슬란 (с. Кослан)

[그림 87] 역사박물관의 모습[322)]

[그림 88] 민속박물관 모습[323)]

크 지점이다. 1911년 10월에 설립된 이 지점은 코미 지식인층과 도시 두마, 개인의 기부금 등으로 점차 규모가 커졌다. 1923년에는 아르한겔스크 연구학회의 지점이 아닌, 지역박물관으로 그 지위가 바뀌었다. 코미 지역 및 타지역 연구자들의 소장품과 기증품 등으로 박물관의 전시품은 늘어났고, 이에 따라 여러 부서들이 생기기 시작하며 코미 지역을 대표하는 박물관으로 발전해 갔다. 1940년 10월에는 공화국 지역박물관으로 재편됐다. 3년 후인 1943년에는 이 박물관에서 예술부서가 독립, 공화국예술박물관으로 이름이 바뀌게 되었다. 이렇게 분과가 증설되면서, 민속박물관, 자연사 박물관, 모로조프 박물관(Дом-музей И.П. Морозова), 쿠라토프 문학 박물관(Литиратерный музей И.А. Куратова) 등 몇몇은 독립 박물관으로 바뀌게 되었다.

[그림 89] 자연사박물관 모습[324)]

지방박물관을 제외한 국립박물관 소속 박물관들은 식팁카르 시내의 인근 거리에 모두 위치해 있다. 역사박물관에서는 코미 지역 내 고고학적 자료부터 2차세계대전에 이르기까지의 코미 역사에 대한 전시품과 유물들을 볼 수 있다. 입구에서부터 독특한 외관으로 행인들의 주목을 끄는 민속박물관은 그 규모는 크지 않지만, 생생한 조형물과 전시품을 통해 코미 민족의 전통가옥과 의상, 결혼과 장례 등 전통관습, 미신, 종교, 민담 등에 대한 다양한 민속학적 정보를 습득할 수 있도록 했다. 자연사 박물관에서는 코미 영토에서 서식하는 동물뿐만 아니라, 주요 자원들의 모형을 전시하여 코미 땅의 지리적 특성과 그 역사에 대해 알 수 있다.

· 코미국립미술관

코미국립미술관은 코미 공화국의 대표적인 미술관이다. 1943년 12월 미술관 설립 계획이 세워졌으며, 1947년 11월에 개관했다. 이곳은 17세기부터 21세기 초까지의 미술작품 7,000여점을 보유하고 있다.

전시관은 다음과 같이 크게 6개관으로 나눠져 있다:

- 17-19세기 서유럽 작품
- 19-20세기 초 조각
- 17-20세기 초 러시아 정교 미술
- 19세기 러시아 미술 작품
- 1910-1920년대 러시아 아방가르드 전시관
- 민속전시관

[그림 90] 코미국립미술관의 입구 모습[325)]

국립미술관은 특히 이백여 점의 18-20세기 초 러시아 작품들을 전시하고 있는데, 이는 몇 차례에 걸쳐 외

[그림 91] 트로피닌의 금실로 자수를 놓는 여인[326]

부에서 기증받은 작품들이다. 정식으로 개관하기 전인 1944년에는 인민위원의회(Совнарком)에서, 1949년에는 러시아국립박물관(Государственный Русский музей)에서, 1952년에는 코미지역박물관 등에서 그림, 조각 등을 기증받았다.[327]

이곳에서 가장 주목을 끄는 작품은 유명한 러시아 작품의 원본이라 할 수 있겠다. 코미국립미술관에는 러시아 예술이 가장 발전했던 19세기의 유명한 화가이자 농노출신인 트로피닌(В.А. Тропинин)이 그린 '금실로 자수를 놓는 여인'(Золотошвейка, 1825년 작)과 러시아 자연을 훌륭하게 그려낸 이동파[328] 풍경화가인 시시킨(И.И. Шишкин)의 '나뭇가지들'(Ветки)라는 작품의 원본이 걸려 있다.

20세기 러시아 예술작품은 그 수가 많지는 않지만, 코미국립미술관에서는 1910-1920년 활동했던 아방가르드 화가들의 작품을 만나볼 수 있다.

해외 작품으로는 17-20세기 초 네덜란드, 이탈리아, 독일, 오스트리아, 프랑스, 미국 등 여러 나라의 작가들이 그린 작품들이 있다. 이 작품들은 대부

[그림 92] 시시킨의 '나뭇가지들'[329]

분 야노비치(Д.Г. Янович)의 수집품으로 코미국립미술관에 소장되어 있다.[330)]

[그림 93] 폴랴코프의 '북극지방의 밤'(В.В. Поляков, Полярная ночь, 1959)[331)]

[그림 94] 코체프의 '툰트라에서의 여름. 순록치기들' (А.В. Кочев, Лето в тундре. Пастухи. 1967)[332)]

민족공화국답게 국립미술관에는 민족화가들의 작품을 모아놓은 전시관이 따로 구분되어 있다. 코미 화가들의 작품이 걸려진 전시관은 하나뿐이지만, 여기서는 유머러스하고 흥미로운 주제와 색채, 스토리를 담은 그림들을 만나볼 수 있다. 코미 화가들이 자신들의 작품에서 주로 다룬 주제들은 코미 신화나 민담 속 인물, 북쪽 특유의 풍습, 순록, 축제, 이웃민족인 네네츠인과 한티인 등으로 축약할 수 있다.

국립미술관에서는 상설전시관 외에도 다양한 주제로 기획 전시회를 열고 있다.

(2) 예술극장

코미 공화국에는 49개의 음악, 무용, 미술학교 등 문화예술 교육기관이 있다. 이곳의 학생들은 매년 다양한 국제대회와 러시아와 공화국에서 열리는 각종 대회들에 참여하여 좋은 성적을 내고 있다.

공화국에는 5개의 전문극장이 있다. 이 중 가장 오래된 곳은 빅토르 사빈 민족우호아카데미극장이다. 빅토르 사빈 극장은 1930년에 설립된 이래 민족작품뿐만 아니라 러시아와 세계 고전작품들을 무대에 올리고

[그림 95] 아시야 키아[333]

있다.

코미 공화국에서 가장 규모가 큰 극장은 오페라발레 국립극장으로 세계적인 고전 오페라와 발레뿐만 아니라 현대 작곡가들의 작품들을 선보인다.

민족음악드라마 극장은 가장 최근에 생긴 신생극장이라고 할 수 있다. 이 극장은 주로 코미 민족의 민요, 음악과 연극적인 요소를 결합시킨 작품들을 선보인다. 이 극장의 모든 연극들은 코미어로 이루어지며, 동시통역 시스템을 갖추고 있다.

주요 극장들은 보통 수도인 식팁카르에 위치해 있는데, 지방에도 극장들이 있다. 특히 보르쿠타에는 보르쿠타국립극장과 국립인형극장으로 유명하다.

공화국에서 훌륭한 음악을 들을 수 있는 곳은 코미 공화국 필하모니이다. 필하모니에서는 다양한 콘서트를 개최되고 있으며, '아시야 키아'(Асия Кыа, 새벽노을)라는 국립앙상블의 콘서트가 가장 큰 인기를 누리고 있다.

원시림 속 부상하는 산업기지,

코미 공화국

코미공화국의 대외관계

1. 한국과 코미 공화국

코미 공화국과 한국의 관계는 아직 형성 단계라고 할 수 있겠다. 한국과 러시아와의 관계조차 외교관계 수립 이후 20여년이 흐르는 동안 더디게 진행됐다. 소련 붕괴 이후 코미 영토가 공화국으로서의 위치를 갖추고 나서도 어느 정도 시간이 흘러서야 비로소 한국과 코미 공화국이 교류를 시작했다.

2008년 1월 말 코미 공화국의 블라디미르 토를로포프 대통령은 이명박 대통령에게 대선 승리를 축하하는 친서를 보내면서 한국 기업의 대 코미 공화국 투자를 당부한 바 있다. 토를로포프 대통령의 친서에서는 다음과 같은 구체적인 자원 개발 프로젝트가 언급되고 있다: 우도르 셀룰로오스 제지 콤비나트, 트로이츠코-페초라 셀룰로오스 판지 콤비나트, 보르쿠타의 세이딘 열석탄 산지 개발, 세레고보 암염 산지의 소금공장 '엑스트라' 건설, 우신스크 탄화건류 산지 개발, 우도르 편암 산지 개발 프로젝트 등.[334] 이에 이 대통령은 "에너지협력이 양국 관계의 미래를

[그림 96] 이석배 총영사의 코미 공화국 방문[336)]

밝게 할 것"이라는 회신을 보냈으며 양국의 포괄적 협력을 제안했다.[335)] 뒤이어 이명박 전 대통령은 2008년 2월 초 코미 공화국에 에너지 분야 협력을 제안한 바 있다.

2011년에는 상트페테르부르크 주재 한국대사관 이석배 총영사가 코미 공화국을 방문해 공화국 부대통령인 알렉산드르 부로프(A.A. Буров)와 회동을 가졌다. 이 회동에서 양측은 코미 공화국과 한국 간의 상호협력 발전 문제에 대해 논의했으며, 코미 공화국 내에서 이루어지는 투자 및 혁신 프로젝트에 한국이 참여할 수 있는 가능성에 대해서도 이야기를 나눴다. 이 회동을 통해 코미 공화국은 경제, 학술, 문화, 차세대 교류 등 다양한 분야에서 한국과 건설적인 협력을 할 준비가 되어 있다는 뜻을 표명했다.[337)] 코미 공화국 측은 한국이 참여할 수 있는 유망한 프로젝트로 우랄과 시베리아에서 러시아 북부 항구로 통하는 최단 이동로인 '벨코무르'(Белкомур) 철도 건설 프로젝트를 제안했다. 더불어 벨코무르 철도가 중앙아시아에서 북유럽 항구로 통하는 가장 짧은 길이 될 것이라는 점도 강조했다.

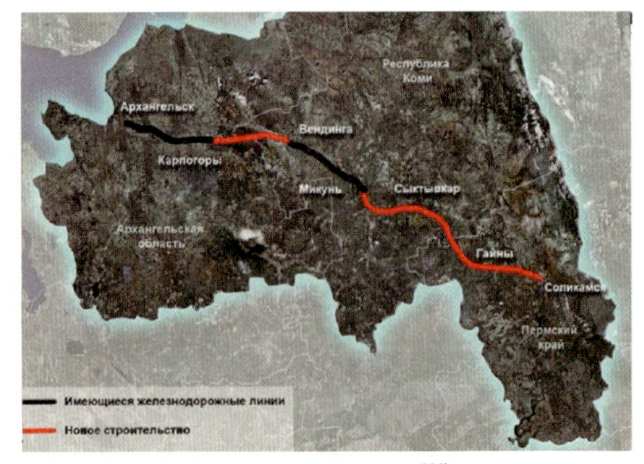

[그림 97] 벨코무르 노선[338)]

한국 정부뿐만 아니라, 한국 기업에서도 코미 공화국에 눈을 돌리기 시작했다. 코스닥기업인 '디지털디바이스'는 2007년 7월 코미 공화국에서의 원유 생산을 위해 공화국 정부의 생산 허가를 신청한 바 있다. 이 회사는 러시아 지역 석유개발전문회사인 'West Oil'의 주식 100%를 소유하고 있는 단독 주주이자 코스닥 유전개발업체이다. 디지털디바이스는 코미 공화국의 원유 생산을 허가하는 공화국 대통령과 에너지자원부 장관의 친서를 받았으며, 2007년 니즈네오데스코예 광구(Нижнеодесское месторождение)에서 시추를 시작했다.[339)]

2008년 4월 이 회사는 '엘앤피아너스'로 상호를 변경하고 코미 공화국 내 자원개발 사업을 진행했다. 그해 10월에는 사회간접시설(SOC) 등을 포괄하는 협력동의서를 코미 공화국 측과 체결했다. 이 협력동의서 체결로 이 회사는 코미 공화국 유전 광구 개발 사업과 동시에 사회간접시설 프로젝트 등에서 우선권을 얻게 되었다.[340)]

또 다른 한국 투사회사인 '루코텍'은 2009년 코미 공화국을 방문하여 세이딘 석탄산지 개발 가능성을 타진했다.[341)] '루코텍'은 러시아에서 이미 10년 이상 비즈니스를 해 온 회사로 레닌그라드 주(Ленинградская область)와 툴라 주(Тульская область)에서 두 개의 대규모 투자 발전 프로젝트를 수행한 바 있다. 이 회사는 2011년 9월 러시아 북서연방관구 내 코미 공화국 대표부와 코미 공화국의 '천연자원 및 에너지 자원 채굴과 사용'에 대한 협정서를 체결했다.

2. 핀-우그르 세계와의 관계[342)]

코미 공화국은 러시아의 여러 지역들과 협력관계를 맺고 있다. 그중에서도 러시아 내의 핀-우그르 지역들과의 협력은 각별하다고 할 수 있다. 러시아에는 2백 7십만 명 정도의 핀-우그르인들이 살고 있다. 러시아 내 핀-우그르 민족으로는 코미인 외에도 핀란드와 이웃한 카렐인(Карелы), 우랄 산맥 동북쪽의 한티인(Ханты), 만시인(Манси), 볼가 강 연안의 마리인(Марийцы), 우드무르트인(Удмурты), 모르드바인(Мордва) 등을 들 수 있다. 소련 해체 이후 러시아에 거주하는 핀-우그르 민족들은 자신들의 공동체를 만들기 시작했다. 교류의 범위는 더욱 확대되어 같은 우랄 어족에 속하는 사모예드인(Самоеды)[343]도 이들의 공동체에 속하게 됐다.

2007년 4월 공식적으로 '러시아연방 핀-우그르 문화센터'(Финно-угорский культурный центр Российской Федерации)가 코미 공화국 수도 식팁카르에 설립됐다. 이 센터가 카렐리야 공화국이나 마리-엘 공화국과 같은 다른 핀-우그르 지역이 아닌, 코미 공화국에 설립됐다는 점은 주목할 만하다. 코미 민족운동이 1990년대 초반 코미 지역을 넘어 핀-우그르 지역에서 일어났던 민족운동에서 선도적인 역할을 수행했던 만큼 핀-우그르 문화센터가 코미 공화국에 설립되는 것은 당연한 일이었

[그림 98] 코미 공화국 문화부 산하 핀-우그르 문화센터 입구 모습과 내부[345]

다.[344] 이 센터의 기본적인 목적은 러시아연방 내 핀-우그르 민족뿐 아니라 사모예드 민족까지 포함한 우랄 민족의 문화 교류, 문화유산 보존, 언어 발전 등에 대한 법적·사회적 기반을 만들고 국가의 지원을 받아내는 것에 있다. 이 센터는 코미 공화국의 문화부 산하로 공화국의 다양한 지원을 받고 있으며, 러시아 핀-우그르 민족의 개별적인 지역에 지부를 두고 있다.

러시아 내 핀-우그르 민족들은 세계 곳곳에 있는 핀-우그르 국가들과도 교류를 시작했다. 핀란드, 헝가리와 같은 해외의 핀-우그르 국가들은 일찍이 상호교류를 시작했는데, 사회주의 체계가 붕괴됨으로써 이들 국가와 러시아의 핀-우그르 민족들과의 접촉이 가능해졌다. 이로써 코미인을 비롯한 러시아 핀-우그르 민족들도 본격적으로 '핀-우그르 세계'(Finn-Ugric World)에 발을 내딛게 된 것이다. 앞서 언급했듯이, 핀-우그르 세계는 핀-우그르 민족뿐만 아니라 넓게는 우랄 어족에 속하는 민족들의 공동체라고 할 수 있다. 다시 말하자면, 여기에는 대표적인 핀-우그르 민족인 에스토니아인과 핀란드인, 헝가리인부터 발트-핀 어족에 속하는 벱스인(Вепсы), 이조르인(Ижоры), 그리고 사모예드인까지 포함된다. 이들은 핀-우그르 지역과 인터넷 공간을 오가며 각종 국제학술대회, 전시회, 축제 등을 개최하고 있다.

[그림 99] 핀-우그르 학생 세미나[346]

핀-우그르 세계의 학술교류는 다양한 형태로 이뤄지고 있다. 핀란드 과학아카데미 내 핀-우랄 부서를 비롯하여, 대학과 연구소들 간의 학술교류, 세미나 및 포럼 등이 매년 활발하게 열리고 있으며, 교환학생제도 역시 마련되어 있다. 학술대회 중 가장 규모가 큰 것은 '국제 핀-우그르 대회'(International Congress for Finno-Ugric Studies)이다. 1960년 헝가리 부다페스트에서 처음 개최된 이 학술대회는 5년마다 열리고 있다. 2005년에는 제10회 학술대회가 러시아 마리-엘 공화국의 수도 요시카르-올라(Йошкар-Ола)에서 개최됐다. 2010년 헝가리 도시 필리시차바(Piliscsaba)에서 11회를 맞이한 이 회의는 여전히 핀-우그르 학자들에게, 더 크게는 우랄 민족 학자들에게 중요한 학술행사라고 할 수 있다. 초창기만 하더라도 100명도 채 안 되는 학자들이 참가했던 이 행사는 2005년 당시 참가인원이 약 6백 명에 달할 정도로 대규모 학술행사로 거듭났다. 뿐만 아니라 점차 핀-우그르 학자뿐 아니라, 非핀-우그르 학자들까지 참여하고 있다. 또 하나의 긍정적인 변화는 전통적으로 언어학자들이 주를 이루었던 이 행사에 점차 민속학, 고고학, 역사학, 인류학 등 다양한 분야의 학자들도 참여하고 있다는 것이다.[347)]

[그림 100] 2003년에 우랄신화 총서의 하나로 발간된 '코미 신화'

최근 핀-우그르 국가 간 이루어지는 학술교류 중 주목할 만한 것 중 하나는 우랄 민족의 신화를 개별적인 책으로 엮어 총서 형태로 출판하고 있다는 것이다. 핀-우그르 민족공동체는 핀-우그르 민족들이 긴 역사

속에서 원초적인 신앙과 전통을 잘 보존하고 있다는 점을 들어 각 민족들의 신화를 책으로 발간하기로 했으며, 이제까지 총 17권의 책이 영어와 러시아어로 출판됐다. 2003년 출판된 '코미 신화'(Komi Mythology)의 경우, 코미 교육부와 문화부, 러시아과학아카데미 우랄지부의 지원을 받았으며 러시아의 우랄 민족 대학들과 해외 대학들의 협력을 통해 발간됐다.[348]

학술교류 외에도 핀-우그르 국가 간 경제협력은 활발하게 진행되고 있다. 코미 공화국은 핀-우그르 국가 중에서도 특히 핀란드와의 협력에 중점을 두고 있다. 두 국가 간의 주요 협력 내용은 농업경제 및 순록사육업, 산림업, 관광산업, 비즈니스 등 경제발전과 그에 필요한 인력양성에 대한 것이다. 이 국가 간의 또 다른 공동 프로젝트로는 핀란드의 오울루(Oulu)-아르한겔스크-식팁카르-페름을 잇는 철도 건설과 식팁카르 내 급수시스템 재건을 들 수 있다.[349]

3. 타 지역과의 대외관계

코미 공화국은 러시아 행정주체들과도 무역관계를 맺고 있는데, 83개 연방주체 중 70개에 달하는 행정주체들과 실질적인 경제협력관계를 맺고 있다. 특히 지리적으로 근접한 아르한겔스크, 볼로그다와 같은 북서연방관구의 지역, 키로프, 니제고로드 주(Нижегородская область)는 물론이고 모스크바, 상트페테르부르크와 같은 대도시와 긴밀한 관계를 맺고 있다.

코미 공화국은 CIS 국가 및 다른 국가와도 다각적인 상호관계를 맺고 있으며, 이러한 관계는 경제 분야를 중심으로 이뤄지고 있다. 주요 대외무역 파트너는 벨라루스, 카자흐스탄, 우크라이나와 같은 독립국가연합과 핀란드, 네덜란드, 폴란드, 독일, 이란 등이 있다. 경제협력은 공화국의 대외무역량에서 알 수 있다. 주목만할 것은 유럽 국가들이 공화국의 대외무역액의 72%를 차지하고 있는 반면, CIS 국가들은 28%라는 것이다.[350] 즉, 코미 공화국의 수출은 CIS 국가보다, 유럽 국가들을 대상으로 더욱 활발하게 이루어지고 있다.

[그림 101] 바렌츠 유럽-극지역회의 로고[351]

코미 공화국이 맺고 있는 대외관계 중 또 하나 주목할 만한 것은 '바렌츠 유럽-극 지역 연합'(The Barents Euro-Arctic Region)이다. 이 연합은 1993년 1월 11일에 만들어진 지역협력체 포럼으로서, 러시아와 덴마크, 아이슬란드, 노르웨이, 핀란드, 스웨덴, 그리고 유럽연합 의회가 회원국이다. 이 포럼 산하에서 지역회의가 열리는데, 바렌츠 지역에 속하는 러시아연방 행정주체들이 이 회의에 참여하고 있다. 무르만스크, 아르한겔스크 주, 네네츠 자치구, 카렐리야 공화국이 초기 멤버였으며, 코미 공화국은 2002년 1월부터 이 회의에 참석하고 있다. 이 회의는 2년에 한 번씩 회원국 도시에서 열리고 있으며, '바렌츠 협력 프로그램'을 통해 경제, 정치, 문화, 교육, 환경 등 다양한 분야에서의 회원국들 간 협력과 북극 지역의 통합문제를 논의하고 있다.[352]

결론

타이가와 툰드라 지역을 아우르는 광활한 코미인의 영토는 독립된 민족국가로 발전했던 시간보다 더 오랫동안 러시아의 한 구성원으로 존재해 왔다. 오랜 시간 러시아의 지배하에 있었지만, 코미인들은 자신들의 전통문화를 유지하고 네네츠인, 한티인, 만시인과 같은 이웃 민족들의 문화를 수용하며 독특하고 복합적인 문화를 발전시켜 왔다. 코미 땅은 오늘날 러시아연방 체제를 구성하는 21개 민족공화국의 한 곳이다.

역사적으로 볼 때 코미인들은 충실한 러시아의 시민이었다. 러시아의 세력이 처음 코미 땅에 들어왔을 당시 코미인들은 일정 부분 자치권을 인정받는 조건으로 조공과 세금을 성실히 바쳤다. 코미인들은 모스크바 공국의 시베리아 원정과 새로운 도시 건설에 참여했고, 코미 땅에서 생산되는 값진 모피는 오랫동안 러시아 정부의 중요한 수입원이 되었다. 유용광물과 풍부한 산림자원을 보유한 코미 땅은 소비에트 시기의 산업화 핵심 지역 중 하나였으며, 전시에는 군수품 등을 비롯한 각종 물품 공급처로서의 역할도 톡톡히 해 냈다. 오늘날에도 역시 코미 공화국은 러시아 경제발전에 중요한 역할을 수행하고 있다.

코미 땅이 가지고 있는 석탄과 석유, 가스와 같은 풍부한 자원은 소련 해체 후 공화국이 발전하는 데 있어 중요한 동력이 되고 있다. 자원이 부재하거나 그것을 개발할 인프라가 갖춰지지 않아 오랫동안 경기침체에 빠져있는 러시아연방의 타 지역들에 비한다면, 코미 공화국은 분명 경제 발전을 위한 훌륭한 발판을 갖춘 셈이다.

유용자원은 공화국의 경제적인 발전뿐만 아니라, 여러 국가와 대외관계를 맺는데 훌륭한 다리 역할을 하고 있다. 코미 공화국은 연간 8,900만 배럴의 원유를 생산하고 있다. 아직 확인되지 않은 유전까지 포함하면 공화국 내 석유가스 매장 추정량은 200억 배럴에 달할 것으로 예측된다.[353] 우리나라가 중동, 미국 등 전통적인 오일시장에서 벗어나 다른 에너지 공급처를 찾고 있는 현 시점에서 여전히 개발되지 않은 유전들이 많은 러시아 지역은 새로운 대안으로 떠오르고 있다. 러시아 지역에서도 석유·가스를 비롯하여 석탄, 티타늄, 석영, 보크사이트 등 풍부한 자원을 가지고 있는 코미 공화국은 앞으로 한국의 훌륭한 경제협력 파트너가 될 가능성이 높다고 할 수 있다. 특히 코미 공화국 대통령이 먼저 손을 내밀었을 만큼 양국의 체계적인 협력구조와 적극적인 개발 계획이 수립된다면, 양국에 의한 유전 개발은 빠른 속도로 진행될 수 있을 것이다. 이뿐만 아니라 바렌츠 해, 북극해와 근접한 코미 공화국의 위치는 향후 북극해 항로가 활성화될 경우 주요 통로로서의 역할도 기대하게 한다.

러시아 지역 중에서 높은 수준의 경제발전을 이루며 안정된 생활수준을 보이고 있는 코미 공화국이지만, 여러 가지 사회문제를 안고 있다. 인구감소, 빈부격차 심화와 같은 러시아 전체가 겪고 있는 공통적인 문제들과 함께, 높은 자살률, 자원개발로 인한 환경오염, 순록사육업과 같은 전통경제활동의 위기, 산업지역과 비산업지역 간의 지역갈등 및 소득 격차 등은 코미 공화국이 최근 앓고 있는 심각한 문제들이다. 또한 민족공화국이면서도 명목민족의 비율이 전체 인구의 1/4밖에 안 되는 상황은 코미 공화국뿐만 아니라 러시아의 여타 민족공화국들이 당면한 문제이다.

이제까지 보았듯이, 넓은 영토와 그를 둘러싼 풍부한 자연은 코미 공화국의 과거와 현재를 이야기하고 미래를 약속해 주고 있다. 툰드라 지역을 오가며 순록을 키우던 코미인들의 전통적인 경제활동은 현재까지 이들의 전통문화를 이루는 뿌리 깊은 기반이 되고 있으며, 유네스코 세계자연유산으로 지정된 원시림과 풍부한 유용광물은 코미인들에게 아름다운 자연관경을 선사하는 동시에 임업과 에너지 산업을 앞세워 공화국을 세계화 조류에 편승시키고 있다. 이렇게 성장가도를 달리고 있는 가운데, 코미 공화국이 더욱 발전하려면 산적한 사회문제를 적시에 인지하고 효과적인 예방책을 준비해야 할 것이다.

원시림 속 부상하는 산업기지,

코미 공화국

강 위의 도시, 식팁카르를 가다.

러시아는 하나의 거대한 국가지만, 그 안에는 21개의 민족공화국이 존재한다. 민족공화국이란 러시아의 세력이 확장되기 훨씬 이전부터 특정 민족이 조상대대로 거주하고 있는 영토가 공화국의 형태로 발전한 것을 말한다. 러시아 북서지역의 끝자락에는 코미 공화국이 위치하고 있다. 코미 공화국은 독일 영토보다는 조금 크고 프랑스 영토보다는 조금 작은 면적의 영토를 가지고 있다. 독일 영토만한 민족공화국이 러시아 땅의 작은 일부를 차지한다고 하니, 러시아가 넓긴 넓구나 라는 생각이 새삼스럽게 든다. 코미 공화국의 북쪽으로는 네네츠 자치구가 있고, 바로 우랄 산맥 너머 동쪽으로는 한티-만시 자치구와 이웃하고 있다. 코미 공화국은 러시아의 유럽부분에 속해 있지만, 혹독한 기후 등 시베리아와 유사한 자연환경을 갖추고 있다.

이름도 어려운 코미의 수도 '식팁카르'

코미 공화국을 가보기로 결심한 이상, 공화국의 수도를 안 가볼 수가 없었다. 더 솔직히 말하자면, 일정과 비용의 한계로 독일만한 코미 공화국의 넓은 지역 중 수도만 갈 수 있었다. 코미 영토는 남북으로 긴 형태를 띠고 있는데, 수도인 식팁카르는 공화국의 꽤 남쪽에 위치하고 있다. 11세기 무렵 '코미'라는 민족이 형성된 곳은 바로 현재의 수도가 위치한 남부 지역이며 이곳을 중심으로 코미 민족은 발전되어 갔다. 다시 말하자면, 식팁카르는 코미 땅의 오래된 행정중심지이면서 코미 민족의 요람이라고 할 수 있다.

모스크바에서 식팁카르까지는 1,410km의 거리이다. 기차로 여행한다면 꼬박 하루하고도 몇 시간이 더 걸릴 거리이다. 3일이라는 시간이 주어진 나에게 하루를 그곳으로 가는 데에만 소비하는 건 너무 아까운 일이었다. 결국 비행기로 이동하기로 결정했다. 깨끗하고 밝은 한국비행기에 비하면 꽤 낡아 보이는 비행기에서는 러시아어와 코미어가 병행된 안내방송이 들렸다. 코미어는 핀-우그르 계열의 언어이다. 크게는 우랄

[그림 102] 비행기 안에서 내려단 본 코미

어족에 속한다니, 같은 어족인 우리나라 말과도 뭔가 가깝지 않을까도 싶지만, 처음 듣는 코미어는 독일어와 그루지야어의 중간 정도의 인상을 주었다. 물론 어디까지나 개인적인 생각이다. 비행기에 올라탄 지 두 시간 정도 지났을까, 어느새 창문 밖에는 지도로만 봤던 코미의 수도가 보인다. 그러나 수도가 맞는 것일까? 창문 밖으로 보이는 것은 넓은 들판과 드문드문 보이는 강, 그리고 올망졸망 모여 있는 집들이었다.

흰 눈 위에 푸른 초원, 그 위에 파란 하늘

그제야 코미 공화국 전체 영토의 70%가 산림인 것을, 그리고 여전히 사람의 발길이 드문 원시림이 존재한다는 사실을 상기해 냈다. 이러한 코미 공화국의 자연환경을 코미 공화국의 국기만큼 간단히 표현하기도 힘들 것이다. 코미 공화국의 국기는 삼색기인데, 맨 아래에는 흰 색, 그 위에 녹색, 그리고 가장 위에는 파란 색으로 구성되어 있다. 맨 아래 있는 흰 색은 코미가 러시아 북쪽 지방에 위치해 있는 만큼 자주 볼 수 있

[그림 103] 식팁카르에서 쉽게 볼 수 있는 목조 가옥

는 눈을 의미한다. 가운데 녹색은 광활한 코미의 산림지대를 나타난다. 그리고 그 위에 파란색은 눈과 숲 위에 드리워진 청명한 파란 하늘을 뜻한다. 그러니, 다시 말하자면, 국기 자체가 하얀 눈 위에 펼쳐진 코미 영토의 푸른 들판과 숲, 그리고 파란 하늘인 셈이다.

코미를 찾은 것이 8월이었기 때문에 흰 눈은 볼 수 없었지만, 푸른 나무와 숲, 청량한 하늘은 한껏 맛볼 수 있었다. 물론 흰 눈 대신에 8월 중순임에도 0도로 뚝 떨어진 러시아 북부의 쌀쌀한 기운도 제대로 느낄 수 있었다.

한때 코미 땅을 여행했던 러시아 작가가 '숲의 제국'이라는 제목의 기행문을 썼을 만큼 숲이 울창했던 코미 공화국은 여전히 숲이 많은 곳이었다. 수도인 식팁카르도 예외는 아니었다. 대로에서 조금만 골목으로 들어서면 시골길처럼 우거진 나무와 숲을 볼 수 있었다. 그러나 아무리 산림자원이 풍부한 곳이며 전통적으로 목조문화권에 속한다 하더라도, 글로벌 시대의 영향을 가장 많이 받는 수도에서 목조 가옥을 볼 수 있을 거라고는 생각지 못했다. 나의 예상과는 달리, 현대식의 아파트들이 세워지는 가운데 옛 목조 가옥도 잘 보존되어 있었다. 물론 전통적인 코미 가옥이라기보다는 소비에트 시대의 '코무날까'와 비슷해 보였지만, 여전히 사람들이 살고 있다고 하니 놀라울 따름이다.

230살 생일을 맞이한 '강 위의 도시'

인구 230만 명이 조금 넘는 식팁카르는 코미 민족의 중심지이지만, 실제로 이곳에 사는 코미인의 비율은 30%에 불과하다고 한다. 한때는 민족영토답게 코미인이 전체 인구의 90% 이상을 차지했던 적도 있었지만, 1930년대 스탈린의 산업화 정책으로 코미 북부에 위치한 탄광이 개발

[그림 104] 도시건립 230주년을 경축하는 플래카드들

되면서 러시아 기술자들의 본격적인 이주가 시작된 이래, 러시아인의 비율은 점점 높아졌다. 식팁카르에 거주하는 러시아인이 이 도시인구의 약 60%라고 하니, 사실상 거리를 지나며 스친 사람들의 대부분이 러시아인일 것이다. 나머지 10%는 기타 민족이 차지하고 있는데, 최근에는 카프카즈, 그중에서도 특히 아제르바이잔 출신의 이민자들이 많다고 한다. 러시아 어디에서든지 볼 수 있는 고려인이 있나 찾아봤지만, 동양인은 나 혼자인 듯 했다. 호텔방에 틀어놓은 TV에서 변덕스러운 날씨로 농사가 엉망이 되었다는 뉴스를 전하면서, '야노쉬 김'이라는 농부와의 인터뷰가 나오는 걸로 봐서는 공화국 어디엔가 분명 고려인이 있기는 한가보다.

도시는 꽤나 한가로운 분위기다. 서울이나 모스크바에서 흔히 볼 수 있는 교통체증이나 건설현장은 찾아볼 수 없다. 도시 이곳저곳을 돌아다니며 알 게 된 사실은 곧 도시건립 230주년이 다가온다는 것이다. 코미 공화국을 떠나는 바로 다음날 230주년 행사가 열린다니 정말 아쉬울 따름이다. 1586년 '우스티-시솔라'라는 작은 마을로 시작됐던 이곳은 1780년 예카테리나 2세의 칙령으로 '우스티-시솔스크'라는 도시로 재

탄생하게 되었다. 1930년 도시건립 150주년을 맞이하여 '식팁카르'라는 현재 이름을 갖게 되었다고 한다. '식팁카르'라는 단어 중의 '카르'는 코미어로 '도시'를 뜻한다. 앞의 '식팁'은 코미어로 이 도시에 흐르는 '시솔라 강'을 뜻한다. 결국 '식팁카르'라는 말은 '시솔라 강 위의 도시', 혹은 '시솔라 강가의 도시'라는 뜻이 되는 셈이다.

수도의 주요 강인 시솔라 강은 정말 도시의 가장 중심지에 위치해 있었다. 강 인근에는 도시의 주광장인 스테파노프 광장, 공화국 정부 청사, 국가의회 건물, 내무부 건물 등 각종 공공기관 건물들이 모여 있었다. 스테파노프 광장에 서 있으면, 주요 공공기관들이 광장을 둘러싸고 있어 코미 공화국 행정의 중심지에 있는 느낌이다. 그러나 이 광장을 지나 조금만 가면 평화롭기 그지없는 시솔라 강을 만날 수 있다. 자작나무들이 반기는 강변 근처 공원에는 산책 나온 엄마와 아이들만 있을 뿐 자동차 경적소리 하나 들리지 않는다. 뭔가 잔뜩 볼 거리가 있고 여러 편의시설이 있는 서울 한강이나 모스크바 강에 비하면 정말이지 어느 시골의 조용한 강과 다를 바 없다.

소비에트 도시, 식팁카르

한 공화국의 수도 치고는 소박한 느낌이 강한 식팁카르는 코미 민족의 전통을 물씬 풍기기보다는 여느 러시아 소도시의 모습을 간직하고 있었다. 거리에서 보이는 건물 간판이나 집주소는 러시아어와 코미어로 병용표기되어 있었으며, 짧은 체류기간 동안 코미어를 들을 수 있었던 것은 TV 뉴스, 그것도 코미어로만 방송되도록 지정되어 있는 오 분간의 짧은 뉴스에서였다. 그곳에서 잠깐이나마 대화를 나눴던 사람들은 모두 러시아인들이었는데, 코미 땅에서 50년 가까이 살았다는 이들이 아는 코

[그림 105] 소비에트 시기에 지어진 아파트(좌), 스테파노프 광장의 레닌 동상(우)

미어는 고작 몇 단어뿐이었다. 상황이 이렇다보니, 코미 공화국에서 민족어교육과 민족문화 부흥을 위해 노력하고 있다지만, 실질적으로 러시아어가 지배하는 언어 환경에서 이러한 노력이 얼마나 결실을 거둘 지는 의문이다.

거리를 다니면서 느꼈던 것은 여전히 이곳에는 소비에트 시기의 흔적이 많이 남아 있다는 것이다. 도시를 관통하는 주거리가 '공산주의 거리'(коммунистическая улица)라고 하니 더 이상 무슨 말이 필요 있겠는가? 이 거리를 중심으로 방사형으로 작은 거리들이 생겨났다. 거리 이름 외에도 도시 이곳저곳에서는 소비에트의 흔적을 쉽게 찾아볼 수 있었다. 주광장인 스테파노프 광장을 들어서면 바로 보이는 것이 레닌 동상이며, 거리 곳곳에 노동을 찬양하는 부조가 돋보이는 아파트들, 역사박물관 1층에 놓여있는 그 층의 높이만한 스탈린의 초상화, 전쟁을 알렸을 거리거리의 확성기까지 얼핏 시대를 거슬러 온 듯한 느낌이다.

코미 민족의 흔적은 이곳에서

열심히 이곳저곳을 다녔건만, 쉽게 코미 전통이나 민속을 느낄 수는 없었다. 하다못해 코미 전통 식당도 찾을 수 없었다. 아, 실망이다. 코미 전통음식은 어디서 먹을 수 있단 말인가? 여행의 묘미는 바로 음식인데 말이다. 특히 민족영토에 왔다면 그 민족의 전통음식을 맛봐야 할 텐데, 식당이라고는 흔한 러시아 식당이나 이탈리아 식당, 지중해 식당뿐이다. 호텔 안에 있는 식당조차도 러시아 일반 음식을 내놓았으며, 메뉴판에 나와 있는 코미 음식이라고는 세 가지가 전부였다. 순록고기 스테이크, '브루스니카'라고 불리는 코미인들이 좋아한다는 산열매를 곁든 쇠고기 찜요리, 그리고 생선요리였다. 여기까지 온 이상 순록고기를 반드시 먹어보리라는 나의 당찬 주문과는 달리, 잠시 후 순록고기가 없어서 그건 안 되겠다는 웨이터의 답을 들어야 했다. 결국 브루스니카를 곁든 쇠고기 요리를 시켰으나, 이미 그것이 무슨 맛인지 알고 있는 나에게 이 요리는 러시아 음식과 다를 바 없었다.

결국 코미 문화를 느낄 수 있는 곳은 박물관뿐이었다. 훌륭하게도 식팁카르에는 역사박물관, 자연사박물관, 민속박물관 등이 하나의 연결망으로 구축되어 있는데다, 위치도 서로 가까웠다. 다리만 안 아프다면, 그리고 배만 안 고프다면, 한 번에 모든 곳을 둘러볼 수 있을 정도였다. 여기에 코미국립미술관과 핀-우그르 센터, 코미문화원까지 일정에 추가했다.

처음 간 곳은 가장 관심을 가지고 있었던 민속박물관이었다. 단층 건물에 하나의 전시관이 고작이었지만, 한 시간 남짓 구경할 수 있을 정도로 볼 거리, 읽을 거리가 많았다. 그 다음 찾아간 곳은 역사박물관. 코미 역사라고 하기보다는 러시아 역사에 대한 전시품들이 주를 이루었던 게 아쉽다. 코미국립미술관도 마찬가지였다. 서유럽 작품뿐만 아니라, 러시아 정교 미술, 19세기 작품, 아방가르드 전시관까지 나름 많은 전시관을 갖추고 있었지만, 그중 코미에 대한 전시관은 단 하나 뿐이었다. 그렇지만 코미 민담 속 인물, 러시아 북쪽 특유의 풍습과 축제, 주변 민족을 볼 수 있는 이 관은 다른 전시관보다 더 생동감 있고 흥미로웠다.

그런데 최근 관광산업을 밀고 있다는 코미 정부의 선언과는 달리, 관광객들이 없는 모양이다. 다섯 군데의 박물관과 문화원을 도는 동안 유일한 관람객은 나 혼자였다. 관람객이 혼자다 보니, 내가 전시품을 보는 동안 줄곧 나의 등 뒤에서 나를 지켜보고 있는 담당 아줌마의 시선과 전시관을 옮길 때마다 꺼뒀던 불을 일일이 켜주는 직원의 호의가 부담스러울 정도였다. 물론 덕분에 어렵게 건넨 질문에는 친절한 설명을 들을 수 있었다.

식팁카르를 떠나며

짧은 여정을 마치고 식팁카르를 떠나는 날이 다가왔다. 수도라고 하기보다는 지방의 소도시에 가까운 작은 규모 덕에 짧은 기간 동안 많은 것을 볼 수 있었다. 그러나 더 많은 시간이 있었다면 하는 아쉬움은 여전히 남아있었다.

호텔에서 예약을 부탁한 택시를 타고 공항으로 가는 길에 많은 생각들이 머리 속을 스쳤다. 도착한 첫 날 공항 근처에서 무작정 잡아탄 택시의 기사아저씨는 택시비를 엄청 불렀구나라는 어이없는 생각부터, 목조건물이 가득하다는 '파리'라는 마을, '으입'이라는 독특한 이름을 가진 인근의 다른 도시까지 보고 싶었지만 보지 못했던 곳들이 떠오르면서 여정의 아쉬움을 더했다.

코미인들이 사랑하는 옛날이야기에는 '자랸'이라는 인물이 자주 등장한다. 자랸은 '영'이라는 하늘 신의 딸인데, 아버지 뜻에 반해 무지개를 따라 땅으로 내려왔다고 한다. 자랸은 숲과 평야와 산과 구릉, 강과 개천이 너무나 마음에 들어 그대로 코미 땅에 남아있었다고 한다. 글로벌 시대와 현대화에도 여전히 아름다운 자연을 간직하고 있는 코미 땅, 나는 그것의 일부만 보았지만, 하늘로 돌아가지 않은 자랸을 이해할 수 있을 것 같다.

코미 민담

세 단지 이야기

옛날 어느 산속에 금슬 좋은 부부가 살고 있었다. 그러던 어느 날 남편은 죽어버렸고, 홀로 남은 부인은 슬픔에 잠겨 있었다. 슬픔을 달래려 아낙네는 흙으로 단지를 만들기 시작했다. 첫 번째 단지, 두 번째 단지, 세 번째 단지를 빚은 후 가마에서 구워냈다. 다 완성된 세 단지를 꺼내자, 단지들이 말을 하기 시작했다.

첫 번째 단지가 말했다.

"엄마, 엄마, 저는 나가서 돈을 벌고 올게요."

그러나 엄마는 반대했다.

"나갔다가 깨지면 어떡하니? 나가면 안 된다"

엄마의 반대에도 불구하고 첫 번째 단지는 길을 떠났다. 어느 강가를 지나던 중, 한 명의 도둑과 마주치게 되었다. 그 도둑은 아름다운 옷가지를 훔쳐 달아나던 중이었다. 옷이 자꾸 진흙탕에 떨어지자, 도둑은 걱정하기 시작했다.

"이걸 어쩐다. 비싼 옷들이 다 망가지겠는걸!"

그러던 도둑은 우연히 강가에 놓인 단지를 발견했다. 단지에 옷을 담고 가면 되겠다고 생각한 도둑은 단지에 자신이 훔친 옷가지를 담기 시작했다. 단지는 점점 커져 도둑이 훔친 옷들을 모두 뱃속에 넣었다. 그러고는 단지는 도망치기 시작했다.

집에 도착한 첫 번째 단지는 아름답고 비싼 옷을 엄마에게 선물하였고, 엄마는 기뻐했다.

그러자 두 번째 단지가 말했다.

"엄마, 엄마, 저도 나가서 돈을 벌고 올게요."

그러나 엄마는 반대했다.

"나갔다가 깨지면 어떡하니? 나가면 안 된다"

엄마의 반대에도 불구하고 두 번째 단지도 길을 떠나기 시작했다. 어느 숲을 지나던 중, 두 명의 도둑이 서로 다투고 있는 것을 발견했다. 그 도둑들은 자신들이 훔친 돈을 똑같이 분배하는 것에 대해 싸우고 있었다. 그 도둑들은 숲 속에 있는 단지를 발견하고는 기뻐했다.

"이 단지에 돈을 담으면 똑같이 나눌 수 있겠는걸!"

두 도둑은 기뻐하며 단지에 훔쳐 온 돈을 담기 시작했다. 단지는 점점 커져 도둑들이 훔친 돈을 모두 뱃속에 넣었다. 그러고는 단지는 도망가기 시작했다.

집에 도착한 두 번째 단지는 수많은 돈을 엄마에게 선물하였고, 엄마는 기뻐했다.

그러자 막내 단지가 말했다.

"엄마, 엄마, 저도 나가서 돈을 벌고 올게요."

그러나 엄마는 반대했다.

"나갔다가 깨지면 어떡하니? 나가면 안 된다"

엄마의 반대에도 불구하고 세 번째 단지도 길을 떠나기 시작했다. 어느 숲을 지나던 중, 한 명의 나무꾼이 열심히 나무를 베고 있는 모습을 보았다. 열심히 일한 나무꾼은 쉬고 싶었지만, 땅이 젖어 앉을 수가 없었다. 그러던 나무꾼은 숲 속에 있는 단지를 발견하고는 기뻐했다.

"오, 저 단지 위에 앉으면 되겠는걸!"

나무꾼은 단지 위에 앉았는데, 단지는 점점 커졌고, 나무꾼은 단지 안에 들어가게 되었다. 막내 단지는 나무꾼을 안에 넣은 채 집으로 돌아갔다.

집에 도착한 세 번째 단지는 성실한 나무꾼을 엄마에게 소개했다. 나무꾼과 엄마는 결혼을 하였고, 세 단지들은 엄마가 해 준 맛있고 따뜻한 음식들을 담아 행복하게 살았다.

최고의 사냥꾼, 이르캅

옛날 옛적 신도르 호수 근처에 이르캅이라는 사냥꾼이 살고 있었다. 어느 날 그는 이상한 나무를 만나게 되었다. 그 나무를 지나갈 때마다, 이르캅의 개가 짖기 시작했다. 3년 동안 이르캅과 개가 그 나무를 지나갈 때마다 개는 그 나무에 대고 짖었다. 이상하다는 것을 느낀 이르캅은 이 나무를 베기로 결심했다.

그는 나무를 향해 도끼를 휘드르자, 나무에서 피가 나오기 시작했고, 나무는 사람의 목소리로 말했다.

"이르캅이여, 나를 잘라 스키를 만들라."

이르캅은 나무를 잘라 스키를 만들었다. 이 나무로 만든 스키는 엄청

난 속도를 갖고 있어, 이 스키를 타고 이르캅이 사냥에 나가면 어떤 새나 동물도 이르캅에게 이길 수 없었고, 이르캅은 최고의 사냥꾼이 되었다.

이르캅이 살던 마을에는 과부가 살고 있었다. 들리는 소문에 의하면 그 과부는 마녀라고 했다. 어느 날 그 과부는 마법의 스키를 가진 이르캅에게 내일 강가에 푸른 순록이 나타날 것이라고 이야기했다.

"이르캅이여, 당신이 그 푸른 순록을 잡는다면 세상의 어떤 사람도 당신을 이길 수 없을 것이고, 모든 새와 동물은 당신의 것이 될 것이요."

다음 날 이르캅은 푸른 순록 사냥에 나서기로 했다. 사냥을 나가는 아침, 이르캅의 어머니는 갓 구운 빵을 아들에게 주었고, 이르캅은 그 빵을 가슴 품에 넣고 출발했다. 이르캅은 곧 푸른 순록을 발견했고, 우랄 산맥까지 쫓아갔다. 푸른 순록은 달리다 옆으로 미끄러졌고, 더 이상 달리지 못했다. 푸른 순록은 머리를 위로 들더니 곧 아름다운 아가씨로 변했다.

"이르캅이여, 저를 죽이지 마세요. 살려 주시면 당신의 충실한 하인이 될께요."

그러나 너무 먼 곳까지 순록을 찾아 달려온 이르캅은 그 말을 듣지 않았고, 푸른 순록을 죽였다. 이르캅은 순록의 심장을 과부에게 가져다주었다. 이 모든 일은 아침에 만들어 가슴에 넣은 빵이 여전히 따뜻할 정도로 순식간에 일어났다.

이르캅에게는 양아버지가 있었다. 이르캅의 행운을 시기한 양아버지는 어느 날 이르캅의 엄마에게 말했다.

"이르캅이 동물들은 다 잡아가면, 나머지는 어떻게 살라는 것이요? 다 굶어 죽지 않겠소? 당신이 엄마이니 뭔가 해야 하지 않겠소?"

망설이는 부인에게 양아버지는 말했다.

"이르캅의 각반을 물에 담갔다가, 그 물을 이르캅에게 마시도록 하시오."

이르캅의 엄마는 이르캅의 각반을 씻었던 물을 아들에게 줬고, 이르캅이 그 물을 마시자 점점 몸이 무거워졌다.

어느 날 밤 그는 얼어붙은 시도르 호수 위를 건너게 되었다. 호수의 얼음은 얇았으며, 무거워진 그는 물에 빠지게 되었다. 물속에서 허우적거리며 물 위로 나오려 했지만 그럴 수 없었다. 마법 스키를 매고 있었기 때문에 더 힘들어진 이르캅은 가지고 있던 칼로 스키를 묶고 있던 가죽을 잘라내기 시작했다. 그러자 스키가 소리쳤다.

"이르캅이여, 이르캅이여, 당신은 나를 죽이려고 하는군요. 그 끈을 자르지 않으면, 나는 둑으로 갈 수 있고 당신도 데려가겠소."

이르캅이 자신의 다리를 스키에서 떼자, 스키는 순식간에 날아갔다. 스키는 큰 소나무에 구멍을 내며 날아갔으며, 이르캅은 물속으로 가라앉게 됐다.

그 후 사람들은 구멍 난 소나무가 있는 자리를 이르캅의 이름을 붙여 '이르카푸프'라고 불렀다.

자만한 여우 위에 영특한 토끼

숲 속에 토끼와 여우가 살고 있었다. 여우의 털은 비쌌으나, 토끼의 털은 그렇지 못했다. 여우는 매일같이 자신은 비싼 동물이며, 아름다운 털을 가지고 있다고 자랑하였다. 이를 못마땅하게 여긴 토끼는 계속 그렇게 자랑을 하면, 언젠가 여우 털을 망가뜨릴 것이라고 으름장을 놓았다.

모두 토끼가 용감하다는 것은 알고 있었지만, 아무도 토끼의 말을 믿지 않았다. 겨울이 가고, 봄이 가고 여름이 지나갈 동안 토끼는 자신의 말을 지키지 못했다.

가을이 다가올 무렵 토끼는 여우에게 숨바꼭질 놀이를 제안하였다.

토끼는 달리고 달려 여우를 함정으로 이끌었다. 토끼를 쫓던 여우는 자작나무 틈에 끼게 되었고, 토끼는 지칠 때까지 여우를 찰싹찰싹 때리며 훈계를 하였다.

토끼에게 맞은 데다 나무 틈을 벗어 나오느라 여우의 털과 가죽은 여기저기 찢어지고 헤졌다. 분에 찬 여우는 토끼를 쫓아갔다. 일곱 개의 산을 지나, 일곱 개의 숲을 거쳐, 여섯 개의 강을 지나는 동안 토끼는 갖은 잔꾀로 매번 여우를 속였으며, 거기다 여우 털의 가격이 폭락했다는 소문을 퍼트리고 다녔다. 그 후로 여우는 더 이상 자신의 털을 자랑하지 않았다.

세 형제와 여동생

울창한 숲 속에 한 소녀가 살고 있었다. 그 소녀에게는 세 명의 오빠들이 있었다. 이 소녀는 예뻤고 또한 정말 현명했다.

엄마와 아빠가 돌아가시자, 이 아이들은 엄마는 벽난로 밑에, 아빠는 절구 밑에 묻었다. 그 후 소녀는 오빠들과 함께 행복을 찾아 떠났다. 걷고 걸어 그들은 은자작나무에 이르렀다. 큰 오빠가 말했다.

"동생아, 내가 저 자작나무에 올라가 은가지를 꺾어 오마."

"올라가지 마. 나무에 걸려서 못 내려올 거야."

여동생이 말했다.

큰 오빠는 동생 말을 듣지 않고, 자작나무 위를 올라갔다. 올라가서는 은가지를 꺾어 동생에게 던져 주었다. 그러나 욕심이 생겨 자기 주머니에도 은가지를 쑤셔 넣기 시작했다. 그제야 만족한 오빠는 나무에서 내려오려는데, 그만 나무에 걸리고 말았다. 남은 동생들은 소리치고 울고불고 난리를 피웠지만, 아무 소용이 없었다. 결국 큰 오빠를 그냥 나무에 두고 길을 다시 떠났다.

걷고 걸어 그들은 금자작나무에 이르렀다. 둘째 오빠가 말했다.

"동생아, 내가 저 자작나무에 올라가 금가지를 꺾어 오마."

"올라가지 마. 나무에 걸려서 못 내려올 거야."

여동생이 말했다.

둘째 오빠는 동생 말을 듣지 않고, 자작나무 위를 올라갔다. 올라가서는 금가지를 꺾어 동생에게 던져 주었다. 그러나 욕심이 생겨 자기 주머니에도 금가지를 쑤셔 넣기 시작했다. 이제야 만족한 오빠는 나무에서 내려오려는데, 그만 걸리고 말았다. 나무 밑에 있던 동생들은 소리치고 울고불고 난리를 피웠지만, 아무 소용이 없었다. 결국 동생들은 둘째 오빠를 그냥 남겨두고 길을 다시 떠났다.

걷고 걸어 소녀와 막내 오빠는 진주자작나무에 이르렀다. 셋째 오빠도 나무에 올라 동생에게 진주 가지를 꺾어 던져 주었고, 자기 주머니에도 진주가지를 넣기 시작했다. 나무에서 내려오다 셋째 오빠 역시 중간에서 걸려 버리고 말았다.

이제 소녀 혼자 남게 되었다.

소녀는 홀로 걷고 걸어 어느 마을에 이르렀다. 거기에는 엑시(고대 코미어로 공후, 공작)가 사는 큰 집이 있었다. 소녀는 이 집의 헛간으로 들어가 뒤집어진 큰 통 안에 숨었다. 소녀는 그 통 안에서 오빠들에 대한 슬픈 노래를 부르기 시작했다.

엑시의 아들들은 소녀의 노래를 들었다.

"누가 노래를 부르는 거지? 누구 목소리가 이렇게 시냇물같이 아름다운 소리를 내는 거지? 얘들아, 누가 노래 부르는 지 찾아내자구나. 찾아내는 사람이 이 소녀와 결혼하는 것으로 하자."

형제들은 소녀를 찾고 찾았지만, 어디에도 소녀는 없었다. 오직 노랫소리만 들릴 뿐이었다. 큰 형은 가장 오랫동안 소녀를 찾으러 다녔지만, 찾을 수 없었다. 소녀는 더 크게 노래를 불렀으며 자기에 대한 이야기를 하기 시작했다.

둘째가 말했다.

"만약 이 소녀가 말하는 내용이 사실이라면, 나는 이 소녀와 결혼하겠어."

둘째도 이곳저곳을 뒤지면 소녀를 찾았지만, 찾을 수가 없었다.

이제 막내가 찾기 시작했다. 막내는 '혹시 통 밑에 있지 않을까'라고 생각했다. 막내는 통을 뒤집었고, 그곳에 있는 소녀를 찾아냈다. 막내는 첫 눈에 소녀와 사랑에 빠졌다.

막내는 소녀와 함께 소녀의 오빠들을 보러 길을 떠났다.

그들은 진주자작나무에 도착했다. 여전히 소녀의 오빠는 나뭇가지에 걸려 내려오지 못하고 있었다. 소녀는 말했다.

"이제 내가 사실을 말했다는 것을 봤죠?"

"그렇소."

"그렇다면 이제 당신이 한 말이 사실인지 보고 싶어요. 내가 통 안에 앉아있을 때 당신이 내 오빠들을 구해준다고 약속하는 것을 들었어요."

엑시의 아들이 소매를 한 번 흔들자, 나무에 걸려있던 소녀의 오빠는 무사히 땅으로 내려왔다. 오빠는 시냇물을 마시고 산열매를 먹어 기운을 차렸다.

이제 소녀는 은자작나무와 금자작나무에 걸려 있는 오빠들을 엑시의 막내아들에게 보여주었다. 그는 나머지 오빠들도 역시 땅으로 무사히 내려오게 하였다. 소녀와 오빠들과 엑시의 막내아들은 궁전으로 돌아왔다. 소녀와 엑시의 막내아들은 성대한 결혼식을 올렸다.

빵과 불

옛날 아주 옛날 사냥꾼과 세 명의 아들이 살고 있었다. 어느 날 그들은 다람쥐와 들꿩을 사냥하러 숲으로 떠났다. 이들은 깊은 숲 속 오두막에 자리를 잡았다. 이들은 그렇게 열흘을 보내고, 한 달을 보내고, 석 달을 보냈다. 매일 그들은 더 많은 다람쥐와 들꿩을 사냥했다.

그러나 이들이 챙겨온 빵이 떨어졌다. 아궁이의 불도 꺼졌다. 새를 구워먹을 수도, 몸을 녹일 수도 없게 되었다. 배고픔과 추위 때문에 이들은 비몽사몽 하는 지경에 이르렀다.

아버지가 말했다.

"지금 와서 집으로 돌아가는 건 안타까운 일이다. 여기서 이렇게 사냥을 잘 했는데 말이다. 제비뽑기를 하여 너희들 중 누가 빵과 불을 가져올지 정하도록 하자."

첫째가 뽑혔다. 길을 떠나기 전 막내가 어디에서 불빛이라도 보이는지 확인하기로 했다. 막내는 높은 전나무에 올라가 살펴보니, 먼 곳에서 마치 늑대의 눈처럼 불이 빛나고 있는 것을 보았다. 막내는 나무에서 내려와 아버지와 형들에게 어느 방향으로 가야 하는지 알려주었다.

아버지는 말했다.

"장남이 어서 빨리 빵과 불을 가지고 돌아오도록 해라."

큰 아들은 총을 들고 불을 구하러 떠났다. 저녁 무렵 큰 아들은 어느 숲 속의 오두막에 도착했다. 아들이 오두막에 들어갔지만, 그 곳에는 아무도 없었다. 아궁이에는 불이 겨우 타고 있었고 구석에는 검게 그을린 냄비가 걸려 있었다. 아들은 불이 더 활활 타도록 아궁이에 장작을 던져 넣었다.

밝은 불빛이 장작더미를 삼켰다. 그러자 갑자기 어디서도 들은 적이 없는 큰 목소리가 들렸다. 아들은 깜짝 놀라 엉덩방아를 찧었다. 바닥에서 일어난 아들은 더 놀라게 되었다. 아들 앞에는 키가 천장만하고 머리카락은 희고, 수염은 초록색이며, 나무뿌리 같은 손을 가진 노인이 서 있었다. 노인은 사냥꾼에게 말했다.

"앉아라, 그리고 네가 누군지, 어디서 왔는지, 왜 허락도 없이 남의 불을 건드렸는지 이야기 해봐라."

아들은 어쩔 수 없이 그가 누구이고 왜 이 곳에 빵과 불을 구하러 왔는지 이야기했다.

이 노인은 숲의 정령 '레시'였다. 그는 사냥꾼에게 말했다.

"만약 나에게 이 세상에서 일어나지 않은 이야기를 해 준다면, 너에게 빵과 불을 줄 것이다. 그러나 만약 하나라도 실수를 해서 사실을 이야기 한다면, 너의 등가죽을 잘라 허리띠를 만들 것이야."

사냥꾼은 이야기를 시작했다. 이야기를 하다가 결국 실수를 저지르고 말았다. 이제까지 일어나지 않았던 이야기 대신 실제로 일어났던 일에 대해 이야기 해 버렸다. 레시는 화를 냈고, 사냥꾼을 잡아 등에서 손바닥만한 크기의 가죽을 잘라냈다.

겨우 레시의 쇠사슬 같은 손에서 벗어난 사냥꾼은 뒤도 돌아보지 않고 도망가기 시작했다. 큰 아들은 아버지와 형제들에게 돌아왔고 몰래 빵과 불을 가져가려는 바람에 레시에게 잡아먹힐 뻔 했다고 말했다. 그러나 큰 아들은 그가 이야기를 제대로 하지 못하는 바람에 레시가 등가죽을 잘라 허리띠를 만들었다는 말은 하지 않았다. 자신이 실수한 것이 너무 창피했기 때문이다.

아버지는 둘째 아들을 보내면서 말했다

"빵과 불을 몰래 가져올 생각 말고, 예의 바르게 부탁하거라."

그렇게 둘째 아들도 길을 떠났다. 그러나 그도 역시 형처럼 허구의 이야기를 지어내지 못했고, 레시는 둘째 아들의 발가락을 잘랐다.

겨우 둘째 아들이 돌아왔다. 둘째 아들은 어떻게 집까지 오게 되었는지 기억하지 못할 정도였다. 그는 가족들에게 레시가 이 세상에 없는 이야기를 요구했다고 말했다. 그러나 레시가 자신의 발가락을 잘라갔다는 이야기는 숨겼다.

막내 아들은 비웃으며 형들에게 말했다.

"에휴, 형들, 레시에게 빵과 불을 얻어 오지 못하다니……"

"아, 그럼 네가 가서 가져와 봐라."

"불과 빵이 없으면 살 수 없으니, 내가 가서 불과 빵을 가져오지요."

막내는 총을 들고 허리에는 도끼를 차고 길을 떠났다. 곧 그는 숲 속의 오두막에 도착했고, 불 앞에는 레시가 누워 있었다. 오두막의 한 쪽 구석에는 머리가, 다른 한 쪽 구석에는 다리가 닿을 정도로 레시의 몸은 거대했다.

막내는 레시에게 절을 한 후 예의바르게 말했다.

"여기서 하룻밤 묵어 갈 수 있을까요?"

"그렇다면야, 벽난로 위에 올라가 나에게 허구의 이야기를 해 다오. 마음에 들면, 내가 상을 줄 것이요, 허구의 이야기가 아닌 실제로 일어난 이야기를 한다면 너의 머리털을 모두 뽑아버리겠다."

막내는 이에 동의했다. 막내는 레시에게 자기가 이야기를 할 때 말을 끊지 말 것을 부탁했다.

"만약 제 말을 끊으면 제가 당신의 머리카락 한 타래를 뽑을 것입니다."

그렇게 둘은 약속을 하고 막내는 벽난로 위에 올라가 이야기를 시작하였다.

"옛날 옛날에 한 제화공이 3년 동안 하늘을 날아다니다가 푸른 들판 위에 있는 구름 위로 올라갔어요. 그런데 거기에 사는 모든 사람들은 맨발이었고 물구나무를 선 채로 다니는 것이었어요. 그들이 말하길, 만약 우리에게 날개 달린 신발이 있다면, 구름에서 저 구름으로 뛰어다니고 물구나무를 서서 걸어 다니지 않아도 될 텐데……"

"제화공은 이 하늘나라 사람들이 안타까웠고, 그들에게 날개달린 신발을 만들어주기로 했어요. 그는 신발을 만들 때 필요한 뻣뻣한 털 대신 레시의 머리에서 뽑은 흰 머리카락을 썼어요."

레시는 흰 머리카락에 대한 이야기를 듣자 자신의 머리를 잡고 소리쳤다.

"내 흰 머리카락은 뽑으면 안 돼!"

"안 되긴요."

사냥꾼은 레시의 머리에서 흰 머리 한 움큼을 뽑고는 더 이상 자기 이야기를 끊지 말라고 이야기했다. 레시는 잠자코 있었고, 막내는 계속 이야기를 이어나갔다.

"어느 날 날개달린 신발을 신은 하늘나라 사람이 밧줄을 만들더니 밧줄을 땅으로 내려 보냈어요. 그리고는 그 밧줄로 도모보이(집의 정령)를 낚기 시작했어요. 마지막 남은 한 명의 도모보이까지 다 낚은 후, 보댜노이(물의 정령)들을 낚기 시작했어요. 그런데 보댜노이들은 이리로 오고 있어요. 어, 어, 정말 그들이 이쪽으로 오고 있어요!"

레시는 깜짝 놀랐다. 레시는 평생 보댜노이들과 싸워왔기 때문에, 이 말을 듣자 문으로 뛰어갔다. 그러나 거기에는 아무도 없었다. 레시는 사냥꾼에게 말했다.

"왜 나를 속였어? 보댜노이가 없잖아?"

"당신이 먼저 나에게 이 세상에 없는 이야기를 하라고 시켰잖아요."

사냥꾼은 이렇게 대답하고서는 레시의 머리 한 웅큼을 다시 뽑고는 말했다.

"또 한 마디 하면, 머리카락을 또 뽑을 거예요!"

레시는 잠자코 앉아 이야기를 듣기 시작했다.

"제가 어느 날 사냥을 떠났어요. 길을 잃어버렸죠. 날씨가 추워지기 시작했어요. 그런데 갑자기 어디선가 곰이 나타났어요. 곰은 나에게 인간의 목소리로 이야기했어요.

"나를 쏘지 말아요. 나는 사람이에요. 당신이 시키는 것은 뭐든지 다 하겠어요! 저는 곰에게 모닥불을 피우라고 시켰더니, 곰이 말했어요."

"나에게는 부싯돌이 없어서 불을 피울 수가 없어요. 제 등에 타면 제가 불이 있는 곳으로 데려다 드리겠어요. 저는 곰의 등을 올라탔지요. 곰은 숲과 강, 그리고 산과 호수를 달려 당신의 오두막에 내려주고는 "여기서 당신은 불과 빵을 받을 수 있을 거예요"라고 말했어요. 이렇게 저는 당신에게 왔는데, 당신은 저에게 불도, 빵도 주지 않는군요."

그러더니 막내는 갑자기 소리쳤다.

"어이, 곰아, 이리 와서, 나쁜 레시를 잡으렴!"

그러자 레시는 막내 사냥꾼 앞에 엎드려 말했다.

"네가 원하는 건 뭐든지 다 가져가렴, 곰만 부르지 말라고!"

레시는 막내에게 모든 것을 다 맞추는 총과 절대 없어지지 않는 사냥도구가 담긴 가방, 부시와 부싯돌, 그리고 빵이 가득 들어있는 자루를 주었다.

"네가 이 부시와 부싯돌을 쓰면 뜨거운 불이 생길 것이야."

"이것으로는 부족해. 너는 내 형들을 화나게 했으니, 복수를 해야겠어."

레시는 울면서 맏형에게서는 등가죽을, 둘째 형에게서는 발가락을 잘랐다고 고백했다. 레시는 막내에게 등가죽과 발가락과 함께 마법의 약초를 주었다.

"나는 이제껏 나에게 불을 얻으러 온 많은 사람들의 발가락이나 등가죽을 잘랐는데, 너 같은 사람은 아직 온 적이 없었다."

막내는 레시에게 감사를 표했으며, 가족들에게 돌아갔다.

막내는 어떻게 레시를 속였는지 이야기하자, 형들은 입을 다물 수 없었다. 그러나 아버지는 말했다.

"그러나 너는 불을 가져오지 않았구나."

막내는 부싯돌을 꺼내 부시로 쳐서 불을 만들었으며, 벽난로에 장작을 넣어 불을 피웠다. 막내는 형들에게 말했다.

"자, 이제 레시의 집에서 형들이 무엇을 잃어버렸는지 말해 봐."

형들은 무슨 일이 있었는지 사실을 털어놓았다. 막내는 큰 형의 등과 둘째 형의 발에 마법의 약초를 발라주었고 그들은 감쪽같이 낫게 되었다.

아버지는 두 아들이 무슨 실수를 했는지 알게 되자 씁쓸해졌다. 그들은 숲에서 조금 더 지낸 후 집으로 돌아와 사냥한 다람쥐와 들꿩을 팔아 많은 돈을 벌게 되었다.

그 후 아버지는 죽음을 맞이하게 되었다. 죽기 전 아버지는 자신의 아들들을 불러 모아 말했다.

"장남과 둘째야, 너희는 나 없이 가업을 이끌 수 없겠구나. 막내야, 내가 너에게 내 사냥꾼으로서의 행복을 남겨주마."

장남과 둘째는 일이 잘 풀리지 않게 되었고, 곧 망하게 되었다. 반면 막내는 계속 아버지의 사냥터에서 사냥을 하였고 먼 곳까지 소문이 날 정도로 훌륭한 사냥꾼이 되었다.

코미 전통문화의 근반, 순록사육업[354)]

1. 수용 역사

코미 영토의 북부에 주로 밀집하여 거주하고 있는 코미인들을 코미-이제메츠인이라고 부른다. 이들은 수렵, 어업이나 농업에 종사하던 중남부의 다른 코미인들과는 달리 순록사육업에 종사했다. 본래 남쪽에 살던 이들은 툰드라 지역과 가까운 북쪽으로 이주했다. 그러나 새로운 곳에서는 과거의 경제활동을 그대로 이어오기가 힘들었다. 17세기 중반 무렵 이들은 이웃 민족인 네네츠인들로부터 순록사육업을 받아들였다.

러시아의 순록사육업은 크게 툰드라 순록사육과 타이가 순록사육으로 나눌 수 있다.[355)] 툰드라 사육은 네네츠인들이 주도한 사육방식으로 1년 내내 순록과 함께 유목을 한다. 반유목 형태인 타이가 사육은 서시베리아에서 발전한 방법으로, 순록을 하나의 이동수단으로 보는 것이 특징이다. 이제메츠인들의 주요 거주지인 이젬스키 지역의 북쪽으로는 네네츠인들이 이웃하고 있으며, 바로 동쪽, 우랄 산맥 너머에는 서시베

[그림 106] 코미 영토 주변 순록사육민족의 거주지

리아의 대표적인 순록사육업자들인 한티인, 만시인들이 거주하고 있다.[356] 이런 지리적인 위치로 인해 이제메츠인들은 자연스럽게 툰드라와 타이가, 양쪽 순록사육방법의 영향을 모두 받았다.

그러나 이젬스키 지역으로 이주하기 전까지 농업과 어업 등 정착형 경제활동에 종사했던 이들이 과연 유목을 요하는 순록사육업을 수용할 수 있었을까? 라는 의문이 든다. 갑작스러운 생업의 변화는 이들의 또 다른 주요 경제활동인 교역에서 그 원인을 찾을 수 있다. 이들은 타민족에게 '북부의 유태인'이라고 불렸을 만큼 일찍이 뛰어난 사업적 재능을 보였다. 당시 러시아 시장에서 가장 가치가 높았던 상품 중 하나는 바로 모피였는데, 이들이 사냥으로 잡은 수달, 담비, 다람쥐, 여우 등의 모피는 러시아뿐만 아니라 해외에서도 유명세를 떨치게 되었다. 초반에는 모피를 구입하려는 타지 상인들이 이젬스키 지역을 찾았다면, 시간이 지남에 따라 이제메츠인들이 직접 유럽 북부, 그리고 콜라 반도부터 오비 강 하류지역까지 진출하여 활발하게 상업활동을 펼쳤다. 이제메츠인들은 보드카, 실, 바늘 등 모든 것을 팔아 이익을 취했으며, 돈을 위해서라면 먼 거리도 마다하지 않고 달려갔으며, 속임수나 사기행위도 주저하지 않았다.[357]

순록사육업의 수용 원인은 당시 경제적 상황을 통해서도 유추해 볼 수 있다. 16세기 러시아의 시베리아 원정이 시작되면서 17세기까지 모피교역이 활발해지고 그 값어치가 높아지면서 모피산업은 빠른 속도로 발전하게 되었다. 그러나 이것은 곧 무자비하고 과잉된 모피 사냥으로 이어졌고, 이로 인해 동물들의 수가 대폭 줄어들게 되었다. 결국 모피산업의 채산성이 낮아지면서, 모피 교역으로 높은 수익을 벌어들였던 코미인들은 새로운 모피를 얻을 수 있는 순록에게서 높은 상품성을 발견했다.

순록의 가치를 더 높였던 것은 순록유목 방식의 변화였다. 애초 네네츠인들로부터 순록사육업을 받았던 이제메츠인들은 한동안 네네츠인들의 사육방식을 따랐다. 18세기부터 네네츠인들의 순록유목 방식에 변화가 생겼는데, 이는 많은 순록을 한 무리로 지어 유목시키는 방법이었다.[358] 이제메츠인들도 네네츠인들처럼 대규모 순록유목 방법으로 전환하였다. 유목방법의 전환 역시 경제적인 배경에서 비롯된 것이라고 할 수 있다. 대규모 유목을 할 경우, 그만큼 순록에게서 얻을 수 있는 모피와 가죽이 더 많아지기 때문이다. 이들은 곧 러시아의 툰드라 지역, 그리고 유럽 북부 지역에서 가장 큰 규모의 순록사육을 발전시킴으로써, 순록사육업은 이제메츠인을 상징하는 경제활동이 되었으며, 동시에 이제메츠 집단과 타 코미집단을 구별해 주는 명확한 기준이 되었다.

2. 이제메츠 순록사육업의 특징

네네츠인들에게서 순록사육을 받아들였지만, 이제메츠인들은 타이가 순록사육의 요소 또한 받아들이는 등 자신만의 순록사육법을 발전시켰다. 이제메츠인의 순록사육은 몇 가지 독특한 특징을 가지고 있다.

첫 번째는 반유목형태이다. 앞서 언급했듯이, 네네츠인의 순록사육은 1년 내내 계속 순록을 따라다니며 유목생활을 하는 툰드라식 사육이었다. 그러나 이제메츠인은 다른 서시베리아 순록사육자처럼 반 유목 형태를 발전시켰다. 날씨가 따뜻해지는 봄이 되면 유목을 위해 카라 해 근처의 툰드라 초원으로 떠났다가, 겨울에는 다시 자신의 집으로 돌아왔다.

두 번째로는 순록사육의 상업화를 들 수 있다. 이 점이 다른 순록사육 민족과 가장 차별화되는 특징이며, 이는 방목, 사육에 있어 또 다른 특징들을 낳았다. 순록과 함께 유목을 하며 돌아다녔던 타민족이 순록을 이동수단, 음식, 옷과 유목용 텐트의 재료 등 자급자족을 위해 사육했다면, 이제메츠인들은 순록에서 얻을 수 있는 모든 것–예를 들면, 순록 가죽, 고기, 털 등–을 교역대상, 즉 하나의 '상품'으로 보았다. 특히 이제메츠인들이 만든 순록의 다룸가죽(замши), 혹은 섀미가죽은 순록의 가죽을 좀 더 부드럽게 만든 것으로 이들의 특산물이 되었다. 일부 이제메츠인들은 전염병과 방목지 부족으로 19세기 중반부터 인근의 다른 순록사육 지역(한티–만시 자치구, 야말–네네츠 자치구)으로 이주했는데, 이주한 지역에서도 다룸가죽을 가공하는 시설을 만들 정도로 이는 높은 수익성을 보장하는 상품이었다.

세 번째 특징은 유목시기의 차이이다. 툰드라 순록사육자들은 겨울이면 인근 지역에서 순록을 사육하다가, 여름이 되면 좀 더 서늘한 북쪽으로 이동한다. 같은 툰드라 사육을 하는 네네츠인들의 경우 여름 방목을 위해 일찍 북쪽으로 이동하는데, 이는 유목 도중 만날 수 있는 야생 순록을 사냥하기 위함이다. 그러나 이제메츠인들은 네네츠인들보다 북으로 이동하는 시기가 3–4주 정도 늦고, 남쪽으로 돌아오는 시기는 더 빠르다. 다시 말하자면 계절방목 시기가 짧다는 것이다. 이제메츠인들이 북쪽 지역으로 늦게 가는 이유는 눈이 깊게 쌓여있는 기간을 피해 어느 정도 눈이 녹은 상태에서 순록에게 먹이(이끼, 풀 등)를 쉽게 주려는 의도이며, 일찍 남쪽으로 돌아오는 이유는 겨울 방목 전 대량 도살을 하기 위함이다.[359] 대량도살은 앞서 언급한 순록의 '상업화'와 관련이 있다.

네 번째 특징은 순록을 유목할 경우, 사육업자들이 뿔뿔이 떠나는 것이 아니라, 가족으로 구성된 작업반이 툰드라로 나가며, 그동안 집에 남은 나머지 가족들은 가정을 돌보고, 어업과 같은 다른 경제활동을 하는 형식이다. 다시 말해, 이제메츠인들은 다른 민족에게서는 찾아볼 수 없었던 소위 '작업반-교대'(бригадно-вахтовый способ) 형식의 독특한 순록유목형태를 구축해 나갔다.[360)]

다섯 번째 특징으로는 순록을 사육하는 방법에 있다. 보통 순록업자들은 순록을 방목지로 이동시킬 뿐, 그 이후에는 방임상태로 두는 반면, 이제메츠인은 24시간 순록을 감시하고 보살핀다. 또한 다른 민족에서는 볼 수 없는 순록치기 개가 순록 감시를 돕는다. 이는 어떻게 보면 고가치 상품의 손실을 최대한 방지하기 위한 목적에서 출발했다고 볼 수 있다.

여섯 번째 특징 또한 순록의 상업화와 관련이 있다. 이제메츠인들은 순록을 성별과 나이별, 그리고 기능별로 구분하여 길렀다. 예를 들면, 순록이 어릴수록 순록가죽의 상품성은 높아지기 때문에, 어린 순록에 더 많은 관심을 쏟는다. 나이별 구분이 정확하다 보니, 나이별로 순록을 부르는 명칭이 따로 존재한다.[361)] 상품용이 아닌, 이동용 순록으로는 거세한 수컷이나 암컷이 이용된다.

마지막 특징으로는 대규모 순록사육 방식을 들 수 있다. 부유한 개인이 많은 순록을 가지고 있는 경우도 있지만, 이제메츠인들은 보통 여러 사람의 순록을 한 무리로 통합하여 유목을 다녔다. 정착형 순록업자들도 자신들의 순록을 유목을 떠나는 동료에게 맡겨 같이 유목시켰다.

이렇듯, 이제메츠인의 순록사육은 인근의 순록사육 민족의 영향을 받으면서도 다른 특징을 가지고 있다는 것을 알 수 있다. 여러 특징들을 종합해 볼 때, 이제메츠 순록사육은 순록의 상품화, 상업화에 초점이 맞춰져 있다는 것을 알 수 있다. 그리고 개인의 순록뿐만 아니라, 정착형 순록업자의 순록까지 맡아 공동유목한 것으로 볼 때, 타민족에서는 볼 수 없는 공동경제활동 체계를 일찍부터 갖췄다는 것을 알 수 있다. 소비에트 정부 수립 후, 러시아 북부에서 가장 큰 순록국영농장들을 코미인이 주도했는데, 이는 이제메츠인이 소비에트식 집단농장과 흡사한 특징을 가진 공동경제 시스템을 이미 구축했기 때문일 것이다.

3. 순록사육업과 의식주

인간의 의식주는 자연스럽게 자연환경과 그에 따른 경제활동의 영향을 받을 수 밖에 없다. 이제메츠인이 순록사육을 수용한 이후, 문화 역시 순록사육 민족의 영향을 받게 되었다. 이제메츠 순록사육업의 가장 큰 특징이 상업성이기는 하지만, 이들이 순록을 매매하기만 했던 것은 아니었다. 이제메츠인들은 순록을 '신이 인간에게 준 선물'이라고 여겼을 만큼 자급용으로도 이용하였다. 순록은 이제메츠인의 의식주에 다양하게 사용되었다.

먼저 주거양식을 보자면, 유목 시 이들이 거주하는 곳인 이동천막 '춤'(чум)을 들 수 있다. '춤'은 정착생활을 했던 타 코미그룹의 주거양식과 확연히 차이를 보이는 요소이다. 순록가죽과 털은 춤의 주재료가 되어, 러시아 북부의 혹독한 바람과 추위를 막아주었다. 특히 '춤'의 겉뿐만 아니라 안쪽도 순록의 가죽으로 두르는데, 이때 지붕 하나를 두르는데 필요한 순록가죽의 수는 20-40개에 달한다고 한다.[362] 여름에는 순록의 가죽 대신 자작나무로 만든 판이나 넓은 천을 덮는다. 춤의 내부에는 불을 피울 수 있도록 중앙에 직사각형 형태의 구멍을 파는데, 이것을 '노루'(нору)라고 부른다. 춤 안에는 잠을 잘 수 있는 판자 침상이 놓여 있으며, 침상 위는 역시 순록의 가죽으로 덮는다.[363]

춤은 꽤 크기 때문에 유목을 떠날 때 춤의 골조 등을 운반하는 것도 쉬운 일이 아니다. 이때 운반수단 역시 순록이다. 이것은 타이가 방식에서 차용해 온 것으로, 순록이 끄는 썰매는 계절에 따라, 그리고 용도(운반용, 이동용)에 따라 다르며, 썰매를 끄는 순록의 수도 차이가 난다. 겨울에는 보통 3-4마리가, 여름에는 7마리 정도의 순록이 썰매를 끈다. 썰매는 남성용과 여성용이 구별되어 있는데, 여성용은 썰매 본체가 높은 편이며 앞뒤 등받이도 높고 좌석도 더 넓다.[364) 이는 여성이 보통 아이와 함께 앉거나 임신을 한 경우를 고려해 더 안정성을 기한 것이라고 볼 수 있다.

의복의 경우에도 순록은 다양하게 사용되었으며, 이 역시 코미 남부 지역과 많은 차이점을 보이고 있다. 코미 땅 자체가 러시아의 북서지역에 위치해 있어 추운 기후와 긴 겨울이 특징이기는 하지만, 코미 남부 사람들이 러시아인의 영향을 더 많이 받았다면, 이제메츠인의 의복은 네네츠인의 것과 유사한 형태를 보이고 있다. 순록의 모피는 따뜻한 옷과 신발을 만드는데 사용되었다. 말리차(малица)는 대표적인 순록사육자의 의상이라고 할 수 있다. 이 옷은 몸통, 소매, 모자까지 달린 일체형 의복으로 추운 북부 기후에 가장 잘 적응할 수 있는 형태의 옷인 동시에 썰매를 타고 오랫동안 이동해야 하는 유목생활에 적합한 옷이라고 할 수 있다. 말리차는 남녀노소 공용으로 입는 옷으로, 여성이나 아이들의 경우, 모자 부분이 더 밝고 화려한 색상으로 되어 있다. 이외 소빅(совик)이나 파르카(парка)와 같은 순록가죽으로 만든 상의가 있다.

의복 외에 툰드라 지역을 오가는 사람들에게 중요한 것은 신발이다. 핌미(пимы), 토보키(тобоки)는 모두 이제메츠인의 전통 신발로, 목이 긴 모피장화를 말한다. 겨울뿐만 아니라, 여름에도 이 신발을 신는데, 이는 여름방목을 위해 툰드라 지역으로 떠나기 때문이다. 토보키는 보통 기름을 먹인 순록가죽으로 만들어진다. 겨울용 신발은 더 목이 길며, 순록의 다리부분에서 떼어 낸 가죽으로 만든다. 토보키의 발등 부분은 얇은 끈이나 양털 실로 묶게 되어 있다. 겨울에는 난방을 위해 토보키 안

에 긴 양말을 신는다.[365)]

순록은 또한 '투추'(тучу)라는 이제메츠인만의 독특한 가방을 만드는데 사용된다. 투추는 골무나 실 같은 것을 담아두는 것으로 순록의 가죽으로 만들어진 반타원형의 가방이다. 이때 순록의 이마부분에서 떼어 낸 가죽이 투추를 만드는데 이용된다. 투추보다 더 큰 크기의 가방은 자루처럼 생긴 '파드쿠'(падку)이다. 이 역시 순록가죽으로 만들며, 겉 부분을 순록 털로 장식한다. 투추가 작은 가정용품을 담는 가방이라면, 파드쿠는 크기가 좀 더 큰 세간을 보관하거나 운반하는데 사용된다.[366)]

음식의 경우, 순록을 이용해 만든 요리는 대부분 네네츠인에게서 받아들인 것이다. 음식조리법이나 저장법 등도 툰드라 지역에 맞게, 그리고 유목생활에 맞게 네네츠인들로부터 차용되었다. 네네츠인의 영향을 받을 수 밖에 없었던 이유는 이웃 순록사육업자인 한티인이나 만시인은 애초부터 순록을 이동수단으로만 보았을 뿐, 식용하지 않았기 때문이다. 이들은 사냥으로 얻은 다른 동물과 생선만 음식의 재료로 이용했다.

음식은 의식주에서 가장 끈질긴 생명력을 가지고 있는 영역이다. 현대에도 많은 이주민들에게서 가장 오래 보존되어 있는 것이 바로 음식이다. 코미 음식 또한 소비에트 시기를 거치면서 일반적인 러시아 음식의 모습을 갖추게 되었지만, 순록고기를 넣어 끓인 수프 등은 여전히 이제메츠인들이 선호하는 음식으로 남아있다. 또한 순록고기는 양질의 단백질을, 순록의 피는 툰드라에서 구하기 힘든 야채나 과일을 대신하여 비타민을 제공한다. 순록의 고기는 보통 익히지 않은 날것 그대로 섭취하거나 염장처리하여 먹는다. 또는 냉동한 고기를 얇게 썰어 차가운 상태로 먹는데, 이것을 '아이바르츠'(айбарч)라고 부르며, 이는 다른 코미인들에게서는 찾아볼 수 없는 음식으로 이제메츠인들은 이것을 진미로 여겼다. 순록의 피는 죽이나 스프에 넣어서 먹거나, 도살한 직후 온기가 남아있는 따뜻한 피를 그대로 마시기도 한다. 남은 순록고기로는 국을 끓여 먹는다. 순록 뼈나 복강에서 얻어낸 순록 기름은 그 맛이 버터와 비슷한데, 죽에 넣어서 먹거나, 고기를 구울 때, 혹은 빵에 발라 먹기도 한다.[367] 순록 기름은 또한 어두운 집안을 밝히는 초의 재료가 된다. 순록 외에도 이제메츠인의 음식문화에 영향을 미친 것은 유목을 하는 생활방식이었다. 유목을 할 동안 먹을 수 있는 러스크(수하리, сухари)나 간을 하지 않은 반죽으로 만든 얇은 빵(일종의 건빵) 등 간단하거나 반조리 음식 등이 발전하게 되었다.

순록사육업이 미친 영향은 음식 자체뿐만 아니라, 식기구에서도 찾아볼 수 있다. 춤에서 필요한 각종 세간들은 순록의 뼈나 뿔로 만들어지기도 한다.

4. 순록사육업과 정신문화

한 민족의 정신문화 범주에는 여러 영역들이 포함될 수 있다. 언어, 토속신앙, 민담과 같은 구비문학, 관습, 민족예술, 축제 등이 그 영역들이다. 여기서는 이 중 일부 영역을 중심으로 이제메츠인의 정신문화를 엿보고 순록사육과의 연관성을 찾아본다.

이제메츠어는 다른 코미어와 차이를 가지고 있다. 코미 남부언어와 차이를 보일 수 밖에 없는 것은 주로 교류하는 민족이 달랐기 때문이다. 러시아가 코미 땅을 자신의 영토로 편입시키면서, 러시아 관리, 군인 등이 이곳으로 이주하기 시작했다. 이들이 가장 먼저 정착한 지역이 러시아와 지리적으로 조금이나마 가까우면서, 예로부터 코미 행정 중심지였던 남부 지역이었다.[368] 그 이후 러시아 이주민들의 수는 점점 증가하게 되면서, 코미인들은 러시아어의 영향을 받게 되었다. 그런 반면, 북부는 비교적 러시아인의 수가 적었고, 이웃한 한티인, 만시인, 특히 순록사육을 전수해 준 네네츠인들이 순록 방목을 위해 자주 건너왔다. 그렇기 때문에 이웃 민족의 언어적 영향을 직접적으로 받았다. 그중에서도 특히 순록사육에 관련된 네네츠 전문용어가 상당 부분 차용되었다. 소비에트 정부 수립 후 코미 정부에서는 단일한 코미문어를 제정했는데, 표준 코미어가 지랸 방언만을 바탕으로 만들어졌기 때문에 이제메츠인들을 비롯한 지랸 외의 코미 그룹들은 적잖은 어려움을 겪어야 했다.[369)]

순록사육업은 언어뿐만 아니라, 구사하는 표현, 더 넓게 보자면 가치관에도 영향을 주었다. 플렙솝스키(Ф.В. Плевсовский)는 이제메츠인들이 여성에 대한 아름다움을 표현하는 흥미로운 관용구를 소개한 바 있다.[370)] 이 표현들은 주로 여성 신체의 특정 부분을 순록이나 순록사육과 관련된 물건에 비유하는 것인데, 예를 들면, 이제메츠인들은 '아가씨의 머릿결'을 '순록의 매끈한 털'에 비유하고는 했다. 그리고 큰 키를 아름다움의 기준으로 봤던 이제메츠인들은 키가 큰 여성을 표현할 때 '춤(чум)만한 키'라고 이야기한다.

이제메츠인의 장례문화나 관습, 기타 미신에서도 순록사육업의 흔적을 찾아볼 수 있다. 이제메츠인은 다른 코미인이나 러시아인처럼 시신을 관에 넣어 땅에 묻는다. 특이한 것은 죽은 이의 무덤 가까이에 작은 제사상을 차리고 순록고기를 반드시 제사상에 올린다는 것이다. 그리고 추도 후에는 이 상을 그대로 두고 온다. 이와 함께 일상생활에 쓰이는 물건들(순록으로 만든 생활용품 등)을 새 것으로 준비하여 무덤가에 두고 오는데, 나중에라도 이것을 가져와서는 안 된다는 강한 믿음을 가지고 있었다.[371)] 이러한 장례문화는 이웃 민족인 한티인, 네네츠인, 만시인에게서도 볼 수 있다.[372)] 특이한 것은 동시베리아에서 순록을 유목하는 축치인이나 코랴크인, 야쿠트인과 비교해 볼 때, 이제메츠인의 장례문화에서는 비교적 순록사육의 흔적이 약하게 드러난다는 것이다. 동시베리아 민족의 경우, 생로병사와 관련된 이들의 관습에서 순록사육이라는 경제활동의 영향은 보다 뚜렷하게 나타난다. 이들은 사람이 죽게 되면 그 시신을 순록이 끄는 썰매에 태워 순록사육을 하던 툰드라까지 운반하여 그곳에 썰매와 함께 시신을 놓고 돌아온다.[373] 장례문화에 나타난 순록사육의 흔적 정도는 러시아인들과의 접촉시기, 러시아 문화 및 러시아 정교의 영향과 상관있을 것으로 추측할 수 있다. 순록유목을 발전시켰던 당시에도 이미 이제메츠인의 삶에서 정교는 중요한 부분을 차지하고 있었다. 이들은 유목생활을 하면서도 단식기간을 지켰으며, 19세기 후반 이웃 지역으로 이주할 때도 그 지역 내 교회를 짓는데 앞장섰을 뿐 아니라, 돈과 목재 등을 기부하였다.[374]

이제메츠인의 토속신앙 중 남부 코미인과 또 다른 점은 특정 동물에 대한 관계에서도 엿볼 수 있다. 남부 코미에서는 개를 사냥꾼의 친구이자 가족의 일원으로 간주하고 장례음식까지 개를 위해 남겨줬던 데 반해, 이제메츠인은 순록이 강을 건널 때 빠져 죽지 않도록 물의 정령인 바사(Vasa)에게 개를 바치는 관습을 가지고 있었다.[375]

축제문화를 살펴보면, 이제메츠인들에게서도 순록사육을 하는 다른 민족처럼 '순록사육자의 날'(День Оленевода)이 생겨났다. 오랜 전통을 지닌 이 축제는 겨울방목지로 이동하는 순록과 순록치기를 배웅하기 위한 것이다. 축제에서 빠질 수 없는 것이 순록경주이며, 이외에도 사람들은 순록잡기, 올가미 던지기, 도끼 던지기, 썰매 뛰어넘기 등을 즐긴다.[376]

* * *

코미인들이 향유하는 독특한 전통문화의 핵심은 바로 순록사육업에 있다고 할 수 있다. 인근 지역의 네네츠인들로부터는 받아들인 순록사육업은 북부 코미인들의 주요 경제생활로 정착했다. 이들은 네네츠인, 한티인과 만시인 등 주변의 순록사육 민족의 영향을 받았으나, 순록유목 방식이나 규모, 의식주 등 다양한 영역에서 자신에게 보다 유리한 점을 선택하여 수용하고 변형시키면서 자신들만의 독특한 순록사육문화를 발전시켰다.

소비에트 시기의 도시화와 산업화로 인해 코미인의 많은 전통문화 요소들이 현대화되었지만, 오늘날까지 유지되고 있는 것은 이들 특유의 경제활동인 순록사육이다. 물론 1950년대 활발하게 진행된 산업화로 그 규모나 순록사육자의 수가 크게 줄어들기는 하였으나, 순록 모피로 된 옷과 신발, 썰매 등은 여전히 순록사육을 업으로 삼는 코미인에게서 잘 보존되고 있는 전통문화라 할 수 있겠다. 전통적인 문화요소가 그대로 잘 유지될 수 있었던 또 하나의 원인은 이들의 거주지역과 그 형태에서 찾을 수 있다. 예로부터 지금까지 순록사육업에 종사하는 코미인들은 이젬스키 지역에서 거주해 왔다. 순록사육업자들의 전통적인 집거지역이 형성되어 유지됐다는 점, 그리고 이젬스키 지역이 코미 공화국의 산업중심지나 다른 도시들로부터 멀리 떨어져 있다는 점은 이들의 전통생활양식, 문화와 방언, 관습 등을 유지하는 데 강력한 요인이 되고 있다. 뿐만 아니라, 추운 기후에 최적화된 전통적인 의식주 문화가 그 실용성을 현대에도 여전히 인정받고 있다는 점도 그 원인 중 하나라고 할 수 있을 것이다.

민족성 되찾기 열풍이 불었던 1990년대부터 코미인들은 그들의 과거와 역사를 되돌아보고, 그것을 전승시키려는 노력을 하고 있다. 이때 가장 널리 활용됐던 것이 바로 순록사육업이다. 순록사육업에 바탕을 두고 있는 코미인의 전통문화는 오늘날 코미 민족을 잘 나타내는 키워드 중의 하나로 자리 잡게 됐다.

원시림 속 부상하는 산업기지,

코미 공화국

참고문헌

- 김혜진. "강 위의 도시, 코미 공화국의 식팁카르를 가다." 최우익 외. 『북방의 등대: 러시아 북서연방관구』. 서울: 한국외대 출판부, 2012.
- ______ "광활한 산림 속 순록과 수달의 땅, 코미." 『Russia & Russian Federation』. Vol. 2, No. 3. 서울: 한국외국어대 러시아연구소, 2010.
- ______ "러시아 내 코미민족의 이주와 정착과정." 『시베리아연구』, 제16권 1호. 대전: 배재대학교 한국-시베리아센터, 2012.
- ______ "러시아의 소수민족 정책과 한계." 『국제지역연구』, 제16권. 서울: 한국외국어대 국제지역연구센터, 2012.
- ______ "코미-이제메츠 문화적 독자성의 기반: 순록사육업을 중심으로." 『러시아연구』, 제22권, 1호. 서울: 서울대학교 러시아연구소, 2012.
- ______ "탈소비에트 20년: 민족정체성의 발현, 그리고 통합과 분리." 『Russia & Russian Federation』. Vol. 3, No. 2. 서울: 한국외국어대 러시아연구소, 2011.
- ______ "핀-우그르 민족, 또 다른 민족공동체의 형성." 『Russia & Russian Federation』, Vol. 2, No.1. 서울: 한국외국어대 러시아

연구소, 2010.

- 제임스 포사이스. 『시베리아 원주민의 역사』. 정재겸 옮김. 서울: 솔출판사, 2009.

- Богораз, В.Г. *Чукчи. Ч.II. Религия.* Ленинград: Главсевморпуть, 1939.
- Голубицкая, М.В., И.И. Санин. *Социально-экономическое положение регионов России.* М.,: Издательство ≪Сатурн-С≫, 2001.
- Денисенько, В.Н. "Родной язык и этнос: коми и коми-пермяки." *Уралистика, Вып.* 9 (марта 2007).
- Жеребцов, И.Л. *Участие коми в освоении Сибири и дальнего востока в конце XVI - XVIII вв.* http://www.komi.com/folk/komi/75/htm (검색일: 2012.02.25)
- _______________ *Переселение за Урал и на Кольский полуостров.* http://www.komi.com/folk/komi/77/htm (검색일: 2012.02.26)
- _______________ "У истоков национальной государственности." *Республика Коми - 80 лет.* Сыктывкар, 2001.
- Жеребцов, И.Л., В.В. Фрузер. *Демографические процессы в Коми в XX веке.* Сыктывкар: Коми научный центр УрО Российской АН, 2000.
- Жеребцов И.Л., Ю.П. Шабаев. "Коми-народ на краю Европы." *НЕСТОР*, № 10 (2007).
- Квашнин, Ю.Н. "Особенности этнических процессов в низовьях Оби." *Вестник археологии, антропологии и этнографии*, № 6 (2005).
- Ковалев, В.А., Ю.П. Шабаев. "Оценка конфликтного потенциала в Республике Коми." *Регионология*, № 3 (1997).
- Козлова, К. "Коми." *Живописная Россия*, № 2 (2003).

- Козьмин, В.А. *Оленеводческая культура народов Западной Сибири.* СПб: Издательство С-Петербургского университета, 2003.
- Колчина, Е.В. *Традиционное представление коми-ижемцев об идеальном визуальном образе человека.* http://kizhi.karelia.ru/library/ryabinin-2003/46/html (검색일: 2011.12.20)
- Конаков, Н.Д. *Коми-зыряне.* http://www.sati.archaeology.nsc.ru/mifolog/myth/25.htm (검색일: 2011.12.11)
- Конаков, Н.Д., О.В. Котов. *Этноареальные группы коми. Формирование и современное этнокультурное состояние.* М., 1991.
- Морозов, В.М., С.Г. Пархимович. "Миграции древних коми в Нижнее Приобье." *Известия Уральского государственного университета*, № 7 (1997).
- Повод, Н.А. "Особенности освоения территории нижнего Притоболья Коми переселенцами в XIX в.." *Вестник арехологии, антропологии и этнографии*, № 9 (2008).
- __________ *Особенности традиционной культуры ляпинских коми-зырян.* http://www.ipdn.ru/rics/doc0/DA/al/3-pov.htm (검색일: 2012.3.2)
- __________ *Социокультурная адаптация коми северного зауралья.* Автореферат диссертации к.и.н. Екатеринбург, 2004.
- Сорокин, П. *Человек. Цивилизация, Общество.* М.,: Политиздат, 1992.
- Сподина, В.И. "Хантыйско-ненецкие культурные характеристики и взаимоотношения в условиях пограничья." *Известия РГПУ им. А.М. Герцена*, № 118 (2009).
- Теребихин, В.М. "Флуктуации суицидального поведения населе-

ния Республики Коми.” *Социологические исследования*, № 10 (2010).

- Шабаев, Ю.П. *Еропейский север России: конфликтный регион.* http://sykts.ru (검색일: 2011.11.12)
- ____________ “Народы Европейскойго севера России: положение, специфика идентичности.” *Социологические исследования*, № 2 (2011).
- ____________ “Территориальное сообщество и этнические воззрения населения Республики Коми.” *Социологические исследования*, № 11 (2004).
- Шабаев, Ю.П., И.Л. Жеребцов, Дж. Алексендер. “Национальное развитие и этнополитика в восточнофинских республиках России.” *Мир России*, № 4 (1997).
- Шабаев,Ю.П., Н.В. Шилов, В.Н. Денисенко. “Язык и этничность: дискуссия о языковой политике в регионах проживания финно-угров.” *Этнографическое обозрение*, № 2 (2009).
- Шабаев, Ю.П., Л.В. Завьялова, В.А. Ковалев. “Региональный парламентаризм: пути эволюции.” *Журнал социологии и социальной антропологии*, № 1(34) (2006).

- Konakov, N.D. *Komi Mythology.* Budapest: Akademiai Kiado, 2003.
- Orttung, Robert W. *The Republics and Regions of the Russian Federation.* NY: EastWest Institute, 2000.
- Ruotsala, Helena. "The Komi of the Kola Peninsula." Dana, Leo Paul, Robert Brent Anderson (ed.). *Handbook of research on Indigenous entrepreneurship.* London: Edward Elgar Pub., 2004.

통계 자료

- Итоги переписи всенаселения СССР 1926 г.
- Итоги переписи всенаселения СССР 1939 г.
- Итоги переписи всенаселения СССР 1959 г.
- Итоги переписи всенаселения СССР 1970 г.
- Итоги переписи всенаселения СССР 1979 г.
- Итоги переписи всенаселения СССР 1989 г.
- Итоги переписи всенаселения РФ 2002 г.
- Итоги переписи всенаселения РФ 2010 г.
- *О суицидальных явлениях в Республики Коми. Информационная записка*. Сыктывкар: Госкомстат Республики Коми, 2000.
- Росстат, *Регионы России: Основные характеристики субъектов Российской Федерации*. М., 2005.
- Росстат, *Регионы России: Основные характеристики субъектов Российской Федерации*. М., 2010.
- Росстат, *Регионы России. Социально-экономические показатели*. М., 2011.
- Росстат, *Регионы России: Основные характеристики субъектов Российской Федерации*. М., 2012.
- Росстат, *Регионы России. Социально-экономические показатели*. М., 2012.

신문

- *The Moscow Times*. Nov. 13, 2011.

- 「경향신문」. 2007년 6월 28일.
- 「뉴스핌」. 2008월 10월 2일.
- 「머니투데이」. 2008년 2월 29일.
- 「서울신문」. 2008년 2월 27일.
- 「연합뉴스」. 1994년 10월 27일.
- 「연합뉴스」. 1995년 5월 19일.
- 「연합뉴스」. 2008년 2월 26일.

인터넷 자료

- 바렌츠 유럽-극지역회의 공식 사이트
  http://www.beac.st/in_English/Barents_Euro-Arctic_Council.iw3 (검색일: 2013.04.01)
  http://www.barentsinfo.fi/beac/docs/Barents_Cooperation_information_Russian_March_2012.pdf (검색일: 2013.04.01)
- 러시아 외무부 자료 http://www.mid.ru/ns-dipecon.nsf/prvessub(검색일: 2012.10.11)
- 러시아연방 핀-우그르 문화센터
  http://www.finnougoria.ru/community/folk/section.php?SECTION_ID=346&ELEMENT_ID=2254 (검색일: 2012.07.17)
  http://www.finnougoria.ru/community/folk/section.php?SECTION_ID=346&ELEMENT_ID=2704)(검색일: 2012.07.20)
  http://www.finnougoria.ru/community/folk/8/detail.php?IBLOCK_ID=46&SECTION_ID=346&ELEMENT_ID=2246 (검색일: 2011.11.23)
  http://www.finnougoria.ru/ethnology/photogallery/856/9588/ (검색일: 2012.07.04)

- 식팁카르 시 공식 사이트 http://www.syktyvkar.komi.com (검색일: 2013.03.11)
- 코미 공화국 공식 사이트
  http://www.rkomi.ru (검색일: 2012.11.09)
  http://rkomi.ru/content/5898/russia_1444.jpg (검색일: 2011.12.22)
  http://rkomi.ru/left/info/polozh/ (검색일: 2012.06.22)
  http://rkomi.ru/left/info/prir_res/ (검색일: 2012.08.22)
  http://rkomi.ru/left/info/gos_simv/ (검색일: 2011.10.11)
  http://rkomi.ru/services/albom/22/ (검색일: 2013.02.23)
  http://rkomi.ru/top/glava/ (검색일: 2011.11.13)
  http://rkomi.ru/page/4898/(검색일: 2012.06.22)
  http://rkomi.ru/top/gossovet/strgs/rukov (검색일: 2012.12.03)
  http://rkomi.ru/razdelpseudo/265/ (검색일: 2012.12.03)
  http://rkomi.ru/left/deput_senat/; http://rkomi.ru/left/deput_senat/gosduma/ (검색일: 2012.12.03)
  http://minnats.rkomi.ru/right/photo/4893/ (검색일: 2013.01.12)
  http://minnats.rkomi.ru/left/about/rukovod/ministr/(검색일: 2013.02.27)
  http://rkomi.ru/services/albom/16/ (검색일: 2013.01.09)
  http://rkomi.ru/left/info/agro/ (검색일: 2011.12.22)
  http://rkomi.ru/services/spissmi/237/ (검색일: 2012.10.02)
  http://rkomi.ru/left/info/invest/ (검색일: 2012.08.12)
  http://rkomi.ru/left/info/soc_spher/ (검색일: 2012.09.16)
  http://rkomi.ru/left/info/programs/ (검색일: 2012.7.18)
  http://rkomi.ru/left/info/cult/ (검색일: 2012.09.16)
  http://rkomi.ru/news/7654/ (검색일: 2012.07.01)
- 코미 공화국 국립미술관 http://www.komi.com/NGall/ (검색일:

2012.09.11)

- 코미 공화국 국립박물관

  http://museumkomi.ru/municipalnye-myzei-rk/ (검색일: 2013.02.28)

  http://museumkomi.ru/municipalnye-muzei-rk/g-inta/p-abez/ (검색일: 2013.02.23)

- Finogor

  http://finugor.ru/node/15045/1018?page=3 (검색일: 2012.10.15)

  http://finugor.ru/node/17020 (검색일: 2012.08.11)

  http://www.finnougr.ru/life/index.php?ID=2419(검색일: 2012.03.02)

- Весь Финно-угорский мир http://www.finnougr.ru/life/index.php?ID=2419 (검색일: 2012.03.02)
- Время регионов http://www.regtime.ru/news/reg1012/cat47/7157 (검색일: 2012.11.13)
- Газета "Республика" http://www.gazeta-respublika.ru/article.php/39072 (검색일: 2013.05.09)
- Музеи России http://www.museum.ru/M2517(검색일: 2013.03.02)
- Независисый финно-угорский портал http://www.kominnarod.ru/encyclopaedia/komi/komi_cuisine/(검색일: 2012.06.26)
- КомиОнлайн http://komionline.ru/wonders/view/22(검색일: 2012.11.19)

Социальный атлас российских регионов http://atlas.socpol/ru/portraits/komi.shtml (검색일: 2012.05.03)

- http://www.i-stroy.ru/docu/solutions/v_preddverii_velikogo_pereseleniya/996.html (검색일: 2012.10.11)
- http://www.catalogmineralov.ru/deposit/komi/ (검색일: 2012.06.26)
- http://www.igras.ru/index.php?r=126&id=4440 (검색일: 2011.06.11)

- http://www.mccme.ru/putevod/11/11rus.html (검색일: 2011.10.30)
- http://www.travellers.ru/city-serjogovo-(respublika-komi) (검색일: 2013.02.18)
- http://dic.academic.ru/pictures/wiki/files/70/Four_herous01.JPG (검색일: 2013.02.20)
- http://pustozersky.narod.ru/bogorodighny.htm (검색일: 2013.01.21)
- http://bozhiya-korovka.livejournal.com/160349.html (검색일: 2012.05.21)
- http://www.bti35.ru/(검색일: 2013.04.22)
- http://slovari.yandex.ru/~книги/Военная%20энциклопедия/Иоанны,%20Князья%20и%20Государи%20русские/ (검색일: 2012.11.28)
- http://abali.ru/?tag=%d1%81%d1%8b%d0%ba%d1%82%d1%8b%d0%b2%d0%ba%d0%b0%d1%80 (검색일: 2013.04.22)
- http://vasnecov.ru/?page=0065d614-b109-4343-a3ee-a292d0bf1055&item=b6a1113a-e172-47f6-a987-48aa4057f984&type=page (검색일: 2012.07.08)
- http://geraldika.ru/region/11 (검색일: 2011.10.16)
- http://www.ethnomuseum.ru/glossary/gallery/276.htm (검색일: 2013.02.04)
- http://commons.wikimedia.org/wiki/File:Permyakia03.png?uselang=ru (검색일: 2012.02.19)
- http://commons.wikimedia.org/wiki/File:Stephan_of_Perm.jpg?uselang=ru(검색일:2013.02.25)
- http://commons.wikimedia.org/wiki/File:Veniamin_T%C5%A1istaljov.jpg?uselang=ru (검색일: 2012.02.26)
- http://www.liveinternet.ru/users/4593156/tags/история/ (검색일:2013.01.22)
- http://pustozersky.narod.ru/bogorodighny.htm (검색일: 2013.01.21)

- http://www.oldsyktyvkar.ru/period_1/album_1_last/page_02/page.html (검색일: 2013.02.21)
- http://www.benua-rusart.ru/Surikov-tehnika-givopisy.html (검색일: 2012.03.21)
- http://ns.gazeta-respublika.ru/index.php/986 (검색일: 2012.02.20)
- http://85.rkomi.ru/ru/ORespublike/IstoricheskayaSpravka.html (검색일: 2012.07.20)
- http://abali.ru/?p=10288 (검색일: 2012.2.26)
- http://www.gulagmuseum.org/showObject.do?object=353341&language=1 (검색일: 2013.02.23)
- http://www.usnov.ru/6275-respublika-komi.html (검색일: 2012.10.19)
- http://atlas.socpol/ru/portraits/komi.shtml(검색일: 2012.05.03)
- http://blumochaka.beon.ru/11740-470-a-kak-kartinki-i-fotki-mozhno-davat.zhtml (검색일: 2012.11.11)
- http://qrx.narod.ru/inta/1_1_005.htm(검색일: 2012.10.12)
- http://www.catalogmineralov.ru/deposit/komi/ (검색일: 2012.06.26)
- http://www.stihi.ru/2012/07/24/5203(검색일: 2013.02.12)
- http://ru.wikipedia.org/wiki/%D0%A4%D0%B0%D0%B9%D0%BB:%D0%A1%D0%B0%D0%B1%D0%BB%D0%B8%D0%BD%D1%81%D0%BA%D0%B8%D0%B9_%D1%85%D1%80%D0%B5%D0%B1%D0%B5%D1%82.jpg(검색일: 2012.10.15)
- http://ru.wikipedia.org/wiki/%D0%A4%D0%B0%D0%B9%D0%BB:Vuktyl_vodopav_veldor_kyrra_ell.jpg(검색일: 2012.10.15)
- http://routeplan.ru/regions/syktyvkar/airport_syktyvkar/1/(검색일: 2013.02.05)
- http://fotki.yandex.ru/users/cccp-15/view/462549/(검색일: 2012.11.19)

- http://www.bellona.ru/articles_ru/articles_2007/Lukoil_Komi_oil_incident(검색일: 2012.10.18)
- http://www.hrono.ru.etnosy/komi.html (검색일: 2010.07.02.)
- http://komi.eadres.ru/company/bigimage?picture=a5/a573fddc-7d5f-4494-8afb-9f5ac5707a2f.jpg&folder=imgea(검색일: 2013.03.04)
- http://komi.eadres.ru/company/bigimage?picture=f0/f0c1e27c-0cbb-45c0-bf43-26865c601eec.jpg&folder=imgea(검색일: 2013.03.04)
- http://supersadovod.ru/superpovar/konservirovanie/fruktyi-i-yagodyi/brusnika-naturalnaya-bez-sahara/ (검색일: 2013.01.20)
- http://chudetstvo.ru/detskaya_ploschadka/stixi-i-skazki/narodnye/2723-gospodin-ivan-sarapanchikov.html (검색일: 2012.10.20)
- http://photoshopia.ru/museum/index.php?n=33371(검색일: 2012.08.12)
- http://artcyclopedia.ru/vetki_etyud_375h61-shishkin_ivan_ivanovich.htm(검색일: 2012.08.12)
- http://izvatas.ru/history/deer.html (검색일: 2011.12.11)
- http://gorodusinsk.ru/news/kultura/12690 (검색일: 2012.05.20)
- http://www.belkomur.com/press/index.php?ELEMENT_ID=2554&PHPSESSID=bff24f6e992d64c70595eb9a79fff15b (검색일: 2012.08.14)
- http://www.goloserzi.ru/ru/obshhestvo/novosti1/na-furore-predstaviteli-mordovii-vyistupili-na-erzyanskom-yazyike.html (검색일: 2012.09.14)
- http://culturemap.ru/?region=140&topic=13&subtopic=41&id=2269 (검색일: 2012.03.02)
- http://spaski.ru/?uid=gal (검색일: 2013.05.11)

원시림 속 부상하는 산업기지,

코미 공화국

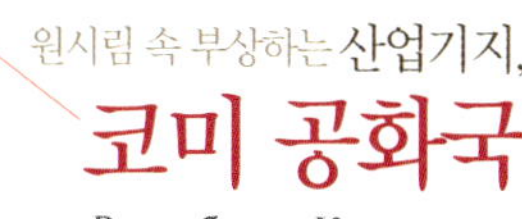

미주

1) 코미 공화국 공식 사이트 http://rkomi.ru/left/info/prir_res/ (검색일: 2012.08.22)

2) 러시아 외무부 자료 http://www.mid.ru/ns-dipecon.nsf/prvessub (검색일: 2012.10.11)

3) 위와 같은 자료.

4) 위와 같은 자료.

5) http://www.igras.ru/index.php?r=126&id=4440(검색일: 2011.06.11)

6) 코미 공화국 공식 사이트 http://rkomi.ru/left/info/polozh/ (검색일: 2012.06.22)

7) 위와 같은 자료.

8) 위와 같은 자료.

9) 필자 촬영

10) 필자 촬영; 우측 빔 강의 사진 출처: http://www.travellers.ru/city-serjogovo-(respublika-komi) (검색일: 2013.02.18)

11) 코미 공화국 공식 사이트 http://rkomi.ru/left/info/prir_res/ (검색일: 2012.08.22)

12) http://dic.academic.ru/pictures/wiki/files/70/Four_herous01.JPG (검색일: 2013.02.20)

13) 코미 공화국 공식 사이트 http://rkomi.ru/left/info/prir_res/ (검색일: 2012.08.22)

14) 위와 같은 자료.

15) 러시아 외무부 자료. http://www.mid.ru/ns-dipecon.nsf/prvessub (검색일: 2012.10.11)

16) http://bozhiya-korovka.livejournal.com/160349.html (검색일: 2012.05.21)

17) 코미 공화국 정부사이트 http://rkomi.ru/left/info/gos_simv/ (검색일: 2011.10.11)

18) http://www.bti35.ru/ (검색일: 2013.04.22)

19) http://abali.ru/?tag=%d1%81%d1%8b%d0%ba%d1%82%d1%8b%d0%b2%d0%ba%d0%b0%d1%80 (검색일: 2013.04.22)

20) 코미 공화국 정부사이트 http://rkomi.ru/left/info/gos_simv/ (검색일: 2011.10.11)

21) http://geraldika.ru/region/11 (검색일: 2011.10.16)

22) 위와 같은 자료.

23) 위와 같은 자료.

24) 김혜진, "탈소비에트 20년: 민족정체성의 발현, 그리고 통합과 분리," 『Russia & Russian Federation』, Vol. 2, No. 3 (서울: 한국외국어대학교 러시아연구소, 2011), p. 38.

25) http://culturemap.ru/?region=140&topic=13&subtopic=41&id=2269 (검색일: 2012.03.02)

26) http://commons.wikimedia.org/wiki/File:Permyakia03.png?uselang=ru (검색일: 2012.02.19)

27) 코미 공화국 공식사이트 http://rkomi.ru/content/5898/russia_1444.jpg (검색일: 2012.12.22)

28) 러시아연방 핀-우그르 문화센터 공식 사이트 http://www.finnougoria.ru/ethnology/photogallery/856/9588/ (검색일: 2012.07.04)

29) 러시아 정부는 시베리아와 러시아의 북쪽과 동쪽 국경에 거주하는 민족에게 특별한 관심을 기울였다. 러시아는 1996년 6월 북부 사회경제발전에 대한 국가통제법을 제정했으며, 2006년에는 '러시아 북부, 시베리아 및 극동 소수민족명단(Перечень коренных малочисленных народов Севера, Сибири и Дальнего Востока РФ)'을 작성했다. 러시아에서 공식적으로 지정된 '북부토착소수민족'은 현재 총 40개 민족이다. 김혜진, "러시아의 소수민족 정책과 한계," 『국제지역연구』, 제16권 (서울: 한국외국어대 국제지역연구센터, 2012), p. 55.

30) Ibid., p. 54.

31) http://www.ethnomuseum.ru/glossary/gallery/276.htm (검색일: 2013.02.04)

32) Итоги переписи всенаселения СССР 1926 г., 1939 г., 1959 г., 1970 г., 1979 г., 1989 г.; Итоги переписи всенаселения РФ 2002 г., 2010 г.

33) Итоги переписи всенаселения СССР 1989 г.; Итоги переписи всенаселения РФ 2002 г. и 2010 г.

34) Ю.П. Шабаев, Н.В. Шилов, В.Н. Денисенко, "Язык и этничность: дискуссии о языковой политике в регионах проживания финно-угров," *Этнографическое обозрение*, № 2 (2009), с. 94 재인용.

35) Ю.П. Шабаев, И.Л. Жеребцов, Дж. Александер, "Национальное развитие и этнополитика в восточнофинских республиках России," *Мир России,* № 4 (1997), с. 174-175.

36) 필자 촬영

37) Шабаев, Шилов, Денисенко, Указ. соч. с. 93.

38) 필자 촬영

39) В.Н. Денисенько, "Родной язык и этнос: коми и коми-пермяки, Материалы XXXVI международной филологической конференции.," *Уралистика, Вып.* 9 (марта 2007), с. 37.

40) Шабаев, Шилов, Денисенко, Указ. соч. с. 93.

41) Там же, с. 95.

42) Там же, с. 103.

43) 필자 촬영

44) Шабаев, Шилов, Денисенко, Указ. соч., с. 98.

45) Там же.

46) Итоги Всероссийской переписи населения 2010 г. 이 표에서는 각 관구별 코미어 사용인구가 가장 많은 연방주체만 표기하였다.

47) 필자 촬영

48) 김혜진, "강 위의 도시, 코미 공화국의 식팁카르를 가다," 최우익 외, 『북방의 등대: 러시아 북서연방관구』 (서울: 한국외대 출판부, 2012), p. 83-84.

29) 필자 촬영

50) 러시아연방 핀-우그르 문화센터 공식 사이트 http://www.finnougoria.ru/community/folk/8/detail.php?IBLOCK_ID=46&SECTION_ID=346&ELEMENT_ID=2246 (검색일: 2011.11.23)

51) 러시아 고고학자들은 후기 철기 시대에 이 지역에서 사냥과 어업에 종사하던 문화를 반비즈딘스카야 문화(Ванвиздинская археологическая культура)라고 부른다. И.Л. Жеребцов, Ю.П. Шабаев, "Коми - Народ на краю Европы," Нестор, № 10 (2007), с. 112.

52) Там же, с. 112.

53) К. Козлова, "Коми," *Живописная Россия*, № 2 (2003), с. 9.

54) Жеребцов, Шабаев, Указ. соч., с. 115.

55) Там же.

56) '원초연대기'(Первоначальная летопись), 혹은 저자인 네스토르의 이름을 따 '네스토르 연대기'(Несторова летопись)라고도 불린다.

57) http://vasnecov.ru/?page=0065d614-b109-4343-a3ee-a292d0bf1055&item=b6a1113a-e172-47f6-a987-48aa4057f984&type=page (검색일: 2012.07.08)

58) 제임스 포사이스, 『시베리아 원주민의 역사』, 정재겸 옮김, (서울: 솔출판사, 2009), p. 19.

59) Жеребцов, Шабаев, Указ. соч., с. 112.

60) Там же.

61) Там же, с. 113.

62) http://www.liveinternet.ru/users/4593156/tags/история/ (검색일:2013.01.22)

63) http://commons.wikimedia.org/wiki/File:Stephan_of_Perm.jpg?uselang=ru (검색일:2013.02.25)

64) 팔레츠코예 공국은 14세기 중반 팔레흐(Палех) 마을(현재 러시아 브랸스크 주(Брянская область))을 중심으로 형성된 공국이다.

65) Жеребцов, Шабаев, Указ. соч., с. 114.

66) http://slovari.yandex.ru/~книги/Военная%20энциклопедия/Иоанны,%20Князья%20и%20Государи%20русские/ (검색일: 2012.11.28)

67) http://www.mccme.ru/putevod/11/11rus.html (검색일: 2011.10.30)

68) Жеребцов, Шабаев, Указ. соч., с. 115.

69) http://pustozersky.narod.ru/bogorodighny.htm (검색일: 2013.01.21)

70) Жеребцов, Шабаев, Указ. соч., с. 117.

71) Там же.

72) http://www.mccme.ru/putevod/11/11rus.html (검색일: 2011.10.30)

73) Жеребцов, Шабаев, Указ. соч., с. 117.

74) 식팁카르 시 공식 사이트 http://www.syktyvkar.komi.com (검색일: 2013.03.11)

75) Жеребцов, Шабаев, Указ. соч., с. 117-118. 이 시기 지어졌던 빔 지역의 제염공장과 시솔라 지역의 제철소 중 한 군데는 오늘날까지 존재하고 있다.

76) http://www.oldsyktyvkar.ru/period_1/album_1_last/page_02/page.html (검색일: 2013.02.21)

77) В.М. Морозов, С.Г. Пархимович, "Миграции древних коми в Нижнее Приобье," *Известия Уральского государственного университета*, № 7 (Екатерибург: 1997), с. 17.

78) http://www.benua-rusart.ru/Surikov-tehnika-givopisy.html (검색일: 2012.03.21)

79) И.Л. Жеребцов, Участие коми в освоении Сибири и дальнего востока в конце XVI - XVIII вв. http://www.komi.com/folk/komi/75/htm (검색일: 2012.02.25)

80) 김혜진, "러시아 내 코미민족의 이주와 정착과정," 『시베리아연구』, 제16권 1호 (대전: 배재대학교 한국-시베리아센터, 2012), p. 252.

81) Ibid. p. 253.

82) Ibid. p. 254.

83) Ibid. p. 255.

84) Helena Ruotsala, "The Komi of the Kola Peninsula," Leo Paul Dana, Robert Brent Anderson (ed.), *Handbook of research on Indigenous entrepreneurship* (London: Edward Elgar Pub., 2004), p. 303.

85) 김혜진, "러시아 내 코미민족의 이주와 정착과정", p. 257.

86) Ibid. p. 257-258.

87) И.Л. Жеребцов, Переселение за Урал и на Кольский полуостров. http://www.komi.com/folk/komi/77/htm (검색일: 2012.2.26)

88) Н.А. Повод, "Особенности освоения территории нижнего притоболья коми переселенцами в XIX в.," Вестник археологии, антропологии и этнографии № 9 (Тюмень: 2008), с.141-148.

89) 김혜진, 러시아 내 코미민족의 이주와 정착과정", p. 259.

90) 식팁카르 시 공식 사이트 http://www.syktyvkar.komi.com (검색일: 2013.03.11)

91) И.Л. Жеребцов, "У истоков национальной государственности," Республика Коми - 80 лет (Сыктывкар, 2001), с. 32-33.

92) Жеребцов, Шабаев, Указ. соч., с. 120.

93) http://commons.wikimedia.org/wiki/File:Veniamin_T%C5%A1istaljov.jpg?uselang=ru (검색일: 2012.02.26)

94) Жеребцов, Шабаев, Указ. соч.

95) Там же.

96) http://ns.gazeta-respublika.ru/index.php/986 (검색일: 2012.02.20)

97) Жеребцов, Шабаев, Указ. соч., с. 121.

98) http://85.rkomi.ru/ru/ORespublike/IstoricheskayaSpravka.html (검색일: 2012.07.20)

99) 위와 같은 자료.

100) http://abali.ru/?p=10288 (검색일: 2012.2.26)

101) Жеребцов, Шабаев, Указ. соч., с. 121-122.

102) Там же, с. 122-124.

103) http://museumkomi.ru/municipalnye-muzei-rk/g-inta/p-abez/ (검색일: 2013.02.23)

104) 이들은 이후 평화협정에 의해 본국으로 돌아갔다. 모국으로 귀환하기 전까지 이들이 밀집 거주했던 곳을 오늘날까지 '파리'라고 부른다. 식팁카르 시 공식 사이트 http://www.syktyvkar.komi.com (검색일: 2013.03.11)

105) 식팁카르 시 공식 사이트 http://www.syktyvkar.komi.com (검색일: 2013.03.11)

106) http://www.gulagmuseum.org/showObject.do?object=353341&language=1 (검색일: 2013.02.23)

107) 이들은 주로 '오운'(ОУН, Организация Украинских Наиционалистов)이라는 우크라니아 민족주의자 단체에서 활동했던 사람들로, 이들을 오우노베츠(Оуновецы)라고 부른다.

108) И.Л. Жеребцов, В.В. Фрузер, *Демографические процессы в Коми в XX веке* (Сыктывкар: Коми научный центр УрО Российской АН, 2000), с. 18.

109) http://www.mccme.ru/putevod/11/11rus.html (검색일: 2012.04.06)

110) 식팁카르 시 공식 사이트 http://www.syktyvkar.komi.com (검색일: 2013.03.11)

111) 위와 같은 자료.

112) Жеребцов, Шабаев, Указ. соч., с. 125.

113) Там же. с. 127-128.

114) 코미 공화국 공식 사이트 http://rkomi.ru/services/albom/22/ (검색일: 2013.02.23)

115) Ю.П. Шабаев, "Территориальное сообщество и этнические воззрения населения Республики Коми," *Социологические исследования*, № 11 (2004), с. 75.

116) Жеребцов, Шабаев, Указ. соч., с. 130.

117) Ю.П. Шабаев, Л.В. Завьялова, В.А. Ковалев, "Региональный парламентаризм: пути эволюции," *Журнал социологии и социальной антропологии*, № 1(34) (2006), с. 129.

118) Там же, с. 132.

119) 코미 공화국 공식 사이트 http://rkomi.ru/services/albom/22/ (검색일: 2013.02.23)

120) Шабаев, Завьялова, Ковале, Указ. соч., с. 124.

121) Там же, с. 127. 실제로 대부분의 코미인들은 코미인인 뱌체슬라프 후다예프(Вячеслав Худяев)를 지지했다. Жеребцов, Шабаев, Указ. соч., с. 133.

122) Шабаев, Завьялова, Ковале, Указ. соч., с. 127.

123) 대통령의 사진 출처: http://www.usnov.ru/6275-respublika-komi.html (검색일: 2012.10.19); 코미 공화국 정부 사이트 http://rkomi.ru/top/glava/ (검색일: 2011.11.13)

124) Шабаев, Завьялова, Ковале, Указ. соч., с. 128.

125) 필자 촬영

126) 필자 촬영

127) 코미 공화국 공식 사이트 http://rkomi.ru/page/4898/ (검색일: 2012.06.22)

128) 위와 같은 자료.

129) 위와 같은 자료.

130) 코미 공화국 정부 사이트 http://rkomi.ru/top/gossovet/strgs/rukov (검색일: 2012.12.03)

131) 필자 촬영

132) Шабаев, Завьялова, Ковалев, Указ. соч., с. 132-132.

133) 코미 공화국 정부사이트 http://rkomi.ru/razdelpseudo/265/ (검색일: 2012.12.03)

134) 코미 공화국 정부사이트 http://rkomi.ru/left/deput_senat/; http://rkomi.ru/left/deput_senat/gosduma/ (검색일: 2012.12.03)

135) http://atlas.socpol/ru/portraits/komi.shtml (검색일: 2012.05.03)

136) Шабаев, Указ. соч., с. 77-78.

137) Там же.

138) http://blumochaka.beon.ru/11740-470-a-kak-kartinki-i-fotki-mozhno-davat.zhtml (검색일: 2012.11.11)

139) http://qrx.narod.ru/inta/1_1_005.htm (검색일: 2012.10.12)

140) Шабаев, Указ. соч., с. 77.

141) Там же.

142) Итоги Всероссийской переписи населения 2002 г. и 2010 г.

143) 코미 공화국 공식 사이트 http://www.rkomi.ru (검색일: 2012.11.09)

144) 코미 공화국 공식 사이트 http://minnats.rkomi.ru/right/photo/4893/ (검색일: 2013.01.12)

145) 위와 같은 자료.

146) Шабаев, Жеребцов, Александер, Указ. соч., с. 174.

147) http://www.finnougr.ru/life/index.php?ID=2419 (검색일: 2012.03.02)

148) 코미 공화국 공식 사이트 http://minnats.rkomi.ru/left/about/rukovod/ministr/ (검색일: 2013.02.27)

149) 필자 촬영

150) Шабаев, Указ. соч., с. 76.

151) 이는 1998년 모스크바 국립대와 네덜란드의 우트레흐트 대학과 공동으로 조사한 결과이다. Там же.

152) В.А. Ковалев, Ю.П. Шабаев, "Оценка конфликтного потенциала в Республике Коми," *Регионология*, № 3 (1997), с. 199-207.

153) Шабаев, Указ. соч., с. 76.

154) Там же.

155) Шабаев, Указ. соч., с. 76-77의 표 1과 2를 재구성한 것임.

156) Там же.

157) Там же. 반면 동일한 설문조사를 실시한 타타르스탄에서는 조금 다른 결과가 나왔다. 타타르인 응답자의 40.5%가 자신의 공화국이 독립국가로서의 위치를 가져야 한다고 답했다.

158) Там же.

159) Социальный атлас российских регионов http://atlas.socpol/ru/portraits/komi.shtml (검색일: 2012.05.03)

160) М. В. Голубицкая, И. И. Санин, *Социально-экономическое положение регионов России* (Москва: Издательство Сатурн-С, 2001), с. 123-124.

161) 러시아 외무부 자료 http://www.mid.ru/ns-dipecon.nsf/prvessub (검색일: 2012.10.11)

162) Росстат, *Регионы России. Социально-экономические показатели* (2011), с. 475.

163) Росстат, *Регионы России: Основные характеристики субъектов Российской Федерации* (2010), с. 163.

164) Росстат, *Регионы России. Социально-экономические показатели* (2010), с. 991.

165) Росстат, *Регионы России: Основные характеристики субъектов Российской Федерации* (2012), с. 164.

166) 러시아 외무부 자료 http://www.mid.ru/ns-dipecon.nsf/prvessub (검색일: 2012.10.11)

167) 위와 같은 자료.

168) Росстат, *Регионы России: Основные характеристики субъектов Российской Федерации* (2012), с. 164.

169) http://www.catalogmineralov.ru/deposit/komi/ (검색일: 2012.06.26)

170) 다음의 자료를 바탕으로 정리한 것임. 러시아 외무부 자료 http://www.mid.ru/ns-dipecon.nsf/prvessub (검색일: 2012.10.11)

171) Время регионов http://www.regtime.ru/news/reg1012/cat47/7157 (검색일: 2012.11.13)

172) 러시아 외무부 자료. http://www.mid.ru/ns-dipecon.nsf/prvessub (검색일: 2012.10.11)

173) 이 부분에 나온 각각의 수치는 러시아 외무부의 코미 공화국 자료에서 인용한 것임. http://www.mid.ru/ns-dipecon.nsf/prvessub (검색일: 2012.10.11)

174) 코미 공화국 공식 사이트 http://rkomi.ru/services/albom/16/ (검색일: 2013.01.09)

175) 러시아연방 정부는 러시아 영토를 총 11개의 경제지역으로 나누었다. 코미 공화국과 함께 카렐리야 공화국, 아르한겔스크 주, 볼로그다 주, 무르만스크, 네네츠 자치구, 이렇게 총 6개의 행정주체들이 '북부경제지역'에 포함된다.

176) http://www.stihi.ru/2012/07/24/5203 (검색일: 2013.02.12)

177) 러시아 외무부 자료. http://www.mid.ru/ns-dipecon.nsf/prvessub (검색일: 2012.10.11)

178) 코미 공화국 공식 사이트 http://rkomi.ru/services/albom/16/ (검색일: 2013.02.12)

179) *The Moscow Times*, Nov. 13, 2011.

180) 러시아 외무부 자료. http://www.mid.ru/ns-dipecon.nsf/prvessub (검색일: 2012.10.11)

181) 코미 공화국 공식 사이트 http://rkomi.ru/services/albom/16/ (검색일: 2013.02.12)

182) *The Moscow Times*, Nov. 13, 2011.

183) 위와 같은 자료.

184) http://ru.wikipedia.org/wiki/%D0%A4%D0%B0%D0%B9%D0%BB:%D0%A1%D0%B0%D0%B1%D0%BB%D0%B8%D0%BD%D1%81%D0%BA%D0%B8%D0%B9_%D1%85%D1%80%D0%B5%D0%B1%D0%B5%D1%82.jpg (검색일: 2012.10.15)

185) http://ru.wikipedia.org/wiki/%D0%A4%D0%B0%D0%B9%D0%BB:Vuktyl_vodopav_veldor_kyrra_ell.jpg (검색일: 2012.10.15)

186) http://www.skitalets.ru/photo/group_473.html (검색일: 2012.10.15)

187) Finogor http://finugor.ru/node/15045/1018?page=3 (검색일: 2012.10.15)

188) 코미 공화국 공식 사이트 http://rkomi.ru/services/albom/19/ (검색일: 2012.09.20)

189) 코미 공화국 공식 사이트 http://rkomi.ru/left/info/agro/ (검색일: 2011.12.22)

190) 위와 같은 자료.

191) Finogor http://finugor.ru/node/17020 (검색일: 2012.08.11)

192) 코미 공화국 공식사이트 http://www.rkomi.ru (검색일: 2012.04.06)

193) http://routeplan.ru/regions/syktyvkar/airport_syktyvkar/1/ (검색일: 2013.02.05)

194) 위와 같은 자료.

195) 위와 같은 자료.

196) Росстат, *Регионы России: Основные характеристики субъектов Российской Федерации* (2010), с. 165.

197) 코미 공화국 공식 사이트 http://rkomi.ru/left/info/invest/ (검색일: 2012.08.12)

198) 위와 같은 자료.

199) 위와 같은 자료.

200) 위와 같은 자료.

201) 위와 같은 자료.

202) 위와 같은 자료.

203) 위와 같은 자료.

204) Robert W. Orttung (ed.), *The Republics and Regions of the Russian Federation*, (NY: EastWest Institute, 2000), p. 249.

205) Росстат, *Регионы России. Социально-экономические показатели* (2010), с. 952-953.

206) Там же, с. 950.

207) Социальный атлас российских регионов http://atlas.socpol.ru/portraits/komi.shtml (검색

일: 2012.10.19)

208) Жеребцов, Фаузер, Указ. соч., с. 18.

209) Росстат, Регионы *России. Социально-экономические показатели* (2010), с. 56.

210) Жеребцов, Фаузер, Указ. соч., с. 18-19.

211) Росстат, *Регионы России. Социально-экономические показатели* (2010), с. 56.

212) Ю.П. Шабаев, “Народы Европейскойго севера России: положение, специфика идентичности,” *Социологические исследования*, № 2 (2011), с. 55.

213) http://atlas.socpol.ru/portraits/komi.shtml (검색일: 2012.06.28)

214) 코미 공화국 정부 사이트 http://rkomi.ru/left/info/soc_spher/ (검색일: 2012.09.16)

215) Шабаев, “Народы Европейскойго севера России: положение, специфика идентичности,” с. 55.

216) Жеребцов, Фрузер, Указ. соч., с. 19.

217) Росстат, *Регионы России: Основные характеристики субъектов Российской Федерации* (2010), с. 94를 바탕으로 작성

218) Жеребцов, Фрузер, Указ. соч., с. 19.

219) 코미 공화국 정부 사이트 http://rkomi.ru/left/info/soc_spher/ (검색일: 2012.09.16)

220) Росстат, *Регионы России. Социально-экономические показатели* (2010), с. 76.

221) Там же, с. 80.

222) В.М. Теребихин, "Флуктуации суицидального поведения населения Республики Коми," *Социологические исследования*, № 10 (2010), с. 48-49.

223) Росстат, *Регионы России: Основные характеристики субъектов Российской Федерации* (2010), с. 161.

224) П. Сорокин, *Человек. Цивилизация, Общество* (М., Политиздат, 1992), с. 169.

225) Теребихин, Указ. соч., с. 50.

226) *О суицидальных явлениях в Республики Коми. Информационная записка* (Сыктывкар: Госкомстат Республики Коми, 2000), с. 127.

227) Теребхин, Указ. соч., с. 51의 표를 필자가 재구성한 것임.

228) Там же.

229) Там же.

230) Там же, с. 53.

231) Росстат, *Регионы России. Социально-экономические показатели* (2010), с. 84.

232) Росстат, *Регионы России: Основные характеристики субъектов Российской Федерации* (2010), с. 161.

233) Росстат, *Регионы России. Социально-экономические показатели* (2010), с. 66-70.

234) Там же, с. 60.

235) Жеребцов, Фрузер, Указ. соч., с. 18.

236) Там же.

237) Там же, с. 17에서 재작성.

238) Там же, с. 19.

239) Ю.П. Шабаев, "Территориальное сообщество и этнические воззрения населения Республики Коми," с. 78.

240) Там же.

241) В преддверии великого переселения http://www.i-stroy.ru/docu/solutions/v_preddverii_velikogo_pereseleniya/996.html (검색일: 2012.10.11)

242) http://atlas.socpol/ru/portraits/komi.shtml (검색일: 2012.05.03)

243) 코미 공화국 공식 사이트 http://rkomi.ru/services/spissmi/237/ (검색일: 2012.10.02)

244) Росстат, *Регионы России: Основные характеристики субъектов Российской Федерации* (2005), с. 158; Росстат, *Регионы России: Основные характеристики субъектов Российской Федерации* (2010), с. 158; Росстат, *Регионы России: Основные характеристики субъектов Российской Федерации* (2012), с. 160.

245) Социальный атлас российских регионов http://atlas.socpol/ru/portraits/komi.shtml (검색일: 2012.05.03)

246) Там же.

247) Росстат, *Регионы России. Социально-экономические показатели* (2010), с. 361.

248) Там же, с. 164.

249) Там же, с. 166.

250) Там же, с. 168.

251) Там же, с. 182.

252) Там же, с. 136.

253) Там же, с. 184.

254) Росстат, *Регионы России. Социально-экономические показатели* (2012), с. 32.

255) Росстат, *Регионы России. Социально-экономические показатели* (2010), с. 184-185.

256) Там же, с. 182-183.

257) Там же, с. 178-179.

258) 러시아 외무부 자료. http://www.mid.ru/ns-dipecon.nsf/prvessub (검색일: 2012.10.11)

259) 위와 같은 자료.

260) 위와 같은 자료.

261) 위와 같은 자료.

262) Росстат, *Регионы России. Социально-экономические показатели* (2010), с. 126.

263) Росстат, *Регионы России. Социально-экономические показатели* (2012), с. 163.

264) Росстат, *Регионы России. Социально-экономические показатели* (2010), с. 136을 바탕으로 작성.

265) http://atlas.socpol/ru/portraits/komi.shtml (검색일: 2012.05.03)

266) Росстат, *Регионы России. Социально-экономические показатели* (2010), с. 128.

267) Там же, с. 120.

268) Социальный атлас российских регионов http://atlas.socpol/ru/portraits/komi.shtml (검색일: 2012.05.03)

269) Росстат, *Регионы России. Социально-экономические показатели* (2010), с. 45.

270) Росстат, *Регионы России. Социально-экономические показатели* (2012), с. 308-310.

271) Там же.

272) 코미 공화국 공식 사이트 http://rkomi.ru/left/info/soc_spher/ (검색일: 2012.08.20)

273) 필자 촬영

274) 코미 공화국 공식 사이트 http://rkomi.ru/left/info/soc_spher/ (검색일: 2012.08.20)

275) 필자 촬영

276) http://fotki.yandex.ru/users/cccp-15/view/462549/ (검색일: 2012.11.19)

277) КомиОнлайн http://komionline.ru/wonders/view/22 (검색일: 2012.11.19)

278) Росстат, *Регионы России. Социально-экономические показатели* (2010), с. 45-46.

279) 코미 공화국 공식 사이트 http://rkomi.ru/left/info/soc_spher/ (검색일: 2012.08.20)

280) 위와 같은 자료.

281) Росстат, *Регионы России: Основные характеристики субъектов Российской Федерации* (2012) с. 163.

282) Там же.

283) Росстат, *Регионы России. Социально-экономические показатели* (2010), с. 168-169.

284) 코미 공화국 정부 사이트 http://rkomi.ru/left/info/programs/ (검색일: 2012.7.18)

285) Росстат, *Регионы России: Основные характеристики субъектов Российской Федерации* (2010) с. 161.

286) 코미 공화국 정부 사이트 http://rkomi.ru/left/info/soc_spher/ (검색일: 2012.7.18)

287) 필자 촬영

288) 「연합뉴스」, 1994년 10월 27일.

289) 위와 같은 자료.

290) http://www.bellona.ru/articles_ru/articles_2007/Lukoil_Komi_oil_incident (검색일: 2012.10.18)

291) 「연합뉴스」, 1995년 05월 19일.

292) 이 단체는 1991년 이즈마 강(р. Ижма)의 우현에서 88km 떨어진 세비스 강(р. Сэбысь)

을 채어금지구역으로 보존하는 데 성공하기도 했다. Ю.П. Шабаев, Еропейский север России: конфликтный регион, http://sykts.ru (검색일: 2011.11.12)

293) http://www.hrono.ru.etnosy/komi.html (검색일: 2010.07.02)

294) 위와 같은 자료.

295) Н.Д. Конаков, "Коми-зыряне," http://www.sati.archaeology.nsc.ru/mifolog/myth/25.htm (검색일: 2011.12.11)

296) http://spaski.ru/?uid=gal (검색일: 2013.05.11)

297) Независимисый финно-угорский портал http://www.kominnarod.ru/encyclopaedia/komi/komi_cuisine/ (검색일: 2012.06.26)

298) 러시아연방 핀-우그르 문화센터 공식 사이트 http://www.finnougoria.ru/community/folk/section.php?SECTION_ID=346&ELEMENT_ID=2254 (검색일: 2012.07.17)

299) Независимисый финно-угорский портал http://www.kominnarod.ru/encyclopaedia/komi/komi_cuisine/ (검색일: 2012.06.26)

300) Клавдия, Указ. соч., с. 10.

301) 러시아연방 핀-우그르 문화센터 공식 사이트 http://www.finnougoria.ru/community/folk/section.php?SECTION_ID=346&ELEMENT_ID=2704) (검색일: 2012.07.20)

302) http://komi.eadres.ru/company/bigimage?picture=a5/a573fddc-7d5f-4494-8afb-9f5ac5707a2f.jpg&folder=imgea (검색일: 2013.03.04)

303) Конаков, Указ. соч.

304) N.D. Konakov, Komi Mythology (Budapest: Akademiai Kiado, 2003), p. 251.

305) Конаков, Указ. соч.

306) Газета "Республика" http://www.gazeta-respublika.ru/article.php/39072 (검색일: 2013.05.09)

307) 9월 23일 추분이 시작되며 달력상 큰순록의 얼굴 가까이에 태양 모양의 기호가 그려져 있다

308) 여우의 꼬리부분에는 끊어진 자국이 새겨있다.

309) Конаков, Указ, соч.

310) Там же.

311) 필자 촬영

312) 필자 촬영

313) Конаков, Указ, соч.

314) http://supersadovod.ru/superpovar/konservirovanie/fruktyi-i-yagodyi/brusnika-naturalnaya-bez-sahara/ (검색일: 2013.01.20)

315) 이 부분에 실린 글은 필자가 다음에 썼던 글을 재정리한 것이다. 김혜진, "광활한 산림 속 순록과 수달의 땅, 코미," 『Russia & Russian Federation』, Vol. 1, No. 4 (서울: 한국외국어대학교 러시아연구소, 2010), pp. 34-40.

316) http://chudetstvo.ru/detskaya_ploschadka/stixi-i-skazki/narodnye/2723-gospodin-ivan-sarapanchikov.html (검색일: 2012.10.20)

317) 필자 촬영

318) 필자 촬영

319) 필자 촬영

320) http://komi.eadres.ru/company/bigimage?picture=f0/f0c1e27c-0cbb-45c0-bf43-26865c601eec.jpg&folder=imgea (검색일: 2013.03.04)

321) 코미 공화국 국립박물관 http://museumkomi.ru/municipalnye-myzei-rk/ (검색일: 2013.02.28)

322) 필자 촬영

323) 필자 촬영

324) 필자 촬영

325) 필자 촬영

326) http://photoshopia.ru/museum/index.php?n=33371 (검색일: 2012.08.12)

327) http://www.museum.ru/M2517 (검색일: 2013.03.02)

328) 이동파(Передвижники) 혹은 이동전람파는 19세기 중반 러시아에서 형성된 화가들의 모

임이다. 이들은 그동안 문화생활에서 소외된 다양한 지역들을 돌아다니며 전시회를 열었으며, 여기서 '이동파'라는 이름이 비롯되었다. 이동파 화가들은 아름다운 것만 그려야 한다는 18세기 러시아 화풍을 떠나, 당시 민중들의 다양한 모습을 비롯하여 러시아 민담, 역사, 러시아의 자연 등 다채로운 주제로 훌륭한 작품을 그려냈다. 크람스코이(И.Н. Крамской), 수리코프(В.И. Суриков), 바스네초프(В.М. Васнецов), 레핀(И.Е. Репин) 등이 대표적인 이동파 화가들이다.

329) http://artcyclopedia.ru/vetki_etyud_375h61-shishkin_ivan_ivanovich.htm (검색일: 2012.08.12)

330) http://www.museum.ru/M2517 (검색일: 2013.03.02)

331) 코미 공화국 국립미술관 http://www.komi.com/NGall/ (검색일: 2012.09.11)

332) 위와 같은 자료.

333) http://gorodusinsk.ru/news/kultura/12690 (검색일: 2012.05.20)

334) 「서울신문」, 2008년 2월 27일.

335) 「연합뉴스」, 2008년 2월 26일.

336) 코미 공화국 공식 사이트 http://rkomi.ru/news/7654/ (검색일: 2012.07.01)

337) 위와 같은 자료.

338) http://www.belkomur.com/press/index.php?ELEMENT_ID=2554&PHPSESSID=bff24f6e992d64c70595eb9a79fff15b (검색일: 2012.08.14)

339) 「머니투데이」, 2008년 2월 29일; 「경향신문」, 2007년 6월 28일.

340) 「뉴스핌」, 2008월 10월 2일.

341) http://bnkomi.ru/data/news/9746/ (검색일: 2012.7.3)

342) 김혜진, "핀-우그르 민족, 또 다른 민족공동체의 형성," 『Russia & Russian Federation』, Vol. 2, No. 1 (서울: 한국외국어대 러시아연구소, 2011), p. 46-50.

343) 사모예드인(Samoyed)은 우랄-알타이족에 속한다. 러시아의 네네츠인(Ненцы), 에네츠인(Энцы), 응가나산인(Нганасаны), 셀쿠프인(Селькупы) 등이 여기에 해당된다.

344) Жеребцов, Шабаев, Указ. соч., с. 131.

345) 필자 촬영

346) http://www.goloserzi.ru/ru/obshhestvo/novosti1/na-furore-predstaviteli-mordovii-vyistupili-na-erzyanskom-yazyike.html (검색일: 2012.09.14)

347) Ibid.

348) 김혜진, "핀-우그르 민족, 또 다른 민족공동체의 형성," p. 49.

349) 코미 공화국 정부 사이트 http://rkomi.ru/left/info/cult/ (검색일: 2012.09.16)

350) 코미 공화국 정부 사이트 http://rkomi.ru/left/info/invest/ (검색일: 2012.09.16)

351) 바렌츠 유럽-극지역회의 공식 사이트 http://www.beac.st/in_English/Barents_Euro-Arctic_Council.iw3 (검색일: 2013.04.01)

352) 바렌츠 유럽-극지역회의 공식 사이트 https://www.barentsinfo.fi/beac/docs/Barents_Cooperation_information_Russian_March_2012.pdf (검색일: 2013.04.01)

353) 「머니투데이」, 2008년 2월 27일.

354) 이 글은 2012년 게재된 필자의 다음 논문에서 '순록사육업'에 대한 내용을 발췌한 것이다. 김혜진, "코미-이제메츠 문화적 독자성의 기반: 순록사육업을 중심으로," 『러시아연구』, 제22권 1호 (서울: 서울대학교 러시아연구소, 2012), pp. 133-153.

355) В.А. Козьмин, *Оленеводческая культура народов Западной Сибири* (СПб: Издательство С-Петербургского университета, 2003), с. 9.

356) 모든 한티인과 만시인이 타이가 사육을 하는 것은 아니다. 오비강 유역의 한티인과 북부 만시인들은 툰드라 사육방식을 취한다.

357) 이제메츠인들의 정직하지 못한 상업행위에 대해서는 다음 이야기에서도 알 수 있다. 우랄 동쪽의 유명한 기업가였던 시비랴코프(Сибиряков)가 페초라 지역에 순록가죽 가공공장을 건설하자, 이제메츠인들은 자신의 지인들을 시비랴코프의 공장에 취업시키는 동시에, 시비랴코프의 눈을 피해 모스크바와 상트페테르부르크에 순록가죽 도매시장을 구축하였다. 이들이 고용한 점원들은 1등급의 순록가죽은 이제메츠인들을 위해 남겨두었고, 2등급이나 3등급 수준의 순록가죽은 시비랴코프의 공장으로 넘겼다. http://izvatas.ru/history/deer.html (검색일: 2011.12.11)

358) Козьмин, Указ. соч., с. 10.

359) Там же, с. 87.

360) http://izvatas.ru/history/deer.html (검색일: 2011.12.11)

361) 예를 들면, 2살의 거세되지 않은 수컷은 냘루쿠(нялуку), 암컷은 냐무쿠(нямуку 또는 нямноку)라고 부른다. Козьмин, Указ. соч., с. 88.

362) Н.Д. Конаков, О.В. Котов, *Этноареальные группы коми. Формирование и современное этнокультурное состояние* (М.: 1991), с. 113.

363) Н.А. Повод, "Особенности традиционной культуры лянипнских коми-зырян," http://www.ipdn.ru/rics/doc0/DA/al/3-pov.htm (검색일: 2012.03.02)

364) Козьмин, Указ. соч., с. 89-92.

365) Там же, с. 209-221.

366) Повод, "Особенности традиционной культуры лянипнских коми-зырян."

367) Конаков, Котов, Указ. соч., с. 121.

368) 코미의 수도인 '식팁카르(Сыктывкар)' 역시 코미 공화국의 남서쪽에 위치하고 있다.

369) 이제메츠인들은 학교에서 표준 코미어 대신 이제메츠 방언을 쓸 경우 점수를 제대로 받지 못하는 경우를 당하거나 '올바르지 않은' 코미어를 쓴다는 차별대우를 받았다. И.Л. Жеребцов, Ю.П. Шабаев, "Коми - Народ на краю Европы," с. 139. 현재 이제메츠인들은 이제메츠 방언이 변방의 일개 방언이 아니라, 어엿한 자신들의 언어이며, 그 언어로 말할 권리가 있다고 주장하고 있다.

370) Е.В. Колчина, "Традиционное представление коми-ижемцев об идеальном визуальном образе человека"에서 재인용. http://kizhi.karelia.ru/library/ryabinin-2003/46/html (검색일: 2011.12.20)

371) Ю.Н. Квашнин, "Особенности этнических процессов в низовьях Оби," *Вестник археологии, антропологии и этнографии*, № 6(2005), с. 307; Konakov, op. cit., p. 46.

372) 물론 장례의식에 있어서는 한티인과 네네츠인들의 문화는 차이를 보인다. 예를 들면 한티인들은 고인을 넣은 관 안에 물건이 너무 많을 경우 좋지 않다고 생각하는 반면, 네

네츠인들은 반대로 관이 비어 있으면 다른 사람의 죽음을 가져갈 수 있다고 하여, 관 안에 다양한 물건들을 같이 넣는다. В.И. Сподина, "Хантыйско-ненецкие культурные характеристики и взаимоотношения в условиях пограничья," *Известия РГПУ им. А.М. Герцена*, № 118(2009), с. 149.

373) В.Г. Богораз, Чукчи. *Ч.II. Религия* (Ленинград: Главсевморпуть, 1939)

374) Н.А. Повод, *Социокультурная адаптация коми северного зауралья*, Автореферат диссертации к.и.н., (Екатеринбург: Уральский Государственный Univeристет, 2004), с 5.

375) Konakov, op. cit., p. 273.

376) 현재 이제메츠인들은 이러한 경기들은 민족스포츠로 발전시키고 관광 상품으로 개발하려는 노력을 하고 있다.

원시림 속 부상하는 산업기지,

코미 공화국

색인

[ㄴ]

[ㄷ]

[ㅅ]

[ㅇ]

[ㅈ]

[ㅊ]

[ㅋ]

[ㅌ]

[ㅍ]

[ㅎ]

원시림 속 부상하는

산업기지, 코미 공화국

초판 인쇄 | 2013년 6월 15일
초판 발행 | 2013년 6월 26일
기획 | 한국외국어대학교 러시아연구소
130-791 경기도 용인시 처인구 모현읍 왕산리 산 89
전화: 031-330-4852
팩스: 031-330-4840
홈페이지: http://www.rus.or.kr
전자우편: hufsirs@hufs.ac.kr
지은이 | 김혜진
발행인 | 박 철
발행처 | 한국외국어대학교 출판부
130-791 서울특별시 동대문구 이문로 107
전화: 02-2173-2495~7
팩스: 02-2173-3363
홈페이지: http://press.hufs.ac.kr
전자우편: press@hufs.ac.kr
출판등록 | 제6-6호(1969. 4. 30)
편집·디자인 | 디자인 퍼브(02-2254-4308)
인쇄·제본 | 현문(031-902-1424)

ISBN 978-89-7464-845-9 94920 정가 15,000원
ISBN 978-89-7464-750-6 (세트)
*잘못된 책은 교환하여 드립니다.